潮音曼舞动京华
姚璇秋传

黄剑丰 ◎ 著

南方出版传媒
花城出版社
中国·广州

图书在版编目（CIP）数据

潮音曼舞动京华：姚璇秋传 / 黄剑丰著. -- 广州：花城出版社，2022.1
ISBN 978-7-5360-9631-8

Ⅰ．①潮… Ⅱ．①黄… Ⅲ．①姚璇秋－传记 Ⅳ．①K825.78

中国版本图书馆CIP数据核字(2022)第000975号

出 版 人：肖延兵
责任编辑：陈宾杰　黄玉雯
技术编辑：薛伟民　林佳莹
封面设计：姚　敏

书　　名	潮音曼舞动京华：姚璇秋传
	CHAOYIN MANWU DONG JINGHUA：YAOXUANQIU ZHUAN
出版发行	花城出版社
	（广州市环市东路水荫路11号）
经　　销	全国新华书店
印　　刷	佛山市浩文彩色印刷有限公司
	（广东省佛山市南海区狮山科技工业园A区）
开　　本	787毫米×1092毫米　16开
印　　张	19.25　1插页
字　　数	220,000字
版　　次	2022年1月第1版　2022年1月第1次印刷
定　　价	68.00元

如发现印装质量问题，请直接与印刷厂联系调换。
购书热线：020-37604658　37602954
花城出版社网站：http://www.fcph.com.cn

目 录

序篇 /001

第一章｜贫苦孩子早当家

1. 乱世中降生 /010

2. 父母早逝苦伶仃 /017

3. 救济院里结缘潮剧 /026

第二章｜少小唱开人生路

1. 学外江戏开声腔 /036

2. 童伶制废除逢好运 /046

3. 穿着红木屐进剧团 /057

第三章｜小荷初露尖尖角

1. 潮剧《扫窗会》一炮打响 /068

2. 羊城会演崭露头角 /078

3. 梅兰芳观赏《陈三五娘》/086

第四章｜雅歌妙舞动京华

1. 广东组团进京汇报演出 /098

2. 潮音今已动宫墙 /102

3. 毛主席饶有兴致观潮剧 /111

　　4. 周总理六次接见姚璇秋 /117

第五章 | 潮曲袅袅吹神州

　　1. 两次巡演，潮剧饮誉大江南北 /122

　　2. 拜师魏莲芳，成为梅派传人 /130

　　3. 博采众长丰富潮剧表演艺术 /141

　　4. 香港刮起潮剧旋风 /144

第六章 | 异国他乡有潮音

　　1. 赴柬埔寨访问演出 /156

　　2. 法国巴黎唱响潮州戏 /170

　　3. 万口天南说六娘 /179

第七章 | "文革"时期遭磨难

　　1. 逆境之中苦练功 /186

　　2. 艰难坚守盼得曙光重现 /194

第八章 | 相濡以沫享天伦

　　1. 组建幸福小家庭 /200

2. 离多聚少的家庭生活 /204

3. 退休后定居广州 /208

第九章 ｜ 南国艺坛常青树

1. 一辈子为人民唱戏 /216

2. 甘当人梯传薪火 /221

3. 桃李芬芳硕果累 /229

4. 入选 2020 中国非遗年度人物 /234

5. 推动中戏首设潮剧本科班 /238

附录

1. 姚璇秋演艺经历访谈 /244

2. 为了潮剧事业的明天 /258

3. 姚璇秋艺术成就研讨会摘编 /263

4. 姚璇秋主演作品年表 /279

5. 姚璇秋艺术人生年表 /281

序篇

2020年10月12日下午。

潮州古城牌坊街。

中秋已过，天气晴朗，南国海滨小城却依然感觉不到半点秋意。牌坊街上人来人往，热闹非凡。潮州牌坊街是全国独一无二的一道文化景观，是几乎每一个来到潮州古城的游客必游之地。这是一条文化之街，汇集了潮州市非物质文化遗产、传统工艺、特色小吃等，两边是中西合璧的骑楼，商铺中不但有潮绣、手拉壶、陶瓷、工夫茶具等地方特色产品，还有让人垂涎三尺的"潮州三宝"、牛肉火锅、粿条、甘草水果等美食。最壮观的要算大街中矗立的22座明清风格的石牌坊。潮州城历史上曾经是粤东地区的政治中心，是州、路、府治所在，达官名宦多集于此。自宋以后，人才辈出，人文荟萃，有"海滨邹鲁"的美誉。明清二代，在潮州城建立众多牌坊。据《潮州牌坊纪略》载："牌坊，传说可上溯唐宋，初以木建，形似'乌凹肚门'。"游牌坊街，可以知古鉴今，领略地方历史文化。潮州作为国家历史文化名城与中国优秀旅游城市，其牌坊街每天都热闹非凡。

这一天似乎与往常无异，大街上南来北往之客，询价问钱，熙熙攘攘，各种口音均有。

突然人群中有个声音响起："那边来的不是习近平总书记吗？"这句话一

出，大街上顿时静了下来，但是很快又喧哗起来。只见习近平总书记身着白色上衣搭配黑色长裤，简单朴素，神采奕奕，谈笑风生地漫步在古城的牌坊街，高大伟岸的身影特别引人注目。

来的正是中共中央委员会总书记、中共中央军事委员会主席、中华人民共和国主席、中华人民共和国中央军事委员会主席习近平！

习近平总书记微笑着，向周边的群众挥手回应着。

真的是总书记来到潮州了！如此平易近人地走进基层群众之中，与群众面对面交流。人们欢呼着，簇拥着站在习近平总书记身边。

当天下午，习近平总书记考察了潮州市广济桥、广济楼、牌坊街，察看文物修复保护、非遗文化传承、文旅资源开发等情况。在牌坊街上，习近平总书记看商铺、问物价，同当地群众亲切交流，了解历史文化街区保护等情况。习近平总书记平易近人，所到之处受到当地百姓发自内心的欢迎和拥戴。

在牌坊街上参观完潮州系列的文化遗产之后，习近平总书记亲切地对着街坊们说："潮州文化是岭南文化的一部分，岭南文化又是我们中华文化的重要组成部分，这都是我们中华文化的瑰宝，刚刚我看了一些工艺大师做的潮绣，还有木雕，都很好。潮剧也不错，潮剧方面我还是一睹芳颜的，我42年前来的那一次，当时是看电影潮剧，好像有一个名角叫姚璇秋是不是，40多年来我记得这个事，非常好！"

人们听到总书记对潮州文化如数家珍，尤其听到总书记提起潮剧著名表演艺术家姚璇秋的名字，更是齐声欢呼起来。潮剧，是潮汕文化艺术的综合体现，姚璇秋不但是潮剧的代表性人物，也是潮汕族群文化的符号性人物，更是蜚声海外的中国戏曲名家。

习近平总书记的这段亲切讲话被现场的观众录制成小视频，通过互联网传遍海内外。

此刻，远在广州的姚璇秋已经86岁了。这位为潮剧事业做出杰出贡献的潮剧名旦，退休后定居广州，她大半辈子的时间都贡献给了潮剧，晚年乐得赋闲在家，含饴弄孙，乐享天伦。虽已退休，但是作为潮剧的国家级传承人，姚璇秋还要经常在汕头与广州之间来回奔波，将潮剧艺术传承给年青一代。

这一天下午，姚璇秋也如往常一样，午休之后起床，舒展着筋骨，当全身经络疏通之后，她走出卧室，打开老式播放机，播放着潮剧。当熟悉的锣鼓与弦乐响起，那是响彻在她生命里的旋律，姚璇秋随口跟着哼起来。她一边哼着潮曲一边煮水，准备烹工夫茶。银白色的铝制工夫茶盘在常年的茶汤浸渍中泛着淡淡的橘黄，这是1979年她随潮剧团赴泰国演出时买回来的，一直用到现在。虽然身处广州，但是家里的书籍、画册、唱片甚至墙壁上挂的画，无不与潮剧有着密切的联系。此生，姚璇秋是属于潮剧的，潮剧是姚璇秋生命中重要的一部分。水开了。姚璇秋纳茶，冲泡，给自己冲起工夫茶来。静静的时光，水雾氤氲，茶香四溢，茶汤入口滚烫，苦尽甘来的回津，让年迈的姚璇秋精神为之一振。

午休后在潮剧的腔调里喝工夫茶是姚璇秋最享受的一个生活细节，几十年来不变。

电话里传来了学生李莉急促而兴奋的声音："姨啊！你接到消息没？习近平总书记来潮州，不但提到了潮剧，还提到您老人家的名字啊！"

"什么？你说慢一点，我听不清楚。"姚璇秋一时反应不过来，她将正在播放的潮剧声音调小，要求李莉慢一点讲。晚年的姚璇秋，身体一直硬朗，除了血糖偶尔高一点，听力有点下降，需要借助助听器之外，其他方面都非常健康。

当听说习近平总书记来到潮州，在关心潮剧发展的同时，还挂念着自己，姚璇秋开心地笑了："不用大惊小怪，习近平总书记一直都关心潮剧的啊，你还记得吗，6年前总书记在北京就提到潮剧与我的名字了。"

早在2014年3月，全国两会召开期间，习近平总书记参加广东代表团讨论时提到，他喜欢听广东的潮剧，知道姚璇秋，听过姚璇秋的戏。当时广东代表团将这个消息传达到广东，整个戏曲界都为之振奋。

姚璇秋的电话刚放下，但是几乎同时又响了起来，原来是新加坡四姐的儿子杨伟强打来的微信电话："小姨妈，我们都看到了，习近平总书记来潮州提到了您，我们新加坡的潮州人都为您骄傲，为您自豪！"姚璇秋在兄弟姐妹之间排行最小，因此杨伟强经常亲切地称她"小姨妈"。

祝贺的电话一个接一个，姚璇秋有点应接不暇。这下姚璇秋有点惊疑了："怎么消息传得这么快？一下子全国各地甚至海外的人都知道了？"姚璇秋不知道习近平总书记在潮州牌坊街即兴讲话的这个视频已经在海内外的潮汕族群之中传开，同时随着中央新媒体的报道，姚璇秋的名字举国皆知。潮剧是潮汕地区土生土长的剧种，是潮汕文化的综合体现，一下子引起了全国梨园界的重点关注。习近平总书记对潮汕文化以及姚璇秋的关心，一下子传遍世界，海外华侨更是为之自豪，为之欢欣鼓舞。

10月13日，习近平总书记在视察潮州之后，来到汕头，受到了汕头人民热烈欢迎。习近平总书记来到汕头市小公园开埠区，他先后走进开埠文化陈列馆、侨批文物馆，了解汕头开埠历史、设立经济特区以来的建设发展情况，和潮汕侨胞心系家国故土、支持祖国和家乡建设的历史。随后，习近平总书记步行察看开埠区街区人文历史风貌，同市民群众亲切交流。

"华侨一个最重要的特点就是爱国、爱乡、爱自己的家人。这就是中国人、中国文化、中国人的精神、中国心。中国的改革开放、中国的发展建设跟我们有这么一大批心系桑梓、心系祖国的华侨是分不开的。"习近平总书记在汕头的这段讲话视频也在海内外侨界引发强烈反响。

汕头开埠文化陈列馆是汕头市的一张文化名片，这里浓缩展示了1860年1月1日汕头开埠以来的发展，在陈列布置上反映了汕头开埠的历史脉络、开埠的意义，以及开埠带来的繁荣气象。在陈列馆之中，有一张姚璇秋的剧照，那是潮剧《春草闯堂》中的一个镜头，姚璇秋饰演的李半月若有所思地弹着古琴。在

《春草闯堂》剧照，姚璇秋饰演李半月

视察时，习近平总书记走到这张照片前，关心地询问着姚璇秋的近况。这是习近平总书记第三次提起姚璇秋的名字。

对于姚璇秋来说，2020年是不平凡的一年，也是星光灿烂的一年。对于潮剧来说，这一年也是值得载入史册的光辉一年。姚璇秋从艺以来，收获无数掌声与荣誉，退休后她安心从事潮剧的传承工作，2020年这一年又揭开了姚璇秋晚年高光的序幕。

2020年10月23日，习近平总书记在给中国戏曲学院师生的回信中指出"繁荣发展戏曲事业关键在人"。为了培养潮剧接班人，中国戏曲学院与汕头市人民政府签署战略合作协议，根据协议，中国戏曲学院将为潮剧设立一个本科班，为潮剧的发展培养人才。姚璇秋作为潮剧代表人物，在北京全程见证了这一协议的签署过程。

2021年2月26日，2020"中国非遗年度人物"推选结果在北京揭晓，由广东省文化和旅游厅选拔推荐的潮剧国家级代表性传承人姚璇秋获选2020"中国非遗年度人物"。

"中国非遗年度人物"推选是一个全国性的宣传活动，由文化和旅游部非遗司指导，《光明日报》主办，具有权威性。评选过程公开而繁复，要经过《光明日报》非遗传播专家委员会的严格评议，在互联网时代要结合全球性网友投票情况，从100位候选人中确定了30位提名候选人，涵盖非遗传承人、策展人、企业家、艺术家，管理者、研究者、媒体人、传播者、教育者四大类别，并最终产生10位能代表当前我国非遗保护发展成绩的标志性人物。经过层层筛选，在全国众多的非遗项目之中，要获此殊荣，难度极大。该项活动自2017年举办，目前已经举办了4届，姚璇秋是广东非遗界首个获此殊荣的，潮

姚璇秋荣获2020年中国非遗年度人物

剧也成了继京剧、昆剧之后，第三个进入该奖项的戏曲类别。

　　姚璇秋刚从北京捧回这项殊荣后，还不到两个月的时间，4月18日，姚璇秋被中国戏曲学院聘为荣誉教授，同时，姚璇秋艺术成就学术研讨会在中国戏曲学院举行。在学术研讨会上，来自中国戏曲学院、中国艺术研究院、中国戏剧家协会、中山大学、广东省戏剧家协会和广东省艺术研究所等单位的近20位专家展开了深层次、高水准的探讨，详细论述姚璇秋的表演特点与艺术风格、姚璇秋的成长史与启迪、姚璇秋的爱国情怀与高尚艺德、姚璇秋对潮剧的贡献与意义，以及如何向姚璇秋学习等。专家们认为，姚璇秋的舞台经验和艺术成就极为宝贵，潮剧在新时代的发展中，应该继承好姚璇秋身上所凝就的潮剧创作经验，坚守艺术传统，注重剧种特色。

作为一个地方剧种,潮剧在全国产生如此巨大的影响,这与姚璇秋等老一辈艺术家的无私奉献与推动是息息相关的。姚璇秋从艺的历程,也是新中国潮剧发展的一个缩影。

三次受到习近平总书记关怀的潮剧表演艺术家姚璇秋,何以能得如此的重视?一时间,满城争说姚璇秋,都在播放姚璇秋主演过的潮剧,潮音潮韵连同姚璇秋的名字,响彻海内外。

| 第一章 |

贫苦孩子早当家

1. 乱世中降生

许多年后，姚璇秋拿到了一张兄弟姐妹的合照。照片之中颇为热闹，11个人一字排开，5位姐姐、四姐夫、2位外甥、2位哥哥以及不足3岁的自己，一齐在澄海县城一家照相馆合影。兄弟姐妹每人各留一张做纪念，四姐远嫁新加坡时，将这张照片带到了南洋。国内的兄弟姐妹生活后来都发生了很多变化，照片早就不在了，一直过了大半个世纪，1979年，潮剧应邀到新加坡演出，姚璇秋与四姐重新会面，四姐拿出这张唯一的兄弟姐妹大合影，这张照片跟着姚璇秋远渡重洋，完好地从南洋传回汕头，留下了骨肉团聚的镜头。

童年时期的姚璇秋与家人一起合影（右起：二兄姚国烈、大兄姚国栋、五姐姚璇英、姚璇秋、大姐姚璇卿、二姐姚璇珠、外甥邱宝瑚，三姐姚璇香、外甥邱宝珊、四姐姚璇娟、四姐夫杨汉仁）

时过80多年，姚璇秋每次见到这张照片，内心百感交集，人世间悲欢离合的沧桑涌上心头。透过岁月的风烟，依然可以清晰看见人物的笑颜，耳边仿佛回荡着他们的欢声笑语，一切如在昨天，只是此时照片中人仅剩姚璇秋一人在世。照片中有男有女，男的风流倜傥，女的青春靓丽，孩子们纯朴天真。姐姐们穿旗袍，大姐夫西装革履，就是两位不足10岁的哥哥，以及两位年龄比自己还大的外甥，也都穿着西式短裤与短袖T恤，显得洋气而精神。

这是姚璇秋八兄弟姐妹最完整的一张合照。后来日寇侵华再加上潮汕饥荒暴发，天灾人祸、时局动荡，姐姐们出嫁，父母相继去世，姚家兄弟姐妹各自谋生，天南地北，再没有如此完整的合照。

是在什么样的情况下拍下这张照片的，姚璇秋已经想不起来，如果没有这张照片，她甚至不记得有合照这件事，如果没有这张照片，兄弟姐妹的样子会随着岁月的流逝在她脑海里模糊。照片中的她，两三岁，一脸天真，坐在照相馆一个方形的矮柱上，一脸的天真茫然。照片中人都气定神闲，因此可以推断此照是在日军攻破澄海城之前。对于普通的中国人来说，在20世纪30年代能够拍照片的，一般都是经济比较富足的人家。从这张童年唯一的兄弟姐妹合照中透露出来的信息，抗战前姚家的家境应该是属于比较殷实的。而等到姚璇秋懂事的时候，姚家已经风雨飘摇了。

1935年农历七月十五日（阳历8月21日），姚璇秋出生于澄海县城。这个时候的中国，仍然战火纷乱，人世凄惶。

姚璇秋的父亲叫姚泽鹏。姚家祖上乃是大户人家，但到了姚泽鹏这一代已经没落了，住在祖先留下的大屋里，仅靠公租田的租税为生。姚泽鹏还有一个大哥，大哥娶了妻，一直未有孩子，在一次史无前例的台风海啸中葬身海里。

澄海县是一座滨海的小城，这座小城因海而生，但也承受着来自大海的自然灾难。旧时每年都要遭受来自西太平洋洋面或南海吹袭过来的台风影响。1922年8月2日（农历壬戌年六月初十），这个时间姚璇秋后来记得特别深刻，因为每逢六月初十，家里都要祭拜在台风中丧生的大伯。那时一场史无前例的台风集飓风、暴雨、大潮诸种自然毁坏性力量正面袭击了汕头与澄海。这是一场巨大的自然灾难，据老一辈人的口述和地方文献的记载，当年台风大约在六月初十下午三时登陆，先是在近海徘徊，8级以上大风维持长达36小时，12级以上大风持续了24小时，从而产生了特大风暴潮。在这种恐怖的大自然力量作用下，海水陡涨，海堤溃决，导致海水倒灌，沿海地区一片汪洋，大量民房被淹浸或倒塌。据地方资料记载，当时整个潮汕地区沿海6县1市均遭到毁灭性破坏，有7万多人丧生，数十万人流离失所。受灾最惨重的澄海县有10个乡村被全部夷为平地。海水淹过的耕地不长庄稼，井水咸而难以饮用，两年后方才淡化。《潮州志》中对这次灾难有记载："风力益厉，震山撼岳，拔木发屋；加以海汐骤至，暴雨倾盆，平地水深丈余，沿海低下者且数丈，乡村被卷入海涛中；已而飓风回南，庐舍倾塌者尤不可胜数。灾区淹及澄海、饶平、潮阳、南澳、惠来、汕头等县市……庐舍为墟，尸骸遍野，逾月山陬海筮积秽犹未能清。"那时对台风没有统一命名，只能按日期称"八二风灾"。中央气象台后来将其列为20世纪十大气象灾害之首。

姚泽鹏的大哥在澄海的北湾开了一家药店，从没有想到此次台风威力如此巨大，他来不及向内陆逃难，在这场灾难之中，连人带店都被刮进大海，尸骨难寻。至此，姚家的大房剩下一个寡妇，也就是姚璇秋的大姆（伯母），也幸亏这位大伯母，姚璇秋后来才得以被养大成人。

可以说，姚家到了姚泽鹏这一分支，他肩负着延续家族香火的重任。在一连生了5个女孩之后，终于迎来了第六胎与第七胎两个男孩，身负香火延续重任的姚泽鹏这才松了口气，皱着的眉头稍微松了下来。虽然有了两个男孩，但是与5个女儿相比，男女的比例还是有点不太平衡，姚父有心再多生一个男孩，但是让人失望的是，第八胎生下来依然是个女孩。

这一天刚好是农历的七月十五，正是潮汕民间传统的鬼节，民间家家户户做粿、备办三牲，准备祭祖、施孤。在中国的民间传统风俗中，农历七月是鬼的月份，传说七月初一地狱鬼门大开，诸鬼一齐出来，七月三十鬼门关闭，诸鬼回归。整个七月，有子孙后代的阴间鬼魂都会回家与亲人团聚，而无主的孤魂野鬼则只能四处游荡。人们除了在家供奉祖先外，还会发慈悲心在路边给孤魂野鬼烧纸钱。民间传说七月十五这一天阴气最重，有些家长交代孩子不能随便出门。

姚泽鹏听着小女儿清亮的哭声，心头掠过一丝不安。他甚至有点懊恼："怎么来得这么不巧，早一天不来，晚一天不来，偏偏选在七月十五这一天出世！"他对着刚刚生下孩子的妻子说："我们已经有5个女儿了，你看现在天灾人祸，世道不安宁，多一个就多一份累赘，不如……"

"不可以！"一旁帮着忙里忙外的大姆一听到这话，即刻放下手中的活儿，扑过去将小女婴抱在怀里，她仿佛捧起珍珠宝贝，轻轻地摇晃着。说来也怪，小女婴到了大姆的怀里，突然停住了哭声，微微地露出笑容。

"你看你看，妹仔笑了！笑了……"大姆说着也欣慰地笑了。

姚泽鹏两兄弟各自成家后，一直没有分家，大哥去世后，平时整个家庭的生活，都是姚泽鹏在打理，大嫂与自己的妻子蔡氏一起分担生活的家务，两家人过得十分融洽。新生命的诞生，让大姆十分高兴。她已经没有机会再生孩子，因此在姚母要分娩的时候，她时刻照顾在身边，忙里忙外，烧水、熬汤，仿佛是自己要生孩子。好不容易孩子生下来，却听姚父嫌弃女婴及其生辰，情急之下，她挺身而出，全力保护女婴。

"唉，大嫂，你不知道，这孩子生不逢时啊，偏偏选择在今天这个节日，不吉利啊。"姚泽鹏叹息道。

"这个日子是好日子啊，今天是中元节，家家户户祭祖，还要施孤，我们正好向祖先汇报，姚家又添了千金！你知道吗，今天还是佛喜日呢！"大姆笑嘻嘻地说。

"什么佛喜日？"姚父奇怪地问。

自从丈夫在台风中去世，大姆作为传统的潮汕妇女，失去了一家的顶梁柱，她膝下又没有儿女，遭此巨变，便一心向佛，晨昏烧香念佛，平时到寺庙帮忙。世道混乱，生活虽然清苦，但是心灵有了寄托，这位普通的潮汕妇女学着看透了生活的沧桑，倒也过得心安。因为亲近佛法，她也听来了许多的佛经故事。

"我听寺庙的师父说，从前有一位目犍连尊者，他的母亲去世后，尊者思念母亲，便用神通看看母亲现状，却看见自己的母亲因为生前作孽，死后在恶道受苦而不得救拔。尊者有心要去救母，但是佛陀告诉他说：'你的母亲所受的业力是无始带来的，没办法躲掉。如果你要救她脱离痛苦，必须三天三夜一心不乱地持诵佛号，同时要灭尽一切杂念发无上菩提之心，还要发最大的心供养所有的出家人，让他们帮你共同修法，为你的母亲做佛事。'目犍连尊者按照佛陀的教导去做，三日功德圆满，地狱的藩篱化为粉末，他的母亲和一起受苦的无量众生同时出离地狱，这一天就是农历的七月十五。佛陀非常高兴，所以这天叫佛喜日和了生日，也叫供僧日。自此，每年的农历七月十五，我们要为十方幽冥念佛，把功德回向给众生，愿其离苦得乐。阿妹在这天出生，乃是吉祥之时日啊。"

姚泽鹏沉默了，再怎么说，孩子身上也流着自己的血液，大姆的这番话让他觉得有理，他看着小女婴，心头涌起一股为人父者的慈爱，笑着用食指轻轻刮了一下女婴的下巴。在此之前，5个女儿的名字都有个"璇"字。璇，是一种价值连城的美玉，用"璇"字为女孩子命名，含有掌上明珠之意。前面5个女儿的名字分别是：老大姚璇卿，老二姚璇珠，老三姚璇香，老四姚璇娟，老五姚璇英，接着是两个儿子，按照年龄排下去，老六姚国栋，老七姚国烈，如今老八是个女婴，该给她起个名字了，跟前面5个女儿一样，也要有个"璇"字，"璇"字后面的字该怎么定呢？姚泽鹏沉思了，此时正是农历七月，南国七月，天气依然炎热，但是历法已经进入秋天，孩子在秋天出生，就叫姚璇秋吧。

"你就叫姚璇秋。"姚父弯下腰笑嘻嘻地对女婴说。

女婴突然咧开嘴哭了起来，声音清亮，直上云霄。女婴的哭，也许是感受到了什么？根据姚璇秋晚年的回忆，她对父母的印象一直是模糊的。父母生了她，但在她还未能懂事的时候就相继离世，给了她一个含糊的印象。她的身上流着父母的血液，但是对生身之本却并不明了，小小年纪就要经历红尘生离死别。

姚泽鹏也没有想到，这个小女婴未来将成为一代潮剧大师，她让潮音响彻海内外，用最美好的声腔搭建起海内外族群交流的桥梁。大姆也想不到，这个在佛喜日诞生的小女婴未来将用她的唱腔唱尽人世悲欢真情与家国情怀，滋润了一个族群丰满的精神文化世界。

  姚璇秋一共8个兄弟姐妹，她与最大的姐姐相差24岁，在唯一的这张合照之中，大姐的女儿比自己还大。姚母与大姆都没有留下名字，后来姚璇秋回忆说，母亲姓蔡，是澄海东湖人，依稀记得人们称母亲为蔡姐。姚家父母生下了姚璇秋，大姆将她拉扯大，然后仿佛各自完成了一种使命，相继离去。

2. 父母早逝苦伶仃

澄海，地处韩江下游出海口，汕头开埠前，澄海县境内的樟林古港一直是重要的海上交通枢纽。潮汕地少人多，很多人为了谋求发展，选择漂洋过海。旧时，潮汕先民要出海，会在澄海的樟林港乘坐红头船，因此澄海在海外的华侨特别多，是众多华侨的故里，因为红头船在此出发，澄海也被称为红头船的故乡。

1868年，日本经过明治维新之后，对外疯狂扩张。中国一直是日本虎视眈眈的一块肥肉，从晚清开始，日本就开始侵扰中国，并不断获得利益。1931年，日本在中国的东北发动九一八事变开始侵华战争，霸占了中国东北三省。1937年七七事变爆发，掀开了日军全面侵华的序幕。1939年，日本侵华的魔爪伸到位于中国南部的澄海。6月21日这天，正是农历五月初五，正当澄海人民准备过端午节的时候，日军从梅溪登陆庵埠。消息传到澄海，国民党澄海县政府即于当天下午将县府机关撤迁到莲下镇程洋冈乡，只留下县长卞幼珊和国军澄海保安自卫队大队长李少如坐镇澄海城。

这一年姚璇秋4岁。姚泽鹏听说县政府要迁移，他急忙让家人收拾细软，锁了门，跟着大众惊慌失措地逃到南洋的南北三湾（今湾头镇）。6月25日，侵华日军攻占汕头后，一路兵力由梅溪进攻澄海冠山。6月29日，100多名侵华日军进占澄海县城，逗留了一夜，第二天返回汕头。姚泽鹏惊魂未定，打听到日寇撤走，又带着妻儿老小回到澄海。不料到了7月16日，日寇为了扩大占领区并为打通与闽南侵华日军的陆上交通线做准备，又再派兵300余人攻占澄城，澄海县城再次失守。姚泽鹏只得又带着全家仓皇出城避祸。

1940年2月26日（农历正月十九），国民党潮汕守备司令华振中率兵反攻澄海，派下属陈武圭支队长率正规军东下协助，县长李少如接到命令后，调自卫队第一中队李铭齐部，与正规军陈武圭营配合，进攻北门，第四中队陈雄率部在外砂河沿岸警戒，同时准备接应，并维护交通。与此同时，任潮澄饶自卫总队长兼潮安县县长的樟林人洪之政也派第一支队副队长陈汉英和大队长吴超俊（也叫吴大柴）率一队士兵，渡河协助。当夜12点各军集中南洋（莲阳）出发，天未明已攻入澄城，俘虏伪军官兵274名，缴获步枪180支及伪军印信、军用物品一大批。当时占据澄城的伪军头目向佩璋和林建寅因26日晨赴汕头送日军参谋大本回日本而漏网。县长李少如于27日早晨经东湖进入县城。在国军的血战下，澄海县城暂告光复。2月27日午后2时，敌人从汕头调来炮兵攻打外砂，向外砂各地碉堡开炮，并轰击澄城南门及国民党军阵地，另一方面派兵反攻。到28日凌晨3时，李少如奉命调守外砂河畔，部队移守南桥。敌军获悉后，于早上8时渡过外砂河，在堤顶架炮，轰击澄城南门及南桥，到下午4时，日军共进攻5次，而守军虽没有滴水入口，但精神奋发，誓与南门共存亡。29日敌军再度进攻南门，澄城守军严防死守，日军未能得逞。到3月1日，敌人又增兵数百名，分六路来攻西、南、北三门，并用重炮向城中轰击，多处民房起火，死伤严重，北面城墙被轰开一个缺口，于是日军从缺口处攻入，守军不得不从鞋街（今中山路）撤出南门，洪之政部损失二员将领。3月1日下午，澄城再次失陷。

日军攻下澄城之后，由赖户大队长组成善后委员会，其部下金西为警备队长，在澄城实行屠杀镇压，澄城五镇及附近各乡均遭到了空前浩劫，澄城正式进入日据时期。根据澄海当地史料的记载，这次破城，被屠杀姓名可记者，达700余人，其无法查考者，尚有许多。

日寇最丧心病狂的一次屠杀是这一年农历的六月初二，当地41名群众被捉，为日寇部队挑运行李至外砂渡头落橡皮艇，苦累工作完毕后，日寇兽性大发，竟然将41名无辜群众全部杀害，处死方法，一人一状，或斩首，或斩手足，或剖胸，或剖腹，或乱刺，或用机枪扫射，种种惨状，惨不忍睹。澄城各乡镇民众，听说日寇如闻瘟神，逃走一空。姚璇秋后来回忆说，为了逃避日寇，家乡父老四处逃难，邻居有一位大户人家的女佣，逃命不及时，被日寇用刺刀刺了几刀，倒在血泊里，日寇以为她已经死了，万幸的是没有刺中要害，这名女佣后来被救，康复之后落下满身伤痕，后来经人介绍嫁到了南洋。姚璇秋曾经见过这些结疤的伤痕，"那些伤疤，都是日本人作孽的罪证"！姚璇秋长大之后，还听长辈讲述过当年的惨景。

在这场家国浩劫之中，姚泽鹏带着全家四处逃命。姚璇秋尚且懵懂，被人抱在怀里四处躲难。当日本兵前来破城之际，全家均要提前避开，等到局势稳定后才能回到家中。一个家资殷实的家庭，经过战乱如此折腾，最后衰败下去。姚璇秋家在澄海县城的东门，从家门口望出去，正好望见县城东门巍巍的城墙，在日头的照射下，有时候还落下一个巨大的阴影。日本兵破了城之后，通常会有杀戮。占领了城市之后就要守城，他们凶神恶煞地闯进民宅拆门板，厚厚的门板用来修筑战壕。百姓如砧上的肉，谁也不敢反抗，除了配合之外，家中的女子都要藏好，千万不可让日本人看到，以免招来横祸。

这群凶神恶煞的日本鬼子也有另外一副面孔，在姚璇秋的记忆里，这些日本鬼子有时候会对小孩很温和，比如抱起小孩子合影，还会给小孩子糖果吃。面对着如此分裂的两种面孔，姚璇秋一直在想，他们为什么要杀人？为什么要拆人家门板？为什么大人们见到这些日本人跟见恶鬼一样呢？年幼的姚璇秋一直想不明白，但见到日本兵也如遇瘟神，远远躲开。

日本人与中国军队交战，去而复来，接连几次，澄海城中的百姓身如浮萍，随水来去。战争之中，家园满目疮痍，家业被洗劫一空，姚泽鹏带着儿女回到家中，经过战争残酷的折腾，全家虽然保全了性命，但是此时他两手空空，苦心经营大半辈子的家业毁于一旦，再加上逃难时一路担惊受怕、劳累奔波，一病之下，撒手西去。

姚泽鹏去世之后，家里一下子失去了家庭顶梁柱。姚璇秋的母亲悲痛万分，她一个女人家顶不住巨大的家庭经济压力，再加上连年来担惊受怕，不久也卧病在床。她知道自己将不久于人世，但世道混乱，儿女尚小。此时，姚璇秋家庭的情况是这样的：大姐姚璇卿嫁在澄海东湖，二姐姚璇珠十几岁的时候不幸早逝，三姐姚璇香嫁在县城，四姐姚璇娟也嫁往东湖，五姐姚璇英嫁在家附近，家里就剩下姚母带着她与老六姚国栋、老七姚国烈两位哥哥。国破家败，失去重要的经济收入，家业在战火中全部散尽，愁云惨雾笼罩着这个家庭。

姚家的生活难以为继，不得已，只能将家里各种能卖的全部变卖，最后家徒四壁，剩下一家人面面相觑。为了活命，姚国烈与姚国栋两个男孩子被姚母送到澄海救济院，总算有了口饭吃。但若非不得已，谁家愿意骨肉离散，将孩子送进救济院？况且救济院之中鱼龙混杂，两个孩子在里面会受到怎样的对待？一想到这些，姚母心如刀绞，痛苦至极，最终心力交瘁，扑倒地上。她望着膝下尚未懂事的小女儿姚璇秋，泪流满面，不知如何是好。

姚母临终之前，将姚璇秋托付给自己的妯娌。姚璇秋的大姆无儿无女，两家人一直没有分家，同甘共苦，一起住在一座传统的潮汕老屋。姚璇秋后来回忆说，小时候她一直都是跟母亲睡，后来母亲病情加重，她被大姆接到另外一个房间和大姆一起睡，一直到长大懂事。母亲临终前，姚璇秋还在睡觉，大姆将她抱到姚母病床前，姚母挣扎着指着姚璇秋交代："从此以后，她就是你的女儿，能养活就尽量养活，不能养活就把她送人吧。"在交代完后事之后，姚母也撒手西去了。

大姆泪流满面哭道："我就是自己饿死，也绝不会让妹仔饿着……"

大姆在姚璇秋的童年中是非常重要的，如果没有大姆的悉心照顾，在兵荒马乱的岁月里，姚璇秋作为孤儿后果不堪设想。

这一系列的变故，都发生在姚璇秋懂事之前。她记不起父母的容颜，但是脑海里偶尔会浮现父母家人背着她颠沛流离，四处躲日本侵略军的惊险与艰辛，她不知道家族曾经的小康，不知道家族曾经的丰隆……

姚母逝世之后，姚璇秋跟着大姆一起生活，她小小年纪就要帮忙负担起家务。邻居的同龄人都有父母，幸福地享受父母的疼爱。"我的父母在哪里呢？"她不止一次地问大姆，大姆无言，每次都是低头垂泪。当时煤炭尚未普及，人们日常生活所用的燃料是来自山上的柴草，城外的百姓会打柴割草晒干挑进城来卖，为了节省开销，姚璇秋每隔一段时间就要持着镰刀跟大姆到城郊的小山上割草。有一次割完山草，大姆挑着山草将她领到绿草丛中的两个大土堆面前，对她说："你的父母就在里面。"姚璇秋望着两个长满杂草的土堆，也不用大姆提醒，她不由自主地跪在土堆面前端端正正磕了三个头。此时的她虽小，却知道父母回不来了。她站起身，回头紧紧抱着大姆的大腿，静静地说："你也是我的妈妈！"

大姆的家庭经济非常紧张，全家的经济来源主要依靠收取姚氏公租田的租谷。澄海的姚氏，曾经是当地的名门望族。澄海城曾经有一句俗语"东姚北朱楼下郭"，说的是清代澄海城姚、朱、郭三大富贵人家姓氏。三姓之中，以姚姓为首。姚氏宗祠的照壁塑有两只麒麟，按照封建礼制，说明姚家先祖任过二品的官职。

姚氏一族有一片田地，出租给当地的佃户，当地水稻一年两熟，每年到了稻谷成熟的时候，佃户便挑着稻谷前来还租。公租田归姚氏12房头共有，每次交回来的这些稻谷会被平均分成12份，每个房头可以领取1份。姚璇秋自家1份，大姆家1份，此外还有一个过继房的份额也落到姚璇秋与大姆家头上，这样姚璇秋与大姆每次可以领到3份稻谷，她们就依靠这些稻谷艰难地维持生活。

辛亥革命之后，姚氏家族逐步衰落，然而，大户人家的威仪毕竟还在。姚氏宗祠供奉着姚家列祖列宗，每天的晨昏必须烧香礼拜，姚氏12房头轮流，每个房头必须轮一个月到祠堂供奉祖先，姚璇秋与大姆合领了公租田的3份稻谷，按照规矩，必须到姚氏宗祠供奉祖先3个月。姚璇秋记忆里，小小年纪就要到祠堂去添油烧香，由于身高不够，她必须搬一张小梯，登上梯子，将香插到炉子里。20世纪50年代，澄海修建通往饶平的道路，姚家的祠堂被拆。祠堂被拆之后，里面的神主位没地方放置，因为潮阳棉城姚姓是从澄海迁移过去的，因此这些神主位都被集中送到棉城的姚氏大宗祠供奉。

为了减轻大姆的负担，五六岁的小璇秋，逢到甘蔗上市的时节，便提着竹篮，到马路上拾蔗渣，捡回家晒干作为燃料。有时候，碰到当地村民收割稻谷，勤快的小姑娘就到地里帮忙，每次可以赚到几捆稻禾带回家作为燃料。

姚家旧屋出门是一堵大围墙，姚璇秋记得，出城门向左，过一条石桥，可以直到澄海东湖的外婆家。有时候不想走太远，姚璇秋也会调皮地跟其他男孩子一样，爬上围墙出到城外。古老的城墙，落满了沧桑印记。城墙边有一棵古老的榕树，榕树枝叶茂盛，根须飘忽，有些根须爬上围墙，缠住了墙壁，更显岁月流逝的沧桑。日常生活中，有些调皮的孩子贪图方便，也经常从这堵墙翻出去，破败的城墙上面留下了一些脚印窟窿，姚璇秋跟着踩这些脚印可以轻易地越过围墙去城外。每一次从城墙里翻出来，姚璇秋内心都感到一阵轻松，仿佛摆脱了某种限制。出了城，可以望见东门外的一座小山，姚璇秋经常要跟大姆到这座山去割草。

1943年这一年，南太平洋战争爆发，潮汕暴发了大饥荒。"寇祸日深，潮汕大旱，米价日涨数次，饿殍遍地，汕头每日死者近百人。达濠镇饿死近1万人，占全镇人口四分之一，海门死者尤多。有10余万人逃荒至福建和江西。"[《潮汕大事记·民国三十二年（1943）》]据1992年出版的《澄海县志》记载："民国三十二年（1943）春夏间，数月不下雨，田园龟裂，米贵如珠，每斗价500元，日涨数倍，大批人民往福建等地逃荒，霍乱流行，全县饿死、病死者不计其数，善堂无法收埋。樟东路、鸥汀市场、店市路、莲阳楼前均每天常见死尸10多具横倒路旁……乡村人口饿死者达三分之一。"

处在这样的时局之下，姚璇秋家的日子更难过了，姚璇秋为了帮补家庭开销，来到了澄海当地的火柴作坊做童工。火柴，是20世纪人们取火的重要手段之一，它的出现为人类取火做出了不朽的贡献。中国人传统的取火工具是火镰子、火石、火折子。火柴出现之后，人们日常生活更加方便了。火柴工业最早开创于欧洲，1833年，世界上第一家火柴厂建立于瑞典卡尔马省的贝里亚城。1865年，火柴开始输入中国，因此火柴被人们称为"洋火"或"自来火"。中国的第一家火柴厂是1879年在广东省佛山县创办的巧明火柴厂。到1900年，全国一共开设了19家火柴厂。1920年以前，中国的火柴业几乎为日本人所垄断，根据《潮海关十年报告（1912—1921）》记载，潮汕地区第一家火柴厂是1920年成立的汕头火柴公司。火柴作为民生日常离不了的日用品，因此大量的火柴厂、小作坊在潮汕地区涌现。火柴的制作有很多道工序，这些工序按照不同的步骤被各种家庭作坊承接出去，比如火柴的插模和火柴盒的粘贴。火柴枝的插模有一定流程：用一个特制的模具，然后将火柴枝一支一支固定插在模具上，这些插满火柴枝的模具送到火柴厂之后，集中蘸上蜡油和含氯酸钾的涂料。火柴的包装盒上涂以含赤磷、白磷的磷面，使用时，将火柴在磷面上擦划，即能引燃，极为方便。姚璇秋负责的事情就是插火柴枝，为了多赚点钱，她晚上还会将一些火柴盒的粘贴业务接回家，跟大姆一起，就着昏黄的煤油灯光粘贴，以贴补家用。

家庭作坊只能承接火柴厂一部分业务，姚璇秋心灵手巧，做得又快又好，因此很快被澄海当地一家叫飞燕的火柴厂关注到，将她吸收到火柴厂做工。与家庭作坊相比，到火柴厂做工不用担心有时候会缺货，报酬也会更高一点，而且整个火柴的流水线都能够做。为了生存，姚璇秋起早贪黑。为了节约时间，早上去火柴厂的时候，她会从家里带个大红薯，寄存在火柴厂的厨房，蒸熟了作为午餐，这样就可以省下中午回家的时间。姚璇秋回忆道："在火柴厂起早摸黑地工作,每天的报酬可以换来一斤多米,基本可以解决生存的问题。"这一段经历,虽然辛苦,但是姚璇秋觉得有劳动付出,也有应得的收入,平平安安,内心甚是满足。

3. 救济院里结缘潮剧

童年的生活是艰辛与压抑的，但是回忆起童年旧事，姚璇秋的脑海里却总是轻松愉快的场景。"我的脑海经常出现一个场景，一个人提着篮子走在田野上。天空云白天蓝风轻，城外田野上的蔬菜一垄一垄的，嫩绿青翠。清澈的河水在汩汩流着，河面开阔，深深呼吸一下，空气里带着野菜鲜花与泥土混杂的芳香。多么轻松的场景，多么美好的回忆！"晚年的姚璇秋偶尔想起童年，都是这个充满诗意的场景。生活以痛吻着童年的姚璇秋，她却报之以轻松的回忆，生活再难，也不能停下前进的脚步。也正因为童年的这段经历，后来姚璇秋生活的起伏跌宕，她都能坦然面对，昂首向前。

这一天，姚璇秋提着一个小竹篮，篮子里放着两个番薯。大姆中午煮完饭后，将两个大番薯埋在灶膛里的柴火灰烬里煨熟，让她送到救济院去给两位哥哥。

救济院就在澄海城内，离姚家并不远。兵荒马乱的岁月，造成很多家庭妻离子散，社会上流离失所的孤儿很多，当时澄海城里有一位叫王昂青（据说原姓吴，自幼过继给王姓）的，在澄海城里办了一间救济院，专门收容家庭困难的儿童或者是流浪孤儿。那王昂青自幼家贫，后来从事走私发了财，开了商行。日寇占据澄海城的时候，王昂青投靠了日伪政府，依靠伪政府的势力来保护自己的既得利益。他很快取得了日伪政府的信任，当上了密侦队长，成了一名臭名昭著的汉奸。日据时期，百姓流离失所，再加上1943年潮汕大地遭遇鼠疫与饥荒，饿殍遍地，无家可归的儿童随处可见。王昂青见此情景，开始着力筹建一座救济院，专门收留无家可归或者贫穷人家小孩。建救济院收留无家可归的儿童是一件有功德的事，但是汉奸出身的王昂青自有他的小算盘，为了让救济院能够持续下去，他将收容的孤儿编成一个潮剧班，然后重金邀请了潮剧戏班的专业教戏先生或者演员前来教孩子们唱戏。教戏先生根据孩子们的实际情况，为他们分了行当，因材施教，然后排练成剧，经常应邀出去演出，赚取戏金作为补贴。

潮剧在潮汕地区的演出非常普遍，逢年过节，或者神明诞辰，再到大户人家喜庆，都会邀请潮剧班前来演出。这个由孤儿组成的戏班就叫作救济院潮剧班，班里有童伶十几人。据记载，当时救济院的这个戏班演出的剧目有《黄飞虎反朝歌》《孟姜女》《狸猫换太子》《蒙古王子》《红鬃烈马》等，基本都是潮剧著名教戏先生林如烈所编排。戏班经常到各地去演出，曾经到汕头市的大观园戏院演出，也应日伪澄海县长陈辅国聘请，到他的家乡潮阳县进行演出，赚取的所有演出戏金作为救济院的运营经费。

"王金龙命中不幸，长街求乞凄惨重重……"远远地，还没有到救济院，姚璇秋就听见一阵悦耳动听的潮剧唱腔，声音好熟悉。"是大兄的声音！"姚璇秋兴奋地跳起来，她走到救济院的门口，隔着大门，看见庭院里大兄姚国栋与二兄姚国烈反背着双手站得笔直，嘴巴张得大大地演唱着。一旁是一位40多岁的教戏先生，一边用葵扇扇凉，一边踱着方步，来回走着。

"不错，都唱得很好，按照这个调式，继续锤炼唱熟它，明天我再来教下一段曲。"教戏先生说着端着茶杯走进了屋里。姚国栋与姚国烈相互对视一眼，舒心地笑了。苦难的岁月，不幸的家庭，只有潮剧让这两个小孩找到了生活的乐趣。

"阿兄！阿兄！"姚璇秋隔着铁栅栏轻声叫着。

"妹仔！"姚国烈听到姚璇秋的声音，脱口叫了出来，回头一看，姚璇秋提着两个煨熟的番薯笑眯眯朝他们招了招手。姚国栋赶紧也跟着跑过来，看见姚璇秋篮子里的番薯，咽了一下口水。

"给！"姚璇秋将两个番薯分给两位哥哥，看着他们两人连番薯皮都没有剥就狼吞虎咽地吃着，心里乐开了花，她问道："好吃吗？"

两兄弟呜呜地塞着番薯，连连点头。

"妹仔，我跟大兄都学了戏，大哥学唱小生，我唱武生，偶尔还学拉弦。刚才你听到的那一段曲叫《王金龙命中不幸》，真好听，教我们戏的先生叫作林如烈，是我们戏班请来的，听说非常有名。对了，我们下个月月初要到我们姚厝来演戏，你记得来看，届时演完戏我们悄悄回去探望大姆。"姚国烈压住声音偷偷地说。

"好啊好啊！"姚璇秋听说两位哥哥要回家来，心里涌起一股温馨的感觉，一家人分开这么久，终于可以团聚一下了，"那我回去就告诉大姆，到时候做点好吃的给你们！"

姚璇秋后来才知道，负责到救济院教戏的先生林如烈是潮剧著名的教戏、编曲前辈。

林如烈是潮安县人，1906年出生于潮剧家庭，他的父亲是丑角演员。林如烈12岁时被父亲带到新加坡，卖入老赛永丰班为童伶，经过勤学苦练，不久，凭着他过人的天赋，成为该班的正牌小生。卖身期满后，林如烈选择继续留在戏班打锣鼓兼抄写剧本，这样从剧本到音乐再到演出，整台戏的流程他都非常熟悉。

1938年林如烈来到香港老正兴班任大簿（相当于经理）兼教戏，他编导了《翠花楼》《哪吒闹海》等戏，不久，因抗日战争爆发，他携眷回潮汕。老玉梨香班主听说林如烈回到潮汕，即刻亲自登门礼聘，林如烈遂入该班，先后编导了《扫纱窗》《红鬃烈马》《标准皇后》等剧，其中《红鬃烈马》一剧风靡潮汕各地。

为避战祸，林如烈应澄海救济院之邀请前来执教，此时的林如烈40多岁。在林如烈的严格教导下，姚璇秋的两个哥哥一个唱小生、一个唱武生兼拉椰胡，奠定了两人一生的职业基础。

林如烈所作的潮剧曲谱在继承传统基础上博采众长，又发展老一辈徐乌辫先生大喉粗犷的特色，在潮剧的唱腔、过门和拖腔的运用上做了创造性的发挥，因此写出不少既具潮剧风味又有所创新的唱腔，对潮剧的板腔体发展起到积极作用。如《王金龙》的唱腔至今仍传唱不衰，剧中"雪泪情天"一折中的"风拍松声侬心焦"唱段，已成为现在潮剧学校、戏班招收演员的固定唱腔。由于他于教戏之外还能编剧和创造新腔，因而被誉为"土才子"和"全才"。

后来，林如烈定居新加坡。1979年，姚璇秋随团到新加坡演出，还专门去探访林如烈，替两位兄长表达了对师长的敬意。

八月初一，澄海东门姚厝做戏。戏棚高搭，锣鼓喧天，万众围观。救济院的小演员们装扮一新上台演出。戏台下人山人海，掌声雷动，挤满了看戏的父老乡亲。"大兄！那是我大兄！"姚璇秋兴奋地指着台上装扮一新的姚国栋。只见姚国栋一副书生打扮，浑身贵气，饰演的正是未曾落难的王金龙，在北楼与名妓苏三卿卿我我。

"你阿兄生来真雅！"台下的婶婶婆婆们啧啧叹着，"真是上台戏子、落台猪仔啊！"姚璇秋听着这一句充满世俗羡慕嫉妒的话，毫不在意。在锣鼓的弦乐之中，姚璇秋听得如痴如醉，沉浸在戏的剧情之中，仿佛自己穿上了苏三的戏服，雪花飘飘之中，一个人凄然在风雪之中受冻。"风拍松声依心焦，愁人惨景寂寞难描，天寒地冻，雪花飘飘……"她在心底里轻轻地跟着哼唱着。

"好！"台下突然响起一阵喧哗喝彩，姚璇秋回过神来，谢幕的鼓乐开始响起。帷幕慢慢合拢，苏三与王金龙历经磨难，最终又在一起。剧终人散，姚璇秋发现自己依然是台下的一个看客。"我什么时候也能上舞台呢？"姚璇秋惆怅地想着，眼角滑下一滴清泪。

姚璇秋发现三尺舞台的神奇，古往今来，才子佳人、帝王将相都在方寸之间演绎。每一次演绎，都是一次不同的人生体验。生活的苦难、人生的孤独，都在潮剧弦乐声中消失得一干二净。

"妹子！"姚璇秋正在出神，姚国栋卸妆后出来叫了她。

"我们快回家吧，戏班有规矩，我们不能乱走，我们回去见大姆一面后就得赶快回来！"姚国烈兴奋地过来拉着姚璇秋，3个小孩趁着朦胧月色，手挽着手兴奋地走在回家的路上。

姚璇秋一手拉着姚国烈一手拉着姚国栋，两手攥得紧紧的，仿佛手一松他们就会不见一样。自从父母过世，姐姐嫁人，两位哥哥被送入救济院，骨肉之间很少团聚。

回到家的时候，昏黄的煤油灯下，大姆还在缝补衣服，看见3个小孩回来，连忙起身，笑眯眯地说："我杀了只老母鸡，刚炖好，国烈与国栋正在长身体，平时救济院饱一顿饿一顿，两人都是面黄肌瘦，喝碗鸡汤正好补身体。"

老母鸡是大姆养的，每天下蛋，是家里重要的经济来源，但是听说两个孩子赶回来探家，大姆四处找不到食物，手足无措之际，只好狠心将老母鸡杀了，炖了一锅鸡汤，等着孩子来吃。

"大姆，您真好！您就跟我们的妈妈一样！我们以后长大了，也要好好孝敬您！"姚国栋端着大姆递给他的鸡汤，满怀感激地说。

鸡汤还未喝完，突然，门外响起了一阵急促的脚步声。"他们家就在这里！两个都在！快把他们抓回去！"嘭的一声，门被人用力推开。戏班的司鼓吴叔带着几个高大的青年闯了进来，大声喝道："姚国栋！姚国烈！你们竟然擅自离开戏班，违反班规，快跟我回去受罚！来！把他们两个抓回去！"

吴叔一声令下，几个人冲上来用绳子将姚国栋与姚国烈捆了起来，硬生生拖了回去。

转眼之间，温馨的小屋变得冷清清。大姆似乎吓呆了，姚璇秋好一会儿才回过神来，哇的一声哭了出来："大兄！二兄！"

"快！快跟上去！"大姆催着姚璇秋，娘儿俩出了门，大姆迈着小脚走了几步，突然想起什么，回头将桌上两碗鸡汤用一个陶罐重新装起，一手提着鸡汤，一手拉着小姚璇秋直往姚氏大宗祠而来。姚家祠堂是供奉姚氏列祖列宗的所在，每逢村里唱戏，这里也是戏班演员的住处。此次连演三夜，因此演员都没有回救济院，就地在祠堂歇息。

还没有走到祠堂门外，远远地听见一阵凄厉的惨叫。姚璇秋的心揪成一团，一边跑一边叫："他们在打阿兄！他们在打阿兄！"

姚璇秋跟大姆进入祠堂，不由得被眼前的一幕吓呆，只见姚国栋与姚国烈被捆着倒在地上，吴叔抽出皮带，狠命地朝地上两个小孩抽打："叫你们私自回家！叫你们私自回家！"

"先生！请原谅一下！原谅一下！"大姆凄凉地哭叫道，跪了下去，用身子护住两个小孩，"他们还是小孩，还不懂事，你们怎么忍心下此毒手！"

"什么毒手？他们不守戏班规矩，入了戏班，就是戏班的人，在契约期间，生死与家里无关。他们不守规矩，就得狠狠惩罚，不惩罚岂不是全部都反了！"吴叔停下手，狠狠地抽了一口旱烟。

"可怜他们都无父无母……"大姆心疼地为两个小孩包扎。

"笑话，有父有母谁家愿意将小孩送到救济院！"吴叔冷笑着。原来，进了救济院的孩子，救济院负责提供衣食，但会根据各人入院的实际情况，签订协议，在救济院戏班服务一定年期，在契约期内，人身自由全部归属戏班，生死与戏班无关。

潮剧在新中国成立前，全部都是童伶制。童伶演戏，非潮剧所独有，中国的戏曲表演的唱、做都要经过严格的训练，是以戏曲演员的培训，大都是从少年儿童开始，将舞台演出的实践作为培训童伶的途径，比如京剧四大名旦都是从童年开始学艺，10岁左右便可登台演出。潮汕地区的潮剧童伶班制，在管理和艺术风格上形成了自己的特点，童伶以卖身契约形式被卖给班主，卖身期一般是7年10个月，卖身期间，童伶没有人身自由。清代道光年间王定镐在《鳄渚摭谈》载道："潮俗缴戏，名曰戏爹，而缴白字最获利，择穷民之幼童，买写春期，身价百数十金不等，班数十人，延戏师调督之。数月可开棚。戏班教法甚严，轻则伤，重则死。在春期之内，其父母不能告诉也。大约自七八岁至十五六岁，春期既满，乃能自主。"一般的卖身契约，还写明"在班期间，关津渡口。各安天命，与班主无关"（见《榕城镇志》）。从卖身童伶的卖身契约可以看出，童伶入了戏班之后，契约期间生死大事，父母既无权诉诸公堂，遇有不测，还与"班主无关"，童伶的生命安全，根本得不到保障。

童伶在卖身期间，不但没有人身自由，一切行动还受到限制，除排戏演戏外，出入行动，甚至包括大小便都要受到戏班"亲丁"（戏班专职管理童伶的人员）的监视，为使童伶不能正常发育，甚至限制童伶洗澡等；至于童伶演出有错或犯班规，要受到"抄公堂"（即一个有错，全体童伶都挨打）以及烙、打、吊、淹等二三十种肉体的刑罚，童伶简直如同奴隶一般。

姚璇秋的两位哥哥原本趁着到家门口演戏，顺便回家探一下亲人，却无意间触犯了戏班的班规，受到了残酷的责罚，这在旧时戏班是非常常见的一幕。但是亲眼看着亲人受毒打，姚璇秋年幼的心灵备受伤害，这一幕在姚璇秋心中留下了难以抹去的阴影。1999年，姚璇秋在从艺50周年举办晚会演出的时候，其中有一个片段表现旧社会童伶的生活，当台上教戏先生说出"演得不好得打，演得好也得打，是打你记得以后要演得这样好"，这句话体现童伶制时代，演员无论怎样都要受到责罚。其时姚璇秋的哥哥坐在下面观看，看到这个已经经过艺术化提炼的片段，老人泪流满面。

后来，姚璇秋在日常生活中，还目睹了其他戏班对演员的残酷体罚。她曾经亲眼看见一个小生童伶因为唱错节拍，在演出结束之后，回到后台，打鼓的师父勒令其将手按在大鼓之上，打鼓师父举起鼓槌用力敲砸童伶的双手，十指连心，小童伶发出凄惨的叫声，这一幕在姚璇秋的脑海中留下了挥之不去的印象。这些经历让小姚璇秋对潮剧敬而远之。她喜欢这个剧种，但是她也怕这个剧种。每次去救济院探访两位哥哥，她都是战战兢兢，又害怕又喜欢。她害怕看到童伶受责罚,但喜欢坐在门口的石阶上偷偷听童伶们唱曲。"真好听!什么时候我也能唱呢?"但当这个念头在心中涌起时,她却不由得打起冷战来:"我怎么可能去戏班!"

| 第二章 |
少小唱开人生路

1. 学外江戏开声腔

火柴厂的工作,简单而烦闷。有时候做着做着就困了,睡意袭来,忍不住打起瞌睡。但是只要上眼皮与下眼皮一碰到,姚璇秋立刻就会睁开眼睛,清醒过来。她小巧的手灵活地插着火柴枝。

"风拍松声侬心焦……"一个声音在心里响起,姚璇秋轻轻地哼着。她自己吓了一跳,原来看了几次潮剧与救济院中哥哥的现场排练,这唱腔竟然深入到内心,以致无聊的时候她自己不知不觉地哼了出来。

一曲哼完,周边响起了热烈的掌声。

"璇秋,唱得真好!你是什么时候学会唱这些的,你给我们唱吧,反正一边唱一边干活,不误工作,还能解乏,提升工作效率呢!"领班的大姐鼓励道。

"别的曲我也不会,仅会这一两个小选段。"听到大家夸自己,姚璇秋有点不好意思,但是得到大家的认同,她的内心又是喜滋滋的。

自此,有空的时候姚璇秋就会在火柴厂给大家唱潮曲,大家一边干活一边听,听到熟悉的,一唱众和,十分壮观,这种做法不但活跃了气氛,还鼓足了干劲。厂里都知道有个会唱潮曲的妹子叫作姚璇秋。

在火柴厂上班,姚璇秋一直记挂着救济院里的两位哥哥,不知道他们学戏学得怎样,是否又要挨打?因此每逢有空,她都要往救济院跑,一方面探望兄长，另一方面不知道为什么，她喜欢看他们排戏，当锣鼓敲响，她只觉浑身热血沸腾、激情荡漾，嘴里跟着哼起唱腔来。

姚璇秋家所在的地方附近是姚氏祠堂，戏班来演出时经常在这里住宿，有空的时候就会在天井里排戏。戏班的演员经常到姚璇秋家的水井来打水，姚璇秋看到舞台上的公子小姐以及帝王将相卸妆后的"真面目"，他们集体睡大通铺，共用生活用具，浑身脏兮兮发臭。但只要锣鼓一响，这些脏兮兮的童伶化装后一上舞台，面貌顿时焕然一新，仿佛换了一个人。姚璇秋常常看得目瞪口呆，不知其中是何法术。在台前与台后奔跑，姚璇秋想了解其中的奥秘，却在探究的过程之中对潮剧越发痴迷。

姚璇秋越来越喜欢看潮剧，也很容易入戏。现实生活的穷困、寂寞、孤单或者哀伤常常袭来，看戏可以将她带入到另外一个世界，她偶尔将自己想象成台上戏里的某一位小姐，为这位小姐的遭遇悲伤掉泪，然后随着剧情的发展，看到主人公结尾都得到好报，不由得破涕而笑。不同的剧情，让姚璇秋有了不同的人生感悟与体验。每逢演戏，她经常要看通宵，第二天才拖着疲倦的身体到火柴厂上班。潮剧，犹如一条便捷小道，让姚璇秋找到了通往幸福生活的另外一个途径。

1945年，抗日战争胜利了，举国欢腾。澄海县城处处洋溢着喜庆的气氛。这时，出嫁后随丈夫到新加坡的四姐回来探亲了。一别多年，此次骨肉见面，倍感悲伤。家里的父母已经不在了。这时的姚璇秋已经11岁了，生活的重担压在她身上，让她过早成熟、懂事，见到姐姐，更是悲喜交集。四姐夫家在新加坡经营干果店，稍微有点小积蓄，看到姚璇秋跟大姆的窘迫生活，给了些钱帮扶。有了四姐的一点接济，姚璇秋跟大姆的生活稍微好过了一点。

抗战胜利后，日本鬼子灰溜溜地夹着尾巴走了。办救济院的王昂青因为当了日本人的走狗，帮助日本人做事，此刻为了躲避国民政府的清算，也静悄悄地找了个地方藏起来。救济院失去了主导力量与经济来源，就地解散。姚璇秋的两个哥哥姚国烈与姚国栋都从救济院回到家里，一家又团圆了。

"这样下去也不成，要有前途还得多读点书。"四姐要求姚璇秋离开火柴厂去学校读书。尽管姚璇秋已经11岁了，但因为家庭贫寒，她连一天学堂都没有进过，此刻一听有书可读，登时欢欣雀跃。

四姐让姚璇秋到学校报名，姚璇秋自己一下子报了三年级："一、二年级的知识我也会，我不想跟那些小弟弟小妹妹一起读。"姚璇秋觉得自己年龄、身高都比一、二年级的学生大，希望自己能从三年级读起。学校一方面考虑姚璇秋年龄大，另一方面通过考试他们发现这个从未上学的小姑娘竟然懂得很多文化知识（原来从童年开始，那些舞台上的戏文，姚璇秋一字一句都背入心里，同时邻居的一位老先生偶尔也教姚璇秋背《幼学琼林》等传统启蒙书籍），因此姚璇秋得以顺利地插班进入三年级。然而，好景不长，读到五年级的时候，因为战乱，在新加坡的四姐失去了联络，家庭再次陷入经济困难的境地，姚璇秋不得不退学了。苦难的生活逼着她学绣花来帮补生活。

潮汕抽纱是闻名遐迩的工艺品，澄海又是抽纱之乡，《澄海县志》载道："百金之家，妇女不昼出；千金之家，妇女不步行。勤于女工，帛虽盈箱，不弃其治麻。"早在光绪年间，潮汕地区各绣庄采用发放加工的办法组织家庭妇女大量加工刺绣，输往东南亚各国，成为潮汕人一大副业收入，故赢得一句令潮汕妇女均为之自豪的俗语"潮州姑娘免落田，银针绣出半年粮"。澄海县家家户户的姑娘，几乎个个都会描龙绣凤。姚璇秋的手艺，在左邻右舍的姐妹中，也算得上是出色的。她经常与伙伴们一起绣花，而绣花期间姚璇秋偶尔也唱潮剧为同伴们解乏，受到了同伴们的欢迎。

"璇秋，你的声音这么好听，你真的应该去戏班唱戏！"同伴们笑着调侃姚璇秋。

"我才不去唱戏呢！"姚璇秋嘟起嘴，有点不太高兴的样子，心底里一闪而过的却是自己穿着漂亮戏服的形象。

救济院的老板王昂青最终还是难逃恢恢法网，锒铛入狱。救济院戏班解散后，林如烈先生被老玉梨潮剧班聘请去教戏。姚国烈与姚国栋由于在救济院有林如烈指导打下的基础，姚国栋学老生，姚国烈学小生，两人还同时学了弦乐，因此与潮剧结下了不解之缘。从救济院戏班出来后，姚国栋去了源正潮剧团继续从事潮州音乐演奏工作，姚国烈则进了当地一家绸缎铺当店员帮忙卖布。

旧时从澄海运货到汕头，水运是重要的交通方式。在汕头与澄海之间，用一种叫"五肚船"的木船运输布料。在布行，姚国烈认识了一位专门从事布料搬运的工人叫陈益泉。陈益泉原是外江戏戏班的乾旦（男旦），后来年纪渐大，出来另谋生路，寄身在布行做了苦力。他听说姚家两兄弟都在戏班待过，同属梨园子弟，不由得骤感亲切，彼此性情相投，与姚家来往甚是亲密。

陈益泉工余之际，经常来到位于龙潭池角同德善堂旧址的阳春国乐社演唱曲子。因为离家不远，姚国栋三兄妹也经常被邀请到乐社唱曲。

阳春国乐社是澄海当地一个业余的群众性汉乐组织，原名叫阳春幽处，最早出现于民国初期，创建人陈友恭。阳春国乐社的场地不大，但往来的艺人却很多，莲阳华国乐社、潮州汉剧社、汕头市以成汉剧社、庵埠等地儒乐社的乐友与曲友，都经常来这里交流乐艺，联络关系广泛，可以说这里是联络潮汕汉乐艺人的中心。20世纪20年代，德国兴登堡唱片公司还专门邀请阳春幽处演员录音灌片，其中就有佘绸先生主唱的《齐王哭殿》《蓝继子哭街》《沙陀搬兵》等，开创了潮汕汉剧界录音灌片的历史，录制数量之多，也创造了汉剧有史以来的纪录。由于阳春幽处声名大振，南洋各地乐社相继到来求师。先后受邀赴新加坡、泰国等乐社就教的就有李隐文、佘绸、蔡儒家等。当时，陈九、陈德遗、李隐文等澄海汉乐、潮乐界名宿都经常到这里来活动，演唱氛围非常好。李隐文，也是外江戏出身，他擅长弹琵琶，人称"琵琶仙"，能教戏、行戏，看见姚璇秋乖巧伶俐、声音甜润，有心要教她唱曲。

这一天，李隐文趁着空闲之际，来到姚家探访。正好是火柴厂放工，姚璇秋在家低头绣花，看见李隐文来做客，连忙起身为他泡茶："老师请喝茶。"

"哈哈，喝茶就不用了。璇秋啊，我听国栋说你唱潮曲唱得很好听啊，我今天是特意来听你唱的！"李隐文刚一坐下就要求姚璇秋唱曲。

姚璇秋小脸涨得通红："我哪里会唱，都是平时听多看多了，学着哼哼而已。"

"好啊，那你就哼两句给我听啊！"李隐文不依不饶地说。

姚璇秋没法，硬着头皮说："其他曲子我也不会，这一段'苏三梅亭冻雪'我经常去救济院听阿兄练唱，前不久也有戏班来我们这里演出唱到，我对这段曲子特别有印象。我就唱这一段，唱得不好，您可不要见笑啊！"

风拍松声侬心焦

愁人辗转寂寞无聊

天寒地冻，雪花飘飘

对景洒泪，离魂心焦

哀猿声凄厉，教人魂魄消

……

姚璇秋轻轻抒唱，这一段正是潮剧《玉堂春》中的一段，北楼名妓苏三（艺名玉堂春）在风雪之中，孤独无助，独对凄风冷雪，哀啼泣诉。姚璇秋想起连年来家庭的劫难，父母双亡，姐姐远嫁，两个哥哥被送进救济院受尽折磨，自己与大姆孤孀弱女挑起家庭重担，生活艰难，清寒之家随时袭来风雪，姚璇秋感觉自己也成了风雪中的弱女子苏三，唱着唱着不由得融入了自己的凄楚与哀怨，情之所动，旋律更加动听。一曲唱完，李隐文大声叫好，他用力鼓掌："璇秋，你的声音很甜，唱曲也很有情，可谓声情并茂啊。你的唱功方面如果有人稍微指点，必成大器。这样吧，你有空常到我们乐社来唱曲，我教你唱，然后乐社的乐师为你伴奏，你看如何？"

"好啊！"姚璇秋听说可以到乐社去演唱，有诸多名家为自己伴奏，心中非常乐意。

外江戏是外来剧种，进入潮汕地区历史久远。自明清以来，外来（外省）戏曲剧种相继入潮汕，商业性演出十分频繁，外江戏（后落地广东，更名为广东汉剧）对潮剧的形成与成熟影响很大。在外江戏演员李隐文的带动下，从此，姚国栋、姚国烈、姚璇秋三人参加了澄海阳春国乐社，工余时候，姚璇秋经常到乐社唱曲。在此期间，李隐文开始教姚璇秋开声，当声腔打开之后，李隐文又教姚璇秋一些基础的身段动作。

有一天，李隐文又上门来，他满脸神秘地带来一个布包，打开却是一套舞台青衣的服饰，姚璇秋看着美丽的戏服，心中无限喜欢。

"穿上去，看是否合身。"李隐文鼓励着说。

姚璇秋点了点头，穿上了青衣的服饰。仿佛一种宿命，这戏服一穿，就是一生。姚璇秋后来入了剧团，第一个戏所学的角色正是青衣。

姚璇秋穿上戏服，欣喜地转着身子。这套戏服是李隐文根据姚璇秋的身材挑选，因此穿上去十分合身。看着姚璇秋装扮一新，长袖广舒，眉目顾盼之间特别有情，李隐文幽幽叹息："多好的戏胚啊！璇秋啊，你没有去做戏真的太可惜了！不如，你跟我学唱外江戏吧！"

姚璇秋想了一下："可是我还是喜欢潮剧。"

李隐文哈哈大笑："潮剧与外江戏，都是中国戏曲，同属梨园，同根同源，区分在于演唱的语言与伴奏的音乐，只要学会开腔的方法与表演基础打得扎实，以后你想唱什么都没有问题。"原来，李隐文想将自己所学的一折《三娘教子》传给姚璇秋，为姚璇秋打下表演的基础。

姚璇秋听了李隐文关于戏曲同源的道理之后，答应学唱外江戏《三娘教子》。

《三娘教子》也叫《断机教子》，改编自明末清初戏曲家、小说家李渔的《无声戏》中的一回，大概内容讲的是，明代一个儒生叫薛广，外出做生意。家中有妻张氏，妾刘氏、王氏以及老仆薛保。刘氏生一子，乳名倚哥。薛广在外托乡人带白银五百两回家，不料乡邻心起歪念，运了一个空棺材回来，骗说薛广在外已经病亡，遂私吞白银。薛家举室哀号，失去经济来源，家道逐渐中落，张氏与刘氏不能耐贫，先后改嫁。三娘王氏坚守在家，靠织布勉强养育刘氏所生之子倚哥。倚哥在学堂被同学讥为无母之儿，气愤回家，遂不认三娘为母，并用恶言顶撞，三娘怒不可遏，将刀立断机布，以示决绝关系。幸老仆薛保竭力劝导，母子和好如初。

就这样，潮剧一代名角姚璇秋，在进入正规戏班踏上正式舞台之前以外江戏作为启蒙戏，为迈向潮剧舞台打下了坚实的基础。晚年的姚璇秋在回顾自己戏剧生涯的时候，坦诚地说："学外江戏唱功让我开了声腔，外江戏的水袖我在后来演出的《辞郎洲》中还特别融合应用了。"

"妾身王氏春娥。配夫薛广，去往镇江贸易，不想命丧镇江，多亏薛保搬尸回来，可恨张、刘二氏，见儿夫一死，一个个另行改嫁。是我对天弘誓大愿，永不改嫁，抚养前房之子，取名倚哥，南学攻书去了。我不免机房织绢便了……"虽然隔了70多年，晚年的姚璇秋依然能够用外江腔念出开场这段念白。王春娥是青衣行当，一出场的时候，端庄大方。她从台中间走向左边，又再走向右边，一左一右形成戏曲中的对称，这也是舞台上程式化的"行四门"，呈现的是戏曲舞台人物一种等待的场景。后来姚璇秋在演《穆桂英捧印》的时候，一开场也有穆桂英在等待儿女回归的场景。姚璇秋不由自主地将外江戏"行四门"的程式化动作融入剧情之中。

在李隐文的调教下，姚璇秋很快就学会了汉剧与潮剧的演唱技巧。姚璇秋的两个哥哥有空都在乐社参加演奏。每一天的晚饭后，乐社定期开局，除了演奏乐曲外，偶尔也演唱外江戏或者潮曲。乐社之中，有人在汕头药厂从事药品销售，听到姚璇秋唱曲好听，灵机一动，让人将广告语编成曲词，套进固定的旋律之中，邀请姚璇秋演唱。就这样，碰到有宣传需要，阿兄拉弦，阿妹唱曲，成为一道特别的风景线。姚璇秋唱曲，招徕了大批观看的观众，达到了为药品宣传推广的目的。兄妹三人，通过合作演唱，赚取了微薄的家用补贴。

1948年，70岁的大姆等不来新中国成立的曙光，在黎明前的黑暗中走完她凄苦的一生。大姆无儿无女,但是她拉扯大了姚璇秋,因此在出丧的这一天,姚璇秋以女儿的身份哭着为她送丧。潮汕话有句俗语叫作"生功不如养功大",姚璇秋懂事的时候,一直都是大姆陪在身边,与大姆相依为命,不是母女,胜似母女,是以出殡的时候她哭得特别伤心。

姚璇秋回忆说,大姆晚年得了肺气肿,说话很费力,有时候甚至到了说不了话、干不了活的境地,整天躺在床上。大姆的床头吊着一个锅盖,大姆有事要起身的时候,就用一根棍子敲打锅盖,姚璇秋听到锅盖响声,就会放下手头工作前来帮忙。

姚璇秋印象最深的是大姆临终前曾经拿出两个钱币,她突然想吃鸭脖子,吩咐姚璇秋上街买个鸭脖子,交代要剁成一小块一小块。姚璇秋到圩市买到鸭脖子之后,央求卖肉的剁成小块,然后用一个竹壳包着带回家。她将鸭脖子洗干净,放入铁锅里,然后点起炭火,将鸭脖子煲成肉汤。汤水滚开之后,肉汤的鲜味溢出来,姚璇秋舀起肉汤,放入盐,然后用汤匙一口一口地喂大姆连汤带肉吃下。肉汤下肚,大姆的脸微微泛红,她头发灰白,身材枯瘦,蜡黄的脸因为这抹红泛着光彩。

"真好吃。"大姆轻轻地说。在物资匮乏的年代,这个鸭脖子对于大姆来说,已经是非常奢侈的食品。后来姚璇秋参加剧团,再也不用挨饿,每次吃到鸭肉的时候,想起大姆临终前的一些场景,常常泪水汪汪。子欲养而亲不待,如果大姆健在,这些鸭肉就可以带回去给她吃了!

1949年10月1日,中华人民共和国成立,接着解放军挥师南下解放了潮汕,10月24日澄海解放,成立澄海县人民政府,澄海城头升起了五星红旗。新政权建立,百废待兴,百业待举。姚璇秋兄妹三人因擅长演唱与演奏,被澄海县城关镇有线广播电视站聘请为义务广播员，专门配合时事演唱一些潮曲节目，例如春耕时节唱春耕、夏收时节唱夏收、卫生运动唱除病害、抗美援朝唱打美帝。做广播员是义务的，没有任何金钱报酬，但是姚璇秋对此没有计较，只要让她唱潮曲，只要听到广播里传来自己的声音，她就感到非常满足。潮剧，这个土生土长的地方剧种，有史可考的，至今将近600年了，这个剧种集中了潮汕各种文化，艺术化地反映了潮汕人的爱恨情仇，数百年来深受潮汕人的喜爱。姚璇秋深爱这个剧种，爱潮剧为自己的苦难生活带来愉悦，但是心底里她也怕这个剧种，怕戏班里的种种不人道制度。然而，她没有想到，自己已经不知不觉走到了潮剧的舞台边，正等一个人来将她牵上舞台。

2. 童伶制废除逢好运

新中国成立之前，由于社会一直动荡不安，人民处于水深火热之中，潮剧戏班的生存十分艰难，很多为了生存漂洋过海去了东南亚。根据吴国钦、林淳钧所著《潮剧史》记载：解放前潮汕地区一共有七个职业戏班，分别是老正顺香班、老源正兴班、老玉梨香班、老怡梨春班、老三正顺香班五大班以及老赛宝丰班与老玉春香班两个规模较小的中班。此外，还有三个设备陈旧、没有正常演出的小班，整个潮汕地区从事潮剧演出的人员为八九百人。

潮剧这个植根潮汕地区数百年的地方剧种，是潮州文化的重要载体，新中国成立之后，如何从意识形态上更好地为新政权服务、为人民服务，成为一个值得思考的问题，其改革也进入一个全新时期。

潮剧的改革是在省市文化主管部门的直接领导下，根据中央制定的有关戏曲改革的方针、政策，有步骤、有计划地进行的，与整个中国的戏曲改革是同步的。早在1949年全国第一届文代会上，周恩来总理就提到了旧文艺的改造问题："凡是在群众中有基础的文艺，都应该重视对它的改造，这种改造，首先和主要是内容的改造，但是伴随着这种内容的改造，对于形式也必然有适当的、逐步的改造。"文代会闭幕后，中央成立了中华全国戏曲改革委员会筹备委员会，同年10月，管理全国戏曲改革工作的行政领导机构中华全国戏曲改革委员会正式成立，由田汉担任主任。戏改会以京剧为中心，以点带面，带动全国地方戏曲剧种的改革，目的和任务是调查现行剧目的演出，制定上演剧目标准，组织力量整理修改与创作剧目，关心戏曲艺人，培养新生力量，推动戏班制度改革。

1950年11月，文化部在北京主持举行了全国戏曲改革工作会议，统一认识后，提出了《关于戏曲改进工作向中央文化部的建议》，由文化部上报中央。1951年毛泽东提出了"百花齐放，推陈出新"的戏改方针，中共中央总结了一年多来，各地开展戏曲改革工作的经验教训。1951年5月5日，将这一方针具体化，政务院颁布了《关于戏曲改革工作的指示》，这就是后来对整个戏曲界影响巨大的"五五指示"。"五五指示"制定了戏曲改革"改戏""改人""改制"的"三改"具体内容和政策，是指导潮剧改革的重要文献。

"改戏"，即修改剧本，清除戏曲剧本和戏曲舞台上旧的有害因素，删除各种野蛮的、恐怖的、猥亵的、奴化的、侮辱自己民族的、反爱国主义的成分。"改人"，是帮助艺人改造思想，提高政治觉悟和文化业务水平。"改制"，即改革旧戏班社中的不合理制度，如旧徒弟制、养女制等。潮剧的制度主要是童伶制。其实在我国，各戏曲剧种普遍存在童伶演戏的现象。例如，清初的昆腔班社有大人带着童伶演出的中班，也有全是童伶的小班。清道光年间轰动京师的"四大班"之一春台班是童伶班。早期的梆子生角有童伶"十二红""十三旦"，粤剧、广东汉剧和西秦戏有专门培养童伶的科班，福建的小梨园戏（即"七子班"）和台湾的"七子戏"整个戏班都是童伶，7个行当都由童伶担任。但是，其他剧种的童伶与成年人同台演出只是过渡现象，所谓的童伶班只是一种训练手段，童伶一成年就可挑起大梁，童伶与成年人同台演出的情况也随之消失。潮剧的童伶与成人同台演出则是一直存在的一种演出机制，童伶演生旦，成年人演丑、净、老生是向来如此，且只能如此，这是其他剧种罕见的。潮剧研究专家林淳钧说："童伶制作为一种制度来说，在全国就潮剧和福建梨园戏有，其他剧种是没有的，当然，其他剧种也有孩子演戏，但不形成一种制度。"童伶制有着严格的等级制度，是一种半奴隶制度，在新时代严重阻碍着潮剧的发展。

童伶制时代的潮剧

旧时童伶必须卖身，潮汕地区有戏谚曰"父母无修世，卖仔去做戏。鼓乐声声响，目汁垂垂滴"。旧时社会把人分为三教九流若干等，受压迫者多被视作下九流，命运悲惨。唱戏也属于下九流，社会地位低下，一般人家不愿意子女去从事这个行业。卖身的孩子大多是家庭贫苦生活所迫，不得已才进戏班。童伶制时期的潮剧，卖身的童伶均为未成年人，年龄一般在10岁至15岁，根据实际情况，卖身价有数十元至数百元不等，有时也会以实物比如大米抵押交易。因为潮剧的声腔是童声，因此卖身期限便以变声期为限，不同年龄的童伶卖身时间不等，一般来说卖身期限为7年10个月。

童伶制很残酷，一入戏班深如海，此身便再难自主。这种制度甚至接近奴隶制度，是一种落后的制度。这种残酷与落后在卖身契上就可以体现出来。卖身契由童伶的父母与戏班班主订立，除写明卖身价钱、卖身年限外，还要写明卖身期间童伶不但没有人身自由而且其生死与戏班无关，有"在期限内，若私逃回家，应由父母亲自带回（戏班）""若有不测之事，各安天命，与班主无关"之类的内容。卖身契一签，红指纹一按，童伶便被套上了绳索，失去个人自由，几近成为班主的奴隶。据老一辈童伶出身的艺人介绍，进入戏班的童伶，其日常行动甚至大小便都由亲丁看管，有时候即使童伶的父母来看望也不让相见。班主为使童伶能够延长更声期，千方百计控制童伶的发育，包括不准洗澡、控制饮食和睡眠等。童伶日常的生活一律集体行动，他们留长发，穿统一的服装，活像监狱里的小囚犯。

卖入戏班的童伶大多家庭贫苦，没有机会接受教育，甚至很多是文盲，他们学戏必须依赖教戏先生。在一出戏的教学过程中，教戏先生将角色分配给他们，然后根据每个人的戏份儿，将念白与唱词逐字逐句地教给他们。现在的剧团，演员排练的时候，可以拿到整本的剧本，但是童伶制时期，演员是不可能拿到全本的剧本的，每个人只分到属于自己戏份儿的台词，这种剧本叫作己本。潮汕戏曲是潮汕文化的集大成者，很难想象，一群不识字的演员死记硬背这些台词，他们对台词甚至是不了解的，因此要付出多于常人数倍的努力才能够记住。学戏的过程也是童伶遭殃受罪的时候，教戏先生手拿藤条，但凡有童伶记错或者演错，先生便随手抽打，很多童伶艺成之后，双腿都是伤痕累累。因此，对于童伶出身的潮剧艺人，人们都称之为"打脚腿"出身。童伶学戏，只能学教戏先生指定的范围，不能偷学其他的，否则被发现，也要备受责罚。一个童伶，从进入戏班到能够独立参与演出，要身受千骂万打，因此潮汕也流行戏谚"戏人贱骨头,无打不成戏",讲的就是童伶制时期童伶学艺的历程。

　　童伶是一个苦难的职业,每一个进入戏班的童伶都深深感受到人生的这一份痛感。他们在学戏过程中经常要受各种刑罚。据正天香潮剧团对老艺人的调查统计,对童伶的刑罚多达30多种。打小腿、打手掌、夹手指、撑眼皮、锁笼脚;脱去上衣用竹板抽打叫"水鸡剥皮";手心按在又小又硬的"哲鼓"上,手背被大鼓槌猛击叫"摸仙石";双膝跪在木匣上,脚尖不准着地,头顶再顶一盆水叫"顶仙石";更有甚者用刀割破其屁股沟,撒上盐,使之痛不欲生。种种刑罚,对童伶都是噩梦。不管什么戏班,对童伶的刑罚有一条不成文的规定,不能伤其脸面,也不能断其手足,目的是还要依赖童伶演戏赚钱。在众多的刑罚中,最普遍的就是"抄公堂",一旦"抄公堂",整个戏班的童伶都要挨打。"抄公堂"也是有等级的,轻则"一抄",重则"三抄"。"三抄"即打鼓先生抄后由教戏先生抄,教戏先生抄后由大簿(班主代理人)抄。"三抄"一般是发生事故,比如逃跑、偷睡、演错等。从这"三抄"之中,也可以看得出童伶制时期戏班的3个等级:打鼓、教戏、大簿,他们对童伶的责罚是有决定权的,在戏班之中也具有一定的地位。童伶在戏班地位是最低等的,甚至演出时在台内只能站不能坐。

　　随着国家戏曲改革政策以政令的形式向全国推广,潮剧队伍改造问题也提到了议事日程。潮剧戏班的现状是不人道的童伶制,这也是潮剧改革最困难的地方。新政权建立伊始,废除童伶制还不能一步到位,只能采用逐步改良。当时,潮汕地区文艺工作者丹木发表署名文章提到,对于一般的旧戏班,要求从内容上改良,要求他们或者帮助他们演出主题健康的剧本,同时呼吁新文艺工作者投身改造潮剧工作:"对于改造潮剧有兴趣有决心的艺术工作者,应该坚决负担起改造潮剧的责任，协助旧戏班做好改造潮剧的工作，深入戏班做好改良工作，抱着尊重潮剧旧艺人的观念去教育他们、改造他们。"

1950年3月，潮汕文学艺术界联合会成立了，4月8日，由潮汕文学艺术界联合会主持召开的第一次潮剧座谈会在汕头举行，正式拉开了潮剧改革的序幕。会议由时任潮汕文联主任林山召开，老正顺香班、老源正兴班、老三正顺香班、老怡梨春班、老玉梨香班、老赛宝丰班六大班的教戏先生、编剧、作曲、音乐头手人员以及艺人代表参加了会议，会议听取与讨论了林山所做的报告《改造潮剧几个问题》，报告针对对潮剧的看法和态度、对旧剧目的态度、历史剧与现代戏、新剧本问题、团结和学习问题、童伶问题、潮剧的前途7个问题进行阐述，传达了党和政府对潮剧改革的方针政策、方法和步骤。这篇报告非常难得，20世纪50年代的潮剧改革，基本都是按照这个报告的精神进行开展的。会议还成立了潮剧改进会，1952年潮剧改进会改为广东省戏曲改革委员会粤东分会，简称为粤东戏改会，专门负责潮剧、汉剧、正字戏、白字戏、西秦戏的改革工作。

关于潮剧童伶的问题，林山在报告中说："童伶制是很不合理的制度，不改变这种制度，潮剧就难有发展的前途，可是要改变它，不是一朝一夕能够做到的。请大家好好研究，逐步来解决。目前应该禁止对童伶的虐待、打骂与侮辱，适当改善童伶的生活待遇，保护他们的健康，使他们也有学习政治文化的机会，为童伶的前途着想，也为潮剧的前途着想，我们希望将来能改变这种制度。"（载《团结报》，1950年4月15日）

童伶制一时未能彻底废除，但是潮汕文联提出要改善童伶的处境，禁止虐待童伶。童伶原本生存在戏班的最底层，新中国成立，让他们看到了希望的曙光。6月1日,是国际儿童节,汕头市为全市儿童举行庆祝大会,童伶黄玉英应邀与当时汕头地委领导人曾广的女儿同时坐上了主席台。这对于童伶来说,简直像梦一样,而这个梦只有在新中国才会成为现实。

戏班下乡演出,群众见到童伶,笑嘻嘻地指着说:"戏子来了!"对于"戏子"这个词,童伶们认为充满了歧视与侮辱,1950年9月,老源正兴班童伶联合给潮剧改进会主任林山写了一封信,希望社会上不要再把童伶叫作戏子。林山接到这封信之后,极为重视,亲自给童伶回信,这封信后来公开登在汕头《团结报》上。林山认为这封来信是觉醒了的小艺人的呼声:

亲爱的小朋友们,读了你们的来信,我一面感到欢喜,一面感到痛苦,感到责任重大。欢喜的是你们的阶级觉悟提高了,进步了,晓得开会,用集体的力量来争取提高你们的社会地位。这是合情合理的,应该这样做。但一想到你们的生活还是这样苦,社会地位还是这样低,我就感到痛苦,感到责任沉重。文联和潮剧改进会,有责任帮助你们争取改善生活待遇和提高社会地位,这几个月来,我们虽然做了一些工作,但是检查起来,还是做得不够,以后一定更落力来做,请你们多多批评,提意见。

看不起艺人,特别是看不起童伶,是旧社会遗留下来的一种恶习,要改变是不容易的,一方面,当然要教育群众,主要还是靠你们自己去争取。做新戏就是提高你们社会地位的最好办法。自从各班演新戏以来,群众对你们的看法也确实有些不同了,你们的社会地位已经渐渐提高起来了……当然,目前只是提高了一步,由于群众的觉悟程度还不够高,因此,多数人还是叫你们戏子,这当然是不对的,应该改正。我希望你们千万不要着急,更不要因此和人家相骂相打,能解释就解释几句,不能就算了,只要你们好好团结起来,努力

学习，求进步，认真做好新戏，我相信群众对你们的态度会一天一天好起来的……（载《团结报》，1950年9月17日）

　　林山的回信是诚恳的，如一位温和的长辈对晚辈的教导，又如一位亲切的朋友在轻声相劝，这些都让童伶看到了希望，他们相信旧社会套在他们身上的锁链一定可以解开。1951年2月22日，潮汕文联召开第二次潮剧座谈会，在总结过去一年潮剧工作的时候，虽然提到了潮剧童伶的相关问题，但依然没有提出立即废除这个制度，不过在缩短童伶卖身期上提出了初步意见。会议认为，童伶制是不合理的，违反了《共同纲领》，必须废除，禁止今后奴隶式的童伶买卖。考虑到当前的戏班是以童伶为主，一旦废除，会造成全体戏班歇业，为了保障劳资双方的利益，采取缩短年期的解决办法，现在在戏班的童伶不论尚存三年或者五年，一律缩短为两年，并建立师徒关系，保障人身自由，改善生活待遇。

　　至此，童伶制的废除又推进了一步。这个制度对潮剧的影响是根深蒂固的，因此要短时间完全废除，对于潮剧的发展是伤筋动骨的，但是新社会新制度一直在推动这潮剧制度的改革。1951年5月，距离潮汕文联召开第二次潮剧座谈会三个月，引起潮剧童伶制解体的一件事出现了。此刻的揭阳县土地改革进行得如火如荼，老怡梨春班的班主无力再经营戏班，经过劳资双方协议，老怡梨春班的一切财产归工会管理。既然是工会管理，无形中班主就被废除了，于是废除童伶卖身制自然又被提上了议事日程。

　　1951年6月13日，在汕头市总工会、潮汕文联和汕头劳动局的主持下，老怡梨春班率先在汕头市工人文化宫召开大会，宣布废除卖身制，立即烧毁童伶卖身契。接着，在6月28日和29日，老玉梨香班和老三正顺香班也相继废除童伶制,至7月29日,潮剧六大班均先后烧掉了卖身契约,恢复了童伶的人身自由。落后而又残酷的童伶卖身制,终于在新中国的社会主义革命洪潮中被废除,古老的剧种也迎来了新的天地。

童伶烧掉卖身契以后,时逢潮汕地区开展土地改革,许多家在农村的童伶都想退出戏班回家分田地,如果这样,潮剧戏班可能面临全面歇业。在这个情况下,时任潮汕土改团团长吴南生做出一个重要决定:允许身在戏班家在农村的童伶跟贫农一样分田。这样就稳住了童伶。这批留在戏班从艺的童伶,由于良好的环境再加上各自的勤学苦练,后来很多成为名角、艺术骨干以及剧团领导人,为潮剧的发展做了贡献。尽管这样,潮剧的新一轮发展,依然期待新鲜血液的补充。

1952年9月,为了检查全国三年来的剧改工作,中南区6省2市(河南、湖北、湖南、江西、广东、广西和武汉、广州)的17个地方剧种在湖北武汉举行首届戏曲观摩会演。这次会演是解放后中南6省一次最大的戏曲盛会,潮剧作为广东代表团的剧种组成部分,一共有28人作为代表出席了大会。此次参加演出的有传统折子戏《大难陈三》,这个剧目由叶清发、林玉英、陈楚钿演出,获得了优秀节目奖。三位演员,都是十三四岁的少年,这个时候,潮剧的童伶制已经废除一年多,演员也都恢复了人身自由,但是潮剧的演出不论唱腔音乐还是表演,都保留着原来的童声童气。会演期间,中南局第二书记、中南军政委员会副主席邓子恢宴请各剧种的演员,叶清发与林玉英也应邀出席,叶清发发言的时候,由于个子小,整个人站在椅子上,用浓厚的潮州普通话发言,这个现象让潮剧改革的干部意识到,落后的童伶制虽然已经废除,但是要清除童伶制对潮剧发展的影响,任务还相当繁重,新演员的培养,也迫在眉睫。

中南会议期间，对6省戏曲改革工作中存在的问题进行检查总结，会议指出，在新剧目的创作上，存在只强调配合政治任务，不研究如何保持与发挥原有剧种的艺术特点的问题。只强调新戏，忽视了旧剧目的审改与整理，使不少好的节目与优秀传统几濒于失传……此外，还表现了反历史主义与公式化的倾向，如要求历史故事与民间传说符合当时所谓的正史，不适当地要求历史人物、历史事件符合今天的要求。（见《中南区第一届戏曲观摩大会专集》，第114页）

对此，潮剧改进会根据中南文化部对于戏曲改革的指示于10月12日至14日连续三天召开戏曲代表大会，对潮剧改革三年来存在的问题进行讨论。会议上，代表们认为潮剧在前端的改革工作中，对旧剧目没有及时进行整理，废除了通宵演戏的陋习之后，长连戏被改掉之后，没有对民族文化遗产进行发掘与整理。根据中南会议的精神，潮剧艺人与剧改干部在提高思想认识的基础上，潮剧六大班相继开展对传统剧目的搜集、发掘、整理工作，决定在来年的3月份，六大剧团举行一次旧剧目的会演。

1953年3月15日至20日，潮剧六大班在潮州举行旧剧目观摩会演，参加会演的有6个剧团共224人，一共演出了11个剧目，其中10个参加了会演的评奖。这11个剧目分别是：三正顺、怡梨两个剧团演出的《扫窗会》，正顺、怡梨两个剧团演出的《拒父离婚》，源正潮剧团演出的《辩十本》，玉梨、赛宝与粤东潮剧团演出的《收浪子尸》，正顺潮剧团演出的《战徐州》《幸福山》（新创作剧目，不参与评奖），源正潮剧团演出的《玉花瓶》《楼台会》，三正顺潮剧团演出的《牛郎织女》，玉梨潮剧团演出的《搜楼》《三气周瑜》。

这一次的会演，贯彻了中南会议精神，纠正了潮剧改革工作中的一些偏差，端正了对传统艺术的认识，重点挖掘了潮剧传统艺术，比如《扫窗会》

《拒父离婚》《收浪子尸》等，这些剧目都比较完整地保留了潮剧传统唱腔曲牌音乐与唱功艺术，为古老潮剧在新时代的发展奠定基础。后来1957年潮剧到北京演出，带了3个折子戏《辩本》《闹钗》《扫窗会》，其中《辩本》《扫窗会》这两个折子戏都是本次会演所整理发掘出来的，其他的会演作品也作为潮剧经典的保留剧目，原汁原味地传承至今，比如《收浪子尸》《拒父离婚》等。

对于此次会演，时任粤东行署文教处副处长杜桐在总结报告中，给予了高度评价："我们从这次会演中获得什么重要的认识呢？认识到潮州旧戏曲有着如此丰富的遗产，在表演艺术上我们发现了一二十年来没有看见过的优美做工与唱工，而这种做工与唱工的细腻、优美，使得人物性格突出，也使得人物的思想感情更富有感染力；我们并且从中发现了旧剧目中有着许多思想内容健康或者比较健康的剧本，具有各种不同程度的人民性的剧本。旧潮剧这种遗产的宝藏之丰富，是超过我们原来估计的。因此我们更具体地理解到，由于片面地强调思想内容而忽视或者抛弃了唱工做工，导致群众批评'新戏不耐看'的道理，同时我们也更加认识到发掘旧戏曲遗产的重要意义。"

通过此次挖掘与会演，肯定了潮剧这个古老的剧种所积累剧目的价值，戏曲改革不只在于创新，也要立足剧种的基础，对传统进行挖掘，一批优秀传统的剧目因此被发掘出来。

至此，古老的潮剧通过改制、改人与改戏的改革，发生了翻天覆地的巨变，一切的障碍都被扫清，新的时代，新的机遇，潮剧以全新的面目呈现在人们面前。

3. 穿着红木屐进剧团

1952年夏天,新时代新体制的潮剧,在新一轮的潮剧改革发展中严重缺乏演员,已经废除了童伶制的六个潮剧班子都在四处物色青年演员,以补充原来由童伶担任的小生、青衣和花旦等行当。

这一天午后,阳光灿烂,凤凰花开得火红,知了在枝头鸣叫。澄海阳春国乐社依然定期开局,周围围着大批的观众,姚璇秋应邀演唱着自己最熟练的那首曲目:"风拍松声侬心焦,愁人辗转寂寞无聊;天寒地冻,雪花飘飘⋯⋯"经过了李隐文先生长时间指导与日常在广播台演唱的练习,姚璇秋演唱潮曲已经声情兼备。一曲刚完,观众席中响起了一阵热烈的掌声。

掌声经久不息,人群中依然还有人在鼓掌,大家回头一看,却是两位陌生的中年男子。

"唱得好啊!这位妹子叫什么名字?"其中一位走了进来自我介绍,"我是正顺潮剧团的业务主管,叫陈炳光,我也是澄海人,跟我一起来的是我们剧团团长郭石梅先生。我们剧

刚进入剧团的姚璇秋(1953年)

团前来澄海演出，我跟团长无意中路经这里，听到这位阿妹在唱曲，就给吸引过来了！阿妹你叫什么名字？"

"我叫姚璇秋。"姚璇秋听见有人赞她，小脸顿红，但是她还是大胆地应答。

"阿妹你唱得这么好，不去做戏真的太可惜了！来参加我们正顺潮剧团好吗？"郭石梅呵呵笑着。

"不好！"姚璇秋想都没想，一口拒绝。

郭石梅原本以为主动相邀，眼前这位姑娘一定会高兴地应允，但是他万万没有想到回复他的竟然是如此坚决的谢绝，不由得大感意外，顿时呆了。要知道在此之前多少人想要进入老正顺剧团而未能如愿。

原来老正顺潮剧团在改革之前叫作老正顺香班，是一个历史悠久、演员阵容强大、教戏先生颇负名气的剧团，业界之中很多人都很想进这个戏班而未果。这个班在改革前原有童伶36人，废除童伶制之后，班里的童伶解放了，有的回农村分田地，有的转业去做小买卖，愿意留下来的，也都因处于变声期，当不了台柱，一时间，这个颇有名气的戏班，大有摇摇欲坠之势。郭石梅对此大为焦急，因此，老正顺潮剧团此次到澄海演出，在午休期间，郭石梅与陈炳光专门到基层寻找适合唱戏的苗子。上午在澄海城关镇，有人给郭石梅推荐了澄海工人文化宫的业余剧团，郭石梅与陈炳光专程前往观看之后，却没有一个角色看入眼，那些业余剧团的演员大多希望能够进入正顺剧团从事表演，但是郭石梅都没有同意。尽管剧团缺人，郭石梅却是宁缺毋滥。他们两人在回程路上，听到小巷深处有人在唱苏三的唱段，于是循声寻了过来，却见是民间乐社的娱乐演唱。尽管是民间乐社，但是演唱苏三唱段的这个小姑娘声音甜润、声情动人，给郭石梅留下了深刻印象。郭石梅自己本身也是童伶出身，他8岁就卖身入戏班，已经唱了40多年戏，演员声线如何，只要有声入耳，他就能识辨。他与陈炳光两人悄悄站在一旁仔细倾听，他觉得姚璇秋的唱腔音色美、音域宽，柔润动听，是一棵唱潮剧的好苗子，因此才有一开口就主动相邀，但是万万没有想到一下子就吃了姚璇秋的闭门羹。

陈炳光认真地看着姚璇秋，突然一拍后脑勺："你是不是经常在澄海广播电台唱曲的小妹？哎呀，原来是你，怪不得我一直在想，这声音怎么这样熟悉！"

姚璇秋羞涩地低下了头："我是义务的广播友，电台有需要就让我去唱，都是唱着玩的。"

"阿妹，你不是喜欢唱曲吗？"郭石梅问。

"喜欢啊。我天天唱的，在家绣花、到火柴厂做工都是一边干活一边哼唱的。工余有空才到乐社来唱。"

郭石梅一听，才知道这个小姑娘是在火柴厂做工的。他不死心地说："既然喜欢唱曲，那你为何不愿意到我们剧团来？到剧团来，待遇比火柴厂的好啊，你可以天天上台唱啊，很多人想来我都不一定同意呢！"

姚璇秋抬起头认真地说："我觉得进戏班太辛苦了，天天演戏到天亮，有时候戏班总是不问情由就打人……"姚璇秋想起两个兄长的遭遇，两行清泪顿时流了出来。

"哈哈哈！"陈炳光一听顿时明白了姚璇秋心中的顾虑，"妹仔啊，你说的是以前的事啦！现在时代不同了，戏班改叫剧团了，童伶不叫戏子，叫演员啦！新中国成立后，党和政府非常关心潮剧演出，专门出台政策保护演员，现在演员走到哪里都受到尊重，现在的演戏人员是不可以买卖的，剧团也不用通宵演戏，演员即使演错了也不会受责打，因为打演员是犯法的！"陈炳光说着呵呵地大笑起来。

"真的？！"姚璇秋惊喜地问。她心中似乎有疑虑，但是新中国成立后的这几年来身边接连发生了巨大的变革，她偶尔在电台演唱时代宣传曲也会唱到相关的政策。她突然脱口而出说："如果不打人不用演通宵，我就想去！"

"好好好！不会打人，也不用演通宵了！"郭石梅呵呵笑道，"这样吧，你明天上午到我们戏班的演出点来唱一段曲，算是考一下，我让拉弦师傅给你和一下曲，看能否合格，然后你也可以顺便参观我们剧团，亲身体验一下，看看是不是跟你以前看到的戏班有所不同。"

姚璇秋兴奋地点了点头，此刻她心中的疑虑消除掉，听说剧团以新的面貌出现，她如一只离群的雏鸟急着归队。

第二天，姚璇秋提早来到老正顺剧团的演出点，参观了老正顺潮剧团演员的住处，只见演员的行李收拾整齐干净，男女分开住，尽管是下乡演出，但是居住环境也清理得非常整洁。大家见到姚璇秋都非常友好，每一个人都对着她温和地微笑。在剧团的演出后台，各种道具摆放有序，有人在冲工夫茶，喊着："妹啊，来食茶。"这种氛围让姚璇秋感到温暖，她还现场观看了老正顺潮剧团的演出，此时的老正顺剧目都经过整改，无论是剧情、音乐、唱腔乃至服装道具舞美，都让姚璇秋顿觉耳目一新。

"阿妹，你来试唱一曲，就唱昨天你演唱的那一曲就好。"陈炳光说着找了一位拉弦师傅给姚璇秋伴奏，这位拉弦的师傅就是姚璇秋进入剧团之后重要的启蒙师父杨其国。陈炳光暗地里悄悄交代了杨其国将弦徽定到"四孔"（潮剧音乐称调为"孔"，"四孔"即F调），这个调是初学者不易达到的高调。

"风拍松声侬心焦……"姚璇秋张口就唱，由于平时经常练唱再加上李隐文师父的启蒙，她唱得一点都不费力。

郭石梅高兴得直鼓掌，当场拍板，陈炳光也当天打电话到汕头给潮剧改进会的副主任林紫，向他汇报了这件事，正式确定了吸收姚璇秋入剧团的事。林紫听说找到了潮剧优秀的新苗，也是非常开心，要求要好好培养新演员。

郭石梅拿出80元给姚璇秋："这点钱你收着，算是订金。进剧团是集体生活，但是个人的生活用品也必不可少，你可先去买一些重要的，其他以后到了剧团再慢慢购置，对了，你要买几件新衣服。记住，一个月后的今天，我们剧团在汕头市大观园戏院演出，届时你准时来剧团报到！"其时的潮剧团没有固定的团址，剧团到处游走演出，走到哪里哪里就是家。为了让姚璇秋能够轻易找到剧团，郭石梅约定了一个月后在汕头大观园戏院演出的时候，让姚璇秋进剧团来报到。汕头大观园戏院在当时是非常出名的一个戏院，姚璇秋听说将要进剧团了，她接过钱兴奋地点了点头，激动得浑身热血沸腾，期待着报到日期的到来。

听说老正顺潮剧团从基层挖掘到潮剧的新苗，潮剧改进会副主任林紫也是相当高兴。其时潮剧正百废待兴，这个古老的剧种经过改制、改人、改戏之后，呈现一种勃勃生机，急切需要新鲜血液的注入。林紫是位文艺干部，也是一位作家，在新中国成立初期的潮剧改革中是一位积极的领导者。

听说姚璇秋已经有一定的演唱基础，按照剧团的安排，将新改编移植的一个现代戏《王贵与李香香》的主角李香香安排给姚璇秋。为了见到这位尚未入班的新演员，按照约定，一个月后，林紫亲自来到汕头市大观园戏院等待。但是他没想到此次却扑了个空——左等右等不见姚璇秋到来。

"人呢？"林紫问，在等了一个上午之后，他有点不耐烦。

陈炳光满脸尴尬："可能小姑娘记错了时间……"话一出口，他又感觉这个理由站不住脚。那么聪明伶俐的小姑娘，对潮剧如此热爱，她怎么会连进剧团的时间都记错？莫非家里出了什么事情，以致不能前来？陈炳光坐不住了，站起身，抓起黑色的提包："我到她家去看看出了什么情况！"

陈炳光专门坐车直往姚家而来。正是下午四点多的时候，陈炳光一路打听，来到姚璇秋家门口。

门虚掩着，里面一片寂静。陈炳光轻轻推开门，只见庭院里姚璇秋正蹲在地上煮饭，用嘴向炉灶吹气，炊烟袅袅，瘦弱的身影在简陋的屋子里更显得楚楚可怜。

陈炳光原本是满脸怒气，要前来兴师问罪的，但是此刻他强抑心头怒火，轻轻地咳嗽一声。姚璇秋听见声音，回头看见了陈炳光，不由得又是愧疚又是哀伤。

陈炳光在突然间看见回身的姚璇秋，才一个月不见，姚璇秋的活泼靓丽已经不见了，此刻站在他面前的小姑娘形容枯槁，满脸憔悴，满头乱发。

"阿妹你……"陈炳光惊叫着，满腔怒气顿时消失得无影无踪。

"哇……"姚璇秋看到了陈炳光放声大哭，泪水如开闸的洪水奔涌而出。她转身走进房里，拿着一只铁桶一个塑料脸盆递给陈炳光，"你们给的80块钱我买了点东西，剩下的钱都在这里，还给你们，我、我不能去剧团了……"姚璇秋哭道。

陈炳光见脸盆里有牙膏、牙刷、香皂等日常用品，这小姑娘分明是已经做好了一切准备，她为何又突然不能去了呢？

"阿妹，不要哭。发生了什么事情？慢慢说，不要怕。"陈炳光温和地说。

"大兄、二兄都被抓起来了……"姚璇秋哭道。原来，姚璇秋答应进入剧团之后，郭石梅团长送了她80块钱作为生活费，当天她即刻上街去买了生活用品，期待着一个月后到剧团报到。不料第二天派出所的警察突然来到家里，不由分说将姚国栋与姚国烈用手铐铐住就拖走了。遭此变故，姚璇秋整个人被吓得六神无主。

傍晚时分才有人过来通知，姚氏两兄弟涉嫌反革命，正在隔离调查接受审问，要求家人三餐负责送饭到两兄弟的关押处。

原来，澄海县阳春国乐社的创建人陈友恭是澄海后巷池人，在抗战中有做汉奸嫌疑，被澄海自卫总队长李少如枪毙，光复后，阳春国乐社聘请黄本英为名誉社长，黄本英解放前任过澄海县县长，此外，还牵扯到日伪时期王昂青筹建救济院的问题。姚璇秋的两位哥哥姚国栋、姚国烈曾经进入王昂青的救济院，为救济院的潮剧团服务过，因此两兄弟也都被拘禁起来。因为两位哥哥的事，姚璇秋进剧团的事受到了牵连，此事涉及重大政治问题，当地居委会不准姚璇秋迁出户口。

"他们来通知我，拘留所里面不安排吃饭，要我三餐给两位哥哥送饭。大哥被关押在居委会，二哥被关在文化宫，我每天都要两地送饭……"姚璇秋抽泣着。

陈炳光心中涌起一股悲凉，想到她小小年纪就要担惊受怕，而且每天三餐还要到两地去为亲人送餐，不由得为眼前的小姑娘感到可怜。他安慰姚璇秋静心等待，自己即刻回汕头向组织汇报。陈炳光回到汕头之后，第一时间打电话给林紫汇报了情况，说明了姚璇秋没来剧团报到的原因，同时希望由改进会出面协调，帮助姚璇秋尽快摆脱困境，让她早点到剧团来。由于当时肃反形势非常严峻，株连之风盛行，当地有关部门均不同意出具证明让姚璇秋把户口迁出去。

陈炳光接连找到有关部门，对姚璇秋的情况做了详细的了解以后，立即赶向潮汕文联向文联主席、潮剧改进会主任林山报告了这件事。林山是诗人，也是民间文学家，他20世纪40年代曾经到延安，参加了对中国新文艺发展有着重要影响的"延安文艺座谈会"，是一位懂政策、懂文艺、有魄力、重感情的文艺干部。林山听了陈炳光的报告后，又了解了"案件"的情况，认为此事与姚璇秋无关，于是亲自出面找到各相关部门，言明利弊，当前政府改革潮剧，潮剧的发展急切需要培养人才，而且接下来又将迎来全省戏曲会演，潮剧重任在肩，事关整个剧种的荣誉，这是一项重要的政治任务，不能有丝毫懈怠。经过林山的出面干预，终于在1953年初，经过调查，姚国烈无罪释放，但是姚国栋却依然被扣押，后来因为查不出相关罪证，被直接押送到汕头市公安局。

在潮汕文联、潮剧改进会与正顺剧团的帮助下，1953年4月，未满18虚岁的姚璇秋终于动身来剧团了。

许多年后姚璇秋回想起，那一年自己买了一块花布，自己按照旧衫的样式进行裁剪缝补，做成两件花布衣，还买了牙膏、香皂、红木屐等生活用品，用一个网兜装着，胸怀对苦难家庭的无限悲伤，来到戏班，跨进了潮剧的门槛。此后，姚璇秋吃住等都在剧团，平时剧团发些零花钱，每月有50斤米，她都寄回了家给哥哥。此时，她家里还有一位出嫁的姐姐因家庭原因，也回到娘家来一起住，依靠着姚璇秋的这些收入艰难度日。

姚璇秋进入剧团大约一年后，姚国栋经过各种审查，由于没有证据，被随便冠了个"四类分子"的帽子就放回来。因为这顶帽子，姚国栋此生的档案多了个政治污点，作为潮剧著名教戏先生林如烈的弟子，姚国栋空负潮剧小生的才华，一生不得志，人到中年，郁郁而终。

被这么一耽搁，《王贵与李香香》这个现代潮剧就与姚璇秋擦身而过了。但是上帝关闭一扇门的同时，也为她打开了另外一扇窗。此刻，正顺潮剧团有一个经过整理修改的传统折子戏《扫窗会》在等着姚璇秋。

| 第三章 |
小荷初露尖尖角

1. 潮剧《扫窗会》一炮打响

1953年春,姚璇秋终于来到了老正顺剧团。郭石梅与陈炳光马上安排人对姚璇秋进行训练,他们莫名高兴,仿佛看到了潮剧未来的发展将由这个年轻的小姑娘去推动。

在此之前,姚璇秋从未接受过潮剧基本功的正规训练,像一张白纸,这既是优点也是缺点。中国戏曲,都需要演员从小进行训练,打下扎实的基本功,而此时姚璇秋已经快18岁了,要从头开始来训练基本功明显是不现实的。潮剧旧时培养新人有一套独特的方式,叫作以戏带功,戏班会选取一个剧目,让演员直接入戏表演,由教戏先生口传身授。这样当一个戏学下来,演员在不知不觉中也掌握了表演的基础,在这个基础上,平时演员再注重练功与学习。以戏带功的训练方式可以在短时间内让演员掌握表演基础。

《扫窗会》剧照,姚璇秋饰演王金真

选取哪个剧目呢?此刻,距离

3月份潮剧六大班在潮州举行旧剧目观摩会演结束刚一个月，在此次会演中挖掘、整理出来的折子戏《扫窗会》正以全新的面貌空待着。一切似乎冥冥中自有天意，姚璇秋来到正顺剧团后，立刻就被安排去学戏《扫窗会》。正顺剧团希望通过这个戏来系统培养新演员。姚璇秋做梦也没有想到，进入剧团之后，她正是凭这个戏在省城以及京城一炮打响，从此奠定了她在潮剧界的地位。

《扫窗会》又名《扫纱窗》，是潮剧长连戏《珍珠记》的一折。《珍珠记》主要讲述了书生高文举于穷困潦倒中得到王员外的资助，王员外将女儿王金真许之为妻。高文举上京赴试中了状元，却被当朝宰相温阁强迫入赘。高文举思念妻子，写了一封家书寄回家，但是家书被温氏调包成休书。王金真在家久等丈夫不回，最终等来的是一封休书，心中气愤，遂千里寻夫至京，要当面与高文举对质。不料到了京城之后，王金真被温氏发现，温氏将其当作用人使唤。王金真在绝境之中得到温府老仆相帮，持着扫把，借助扫纱窗的名义，深夜来到高文举书房外，夫妻遂得相会。《扫窗会》这一折戏讲述的就是王金真深夜扫窗会见高文举，至被迫逃离温府这一段。这折戏不仅将人物内心活动刻画得深刻细致，感情抒发饱满酣畅，而且情节安排也跌宕起伏，处处牵动观众的心。同时，这折戏还保存了潮剧比较古老的唱腔曲牌如"四朝元""下山虎"等，做工严谨细致，是潮剧青衣行当中唱、做、表难度较大的重头戏。

《扫窗会》作为旧剧目，此刻经过修改整理之后，焕发出新的生命力。在六大班会演前，三正顺做过一次试验演出之后又继续进一步删繁就简，使得剧情更加紧凑，正顺潮剧团利用这个戏来培养新人。当时剧团整年的排期演出路线已经定下，按照原本演出的基础路线，剧团当时是从澄海、汕头、潮安、凤凰然后继续往兴宁、梅县等山区进行演出。姚璇秋随着剧团一路演出，一路学戏。她无疑是幸运的，一进剧团，剧团就安排了杨其国、黄蜜、陆金龙三位资深老师为她做系统的开蒙训练，其中杨其国教唱、念，黄蜜、陆金龙教基本功和关目动作。

杨其国是潮剧著名的教戏先生，1912年出生于揭阳县洋滨乡，后来入赘古沟乡。杨其国是童伶出身，深知戏班演员之艰辛。他自幼家庭贫穷，不得已之下卖身到老正顺香班做童伶，专攻生行，在他刻苦学习下，其演唱技艺冠于同龄。后来，随着身体的发育，杨其国遭遇了变声难关，已经长大成人的杨其国唱不了童伶的声腔，只好转为学教唱、作曲，这也是所有童伶演员一条普遍的演艺道路。

一次偶然机会，杨其国拜入潮剧名师乌辫先生（原名徐陈拱）门下，得到了徐乌辫的悉心传授，成为他的入室弟子，在发声、运腔方面，颇得真传。在作曲方面，杨其国对"重六""活五"曲调造诣颇深。进入中年后，杨其国便担当潮剧团的教唱、作曲职务，后来又继续从名师黄玉斗、林如烈学习，博采众长，诸般技能更臻成熟、全面。

杨其国精通音律善于谱曲，能唱又会教工架，其既继承了潮剧传统唱腔艺术，又吸收兄弟剧种优秀唱腔。他所创作的曲调都有利于塑造人物，使演员有所发挥，感到"好做戏"，观众听来既有形象而又顺当悦耳，重点唱段，往往能扣住观众心弦。他这一长处向来为潮剧界所公认，为潮剧观众所称道。

《扫窗会》中的王金真一出场就是一大段的唱段，这个唱段，唱、念、做并重，要求演员必须吃透唱词，表情达意将唱词内容表达出来，颇考演员功底。杨其国先生负责教姚璇秋的唱、念，这一年他41岁，正值艺术生涯黄金时期。

曾把菱花来照，颜容瘦损渐枯槁。正是愁人听见寒蛩语，满腹离愁向谁告！嗳寒蛩呵！越添妾身愁怀抱。嗳，官人，罢了官人我的夫呵！你许块深深宅院喜乐陶陶，有谁知你妻子时乖运塞，落在他圈套。嗳，温氏啊！你本是个天降罪魔，敢将我同心劈破了。倚你爹的官高爵高，将妾身百打千敲。上剪头发，下剥绣鞋，日间汲水，我夜扫庭阶。唉，冤家哙！怎知道妾身执帚西廊，在这西廊把地来扫。咦呀！倒是妾身差了，老妈说道，今晚阮夫妻，能得相会，就是这把扫帚，不能相会，也是这把扫帚，怎么将它丢下，待我摸来，待我摸来啊！在……在……在！待妾身悄悄来扫……我就悄悄就来扫。咦呀，前面有窗，窗下有灯，定是那冤家在内攻书，待我近前听来。我只块听，听不见状元我夫书声高，唉夫哙，岂知你妻子受苦在外头。我那高……本欲将高文举之名来叫声高，又恐他为官之人，心肠有些难料，若认妾身就不消说了，不认妾身我个罪过难逃。我只得进前退后，唔敢声高，只落得十指尖尖在此窗外敲。又听见宿鸟啼叫声噪，我只块惊，惊得我战战兢兢魂魄消。王金真，为冤家，你将奴来抛，高文举你这贼冤家，自有自有天鉴表！误了我青春年少，耽误我佳期多少，空负我百年姻缘无尾梢，有上梢来无下梢，嗳，我的苦！（潮剧《扫窗会》唱词）

锣经响起，黑夜之中，王金真出场，赤足不慎踢到石头，她想起身世，不由得叫出一声："苦啊——"王金真必须有一定的身段动作表现出来，这些舞台动作都是前人设计出来，已经形成程式，接着唱出："曾把菱花来照，颜容瘦损渐枯槁。正是愁人听见寒蛩语，满腹离愁向谁告……"

"唱词中的菱花是菱花镜的简称，因此，必须做出看镜的动作，以前曾经有人把菱花理解为池塘里的荷花，由此做出赏荷花的程式，这些是不对的。"

《扫窗会》剧照

杨其国要求姚璇秋要熟透唱词，理解唱词内涵，才能通情达意地做出表演。

除了杨其国之外，黄蜜先生专教基本功，陆金龙教姚璇秋担纲演《扫窗会》之王金真的表演动作。黄蜜年纪比较大，身体粗壮，手脚也已经僵硬，一些动作不能全部亲自传授，只能摆个基本示范动作让姚璇秋模仿。在这个戏之中，除了学相关的表演动作之外，演员入门的身段手脚，12个基本动作比如开门、上落楼梯、慢步、快步、跑圆场等姚璇秋每天都要练。《扫窗会》之中的王金真有一个蹲下去矮步前进摸扫把的场景，需要一种难度极高而且非常特殊的矮步，这种矮步要求蹲着走，上半身必须保持笔直，脚下则微踮趾尖缓移莲步，走时上腿和下腿不得相贴，必须提上气保持身体不下坠。正式表演的时候，当演到这个片段时，只见台上的王金真裙边翻动如水泛微波，一把芒花做成的扫把在王金真手中轻挥慢扫，配合着锣鼓和弦乐，身段动作一举一动都落在音乐的节奏里。为了练习矮步，姚璇秋每天都半蹲着走路，练得每天上厕所都站不起来。晚年的姚璇秋每天晚上睡觉的时候，小腿都会抽筋，深受其扰，这也是青年时期训练留下的职业病。姚璇秋回忆起当年《扫窗会》这个戏的练功情况说："除了舞台动作难，唱腔也很难，其中的'四朝元'是潮剧唱腔音乐之中最难的曲牌，演员蹲下去表演，一站起来又要唱，唱、做、表要求连贯，如果演员气息不够，或者唱腔的吞吐不好就唱不下，会直接影响整个戏演出的美观。"

《扫窗会》剧照

杨其国虽然以《扫窗会》为姚璇秋启蒙，但一开始并不把全剧的唱段都教，而是先选其中难度最大的"四朝元"这个曲牌唱段来教给姚璇秋。"四朝元"头板曲牌一音多韵、腔调委婉，极难掌握。杨其国让姚璇秋先攻"四朝元"这个唱腔的峰巅，当最难的唱腔攻下来，以后其他的曲牌唱腔就能举重若轻了。此时的杨其国虽然才年近中年，但是得了严重的肺病，每教唱一段他就疲惫不堪，咳嗽不止，但他还是坚持按照舞台演出的音高来唱，不肯把音调降低。杨其国教姚璇秋唱、念，并不是要她死背硬学，而是引导启发，让她掌握演唱的技巧，"理""法"并重。杨其国对姚璇秋说："唱曲时，咬字要明，口型要美，行腔要顺。关键在于运气，记得要用丹田气息。"杨其国把要领说了一遍之后，就自己做示范，唱一段给姚璇秋听。杨其国尽管身体有恙，但是真正唱起曲来，运气行腔力发丹田，咬词吐字抑扬有致，真是声声圆润、字字珠玉，使姚璇秋叹服不已。杨其国做了示范之后，就叫姚璇秋按曲谱唱一遍，然后对姚璇秋说："你认真听听，看看能否发现你唱的和听我唱的有什么不同，为什么会有这些不同，你自己揣摩揣摩。"姚璇秋初入剧团，对演唱的内涵道不出所以然，每逢遇到这种情况，杨其国就对她说："你不要盲目跟我唱，要自己领会，要思考，能够揣摩出一点道理，唱出来的就是你自己的风格。"

除了练功，杨其国还要求姚璇秋必须熟悉剧团演出过程的各个环节，每天晚上有空姚璇秋必须到演出现场观看演出，听锣鼓节奏。以前潮剧在乡下演出前，通常会演奏潮州大锣鼓暖场，锣鼓一响，群众便知道大戏即将开场，因此开场锣鼓对于群众也有一种召唤作用。杨其国经常利用这个开场锣鼓的机会，让姚璇秋参与学会敲锣打鼓，此外还要到后台学敲铜钟。铜钟是潮剧的一种特殊的打击乐器，呈小喇叭形，在众多的打击乐器中，它的音量不大，但声音清脆悦耳，不被其他器乐声音遮掩，历来为教戏先生所重视。初进剧团的演员，都要学打铜钟，目的就是训练演员的舞台音乐节奏感。此外，搬箱、拉幕、演配角都必须去做。姚璇秋晚年回忆道："那时剧团上下齐心，即使是名角也没有人摆架子，剧团里各种杂活都必须参与。广东潮剧院成立后，当时林澜同志作为剧团领导，也是事无巨细要亲力亲为。小到戏棚搭起来后印有广东潮剧院横额的布幕悬挂时候必须端端正正，他都要亲自参与悬挂或者验收，要求非常严格，领导都这样，我们作为演员更是自觉去做。不是演员演好自己的戏就好，作为剧团的一员，剧团任何事我们都应该去帮忙做的。"

姚璇秋怀着千愁万绪来到剧团，生活方式完全改变，面对的是一种紧张有序的集体生活。按照剧团的演出安排，她随着剧团来到兴宁、梅县、松口、高陂等地演出，白天跋涉赶路，夜里到站点还要帮演出打杂，抽空的时候则要学《扫窗会》，每天的时间都安排得密密实实，根本容不得她有任何异想，日子一天天地过去，渐渐地她也适应了这种近乎流浪的剧团生活。

这一天，来到梅州地区，当晚剧团驻扎在崇德善堂的隔壁，善堂之中堆满了棺材，这些棺材是善堂用来施棺助葬的。以前没有旅馆，剧团下乡演出，住宿都是随遇而安，这样的场面姚璇秋已经不是第一次见，因此心中安定，并不感觉害怕。半夜时分，姚璇秋突然醒来，看见明月清辉照进蚊帐，此时已经凌晨四点多。姚璇秋坐了起来，内心突然没来由地一阵难受，泪水流了下来。她想家了。大哥被关在监狱不知情况如何，二哥与四姐在家，是否一切安好，自己每个月寄回去的钱米，他们是否收到？父母早逝，骨肉离散，前途又未卜，一阵不安袭来，她轻轻地抽泣，将头埋进被里，不敢惊动剧团的同事。

"就这样一辈子唱下去吗？"她心中暗暗地问自己，当初答应陈炳光与郭石梅入剧团的时候，她也只是抱着试一试的心理，心想如果不行再回家进火柴厂或者绣花。但是进到剧团之后，发现团里的老师都尽心尽意地辅导自己演艺，殷切期待自己能够迅速成长，而自己却留着一份私心，确实是不应该。进入剧团两个多月来，姚璇秋很明显感觉整个剧团一团朝气，剧团里的演员与自己解放前所见到的童伶简直有天渊之别。尽管连日来排练疲累，但是她很明显感觉自己每一天均过得非常充实，仿佛有一种回家的熟悉感觉。生活的苦与累，她都可以借助唱词抒发出来。《扫窗会》中，那王金真虽然受尽折磨，但是丈夫高文举并没有将她抛弃，那一声"妻啊"充满了温情与怜爱，让她找到了亲情的感觉。在日常生活之中，家庭的离散，两位哥哥又需要自己的照顾，自己一个人孤苦伶仃，这种无助，却在戏里找到了关怀与照顾。

"我要好好地唱下去！"姚璇秋坚定地对自己说。她起身穿着一件白色的练功服，在庭院里挥舞起来，此时天色朦胧，黎明就要来了。

"谁！"突然身后响起一声呼喝，姚璇秋吓了一跳，回头看时，却原来是黄蜜先生。老人家起得早，朦胧之间看见庭院里有个白色人影在晃动，定睛看时，却是姚璇秋身着白色练功服在练习身段与水袖。

"你怎么起得这么早？"黄蜜先生定下神，温和地说。

"我……我睡不着，怕把老师教的动作给忘记了，就起来练习……"姚璇秋不懂得撒谎，胆怯怯地如实说，心中为惊动先生而不安。

"嗯！非常好。好好练，你一定会有出息的！"黄蜜点了点头，严肃的脸露出一丝微笑。

经过先生们口授身传地教导，8个月后姚璇秋已经基本掌握了整个《扫窗会》的表演唱，与此同时，剧团又开始排练一个长连戏《玉堂春》，安排姚璇秋饰演苏三，这是姚璇秋平生接到的第一个长戏。就这样，一天排练《扫窗会》，一天排练《玉堂春》。相对于《扫窗会》从头唱到尾，《玉堂春》是个长连戏，不用每一场都上，轮到自己的戏份儿上就可以，由于《扫窗会》所打下的扎实基本功，姚璇秋接手《玉堂春》后即刻就能轻松进入剧情。

《扫窗会》全剧在50分钟至53分钟之间，姚璇秋整整锤炼了8个月。当这个戏学完，剧团在丰顺的汤坑为姚璇秋举办了一场《扫窗会》的彩排。姚璇秋对于老师们传授的《扫窗会》一招一式、一腔一调都铭记在心，因此《扫窗会》的彩排出乎意料地顺利。彩排之时，剧团同事、导演、作曲，全部到场，当地群众围得里三层外三层，戏改会副主任林紫专门赶到汤坑观看。全剧彩排流畅，姚璇秋演出唱腔婉转动听，取得了极大的成功，林紫对加入戏班才几个月的姚璇秋的演技十分肯定。郭石梅与陈炳光这才松了口气，露出微微的笑容。这也无形中肯定了郭石梅与陈炳光的慧眼，剧团8个月来的苦心培训没有白费，姚璇秋不负众望。

姚璇秋作为潮剧一代名旦，其进剧团的首本戏彩排不在潮汕城镇，反而是在深藏在大山里、潮客杂居的丰顺县汤坑镇。这个戏彩排后来不及在汕头与观众见面，广州的全省会演已经在等着她。

2. 羊城会演崭露头角

　　1953年12月，为了解广东省各行政区，特别是粤东、海南两区的戏曲改革工作情况，并检查广东省执行戏曲改革方针、政策的情形，使广东省、广州市戏曲改革委员会与粤东、海南两个分会能够比较详细、具体地交流工作经验，进一步贯彻中央的戏曲改革方针、政策的精神，广东省人民政府文化事业管理局特委托广东省、广州市戏曲改革委员会筹备举行一次戏曲改革工作汇报，并邀请潮剧和海南琼剧来广州做汇报演出。经过一个多月的筹备，12月18日至25日，广东省戏曲改革工作汇报暨汇报演出在广州举行。

　　工作汇报采取座谈会的形式进行，决定先由省市戏曲改革委员会和粤东、海南两个分会及粤中、粤西、粤北三个行署文教处代表分别报告今年度各会及该区的戏曲改革工作情况和主要经验之后，再针对目前本省戏曲改革工作中存在的问题，在座谈会中开展讨论。在总结大会举行之前，分别召开剧目、音乐、演出等座谈会，借以交流戏曲改革工作的业务经验。

　　粤剧、潮剧、广东汉剧、琼剧（其时海南属于广东管辖）全省四大剧种首次欢聚一堂，潮剧六大班选出了《扫窗会》《辩本》《搜楼》《失印》4个折子戏，由六大班派出代表，组成潮剧代表团，在联合公演期间，还演出了《大难陈三》和潮州音乐节目。

　　此次上省城演出，所选派的节目与演员均代表潮剧这个地方剧种，其中

《搜楼》是花脸戏，《辩本》是老旦戏，《失印》是丑角戏，分别由老艺人马八、洪妙、谢大目主演，他们都是名噪一时的名角，由他们担纲演出，能代表潮剧水平。而《扫窗会》是生旦戏，饰演高文举的翁銮金是童伶出身的演员，有一定的舞台经验，但是饰演旦角王金真的姚璇秋是一个刚进入剧团才8个月的新演员，她甚至还未正式登台演出过，况且当时已经有4个剧团演出《扫窗会》，4个《扫窗会》就有4个高文举和4个王金真，论资历与舞台经验，刚进剧团的姚璇秋都无法和其他人相比。但是当时戏改会的领导在认真观看了姚璇秋在汤坑的彩排演出之后，经过综合充分考虑，又因为姚璇秋没有经过童伶制，而是新中国成立后，党在改革潮剧制度之后培养出来的新一代优秀演员，最终确定了由姚璇秋与翁銮金联合演出《扫窗会》上省参加会演。

《扫窗会》是传统戏，要在新时代出彩，必须在传统之中透露出时代气息，有别于旧时的老戏，因此剧团专门邀请了新文艺工作者郑一标和老艺人卢吟词联袂执导《扫窗会》。卢吟词是潮剧著名的教戏先生，他出身童伶，能编剧、导演、作曲，善表演，是个潮剧艺术的多面手。此外，卢吟词还是潮剧前辈徐乌辫先生的高足，与林如烈同辈。卢吟词非常谦逊，为了尊贤，他称林如烈为师。二十世纪三四十年代，卢吟词曾与林如烈同在泰国的潮剧班教戏，他自编自导过几十集的长连戏剧目，很受观众欢迎，促进了潮剧在泰国的繁荣。新中国成立后回国，卢吟词积极参加潮剧改革，并参与《苏六娘》《辞郎洲》《柴房会》等剧目的编导工作。作为资深的潮剧多面手，这次他与郑一标合作导演《扫窗会》，能确保潮剧的传统不走位。郑一标先生是新文艺工作者，思想革新，他从主题思想、人物性格方面详细分析剧本，为剧情人物的每一个动作找出依据，卢吟词则设计表演程式，处理唱腔音乐，这样郑一标与卢吟词两人，一新一老，取长补短，使《扫窗会》的人物刻面更为细致。如果说王金真这个人物在杨其国、陆金龙的雕塑下，形象初具，那么经过郑一标、卢吟词的细心镌刻，就更有神采了。姚璇秋在演出中，当王金真与高文举夫妻相会见面，王金真唱"哎冤家呀，你来看，看我形容枯槁"时，悔恨交加，推了高文举一把，高文举冷不防被她一推，险些跌下倾倒，王金真又情不自禁地把他扶住，这一推一扶，表现了夫妻间恨深爱也深，很是生动。这个很有生命力的动作的产生、设计，就是得益于这两位导演。

郑一标出生于泰国华侨家庭，1949年回国后曾任潮汕文工团导演。他导演的方言歌剧《赤叶河》，在潮汕广有影响。1953年他被调到粤东戏改会，参与潮剧改革工作。郑一标是潮剧有史以来第一位把导演制引进潮剧团的首席导演，他任导演期间，结合具体剧目，传播戏剧理论，辅导演员学习文史知识，并与吴峰等人一道建立新的导演制度和演出管理制度。

郑一标先生执导的《扫窗会》对姚璇秋影响非常大。杨其国先生手把手地传授，使得姚璇秋已经能够一招一式地将整个剧的身段动作都做出来，但是郑一标认为潮剧的程式化动作虽然能体现剧情，但是依然缺乏一个"情"字，剧中人物的情绪没有能够完全表达出来，只是僵化的木偶化程式动作而已。按照新的导演手法，郑一标为姚璇秋分析剧本的主体、人物性格以及每一个动作设置的依据，让姚璇秋从人物的外表深入到人物的内在，发自内心地演绎。

《扫窗会》中有一句唱词："我只得进前退后，唔敢声高，只落得十指尖尖在此窗外敲。"

"这一句不能大声唱出来，要有感情，符合人物的实际情况，此时的人物，不能大声唱，但是又要唱得让观众听得见。"郑一标的导演，打破了传统老艺人一味传授表演程式化动作，让姚璇秋学会对剧情人物深入理解与认识之后，在创作角色上产生独特的表演见解。

此次姚璇秋主演的《扫窗会》被列为重点剧目要到广州参加会演，这个戏之前其他剧团在潮汕地区已经演出多次，但是此次关系到戏曲改革工作的检阅和比试，也关系整个剧种的声誉。一路上，杨其国先生非常认真，一边加紧排练。不料剧团在广东惠阳的一次演出中，临出台的时候，姚璇秋突然失声了。她发不出声来，最终演出的时候，只好请剧团同事在后台帮她唱。姚璇秋心中惶恐，她此次肩负重任要代表潮剧到省城演出，却不料临时出现变数。在舞台上，她的口型对着后台的唱腔比着动作，内心又焦虑又委屈，泪水一边无声地流了下来。台前不知情的观众，以为姚璇秋入戏，情不自禁地鼓掌。

《扫窗会》剧照

戏毕，回到后台，姚璇秋一下子瘫在椅子上，内心极为自责，禁不住放声大哭。

"你现在不能再哭了，一哭就会刺激到声带。"杨其国先生来到她身边，温和地说，"不要紧张，其实你这种情况在剧团很普遍，因为你已经过了变声期，现在是处于一个稳定的阶段，按照以往的情况，稳定期间也偶尔会有失声的情况的。你失声不是没有原因，我分析了一下，估计是你感觉此次肩负压力过大，因为你之前没有真正上台演出过，你不知道自己是否能演得好，自己给自己的压力过重，此外这段时间你训练过度，导致了喉部发炎，诸多原因结合起来，导致你临时失声。现在你的首要任务就是放松身心，因为离到广州参加演出还有几天的时间，好好调养一下，会没事的。"

"先生，我这样子还能唱戏吗？我会不会影响到此次的会演？"姚璇秋此时心急如焚，尽管进剧团才几个月，但是"戏比天大"的崇高责任感如千斤重担压着她。

"能！你一定能唱好的！"杨其国斩钉截铁地说。姚璇秋听到这话，犹如吃了定心丸，一颗惶恐焦虑的心渐渐地安定平息下来。

就这样，一路上经过精心的调养与静养，到广州的时候，姚璇秋欣喜地发现，她的声音又回来了。

潮剧演出的戏院叫海珠大戏院。海珠大戏院位于珠江北岸马路的中段，建于1902年，原名同庆戏院，1904年换了经营者，易名为海珠大戏院。广州作为省城，戏剧文化繁荣，当时珠江两岸先后出现了几间戏院，分别是江南的大观园，江北的海珠、乐善、关东和广舞台戏院，五大戏院并存，夹江对峙，形成了清朝末期戏院发展的繁荣局面。这么多的戏院之中，最出名的当算海珠大戏院，被誉为"广州戏霸"。当时海珠大戏院的主建筑顶部是一个半球形的钢筋混凝土结构（与中山纪念堂的圆顶相似），拥有三层楼的观众厅有2000多个座位，容量之大为广州戏院之冠。

初到省城的姚璇秋有点眼花缭乱，入目皆为新鲜，她与剧团同事到海珠大戏院去踩点，夜间看到海珠大戏院门口闪亮的霓虹灯，更觉新奇。由于地处地理环境优越的长堤加上座位众多，海珠大戏院生意兴隆，名扬粤港澳。任何戏班来过"海珠"演出，便"一登龙门，身价十倍"，因此粤港大班、"猛班"，都极力争取到"海珠"来演出，连艺术大师梅兰芳也曾在此表演过。姚璇秋从来没有想过会来广州，更没有想到此生首次正式登台便是省城的海珠大戏院。

碰到没有演出任务的时候，姚璇秋就去观看其他剧种的演出。姚璇秋第一次看粤剧，一句也听不懂，看到粤剧演员的翻滚、甩发等基本动作非常扎实，她心中又激动又担心，不知道何时才能够学得跟省城的粤剧演员一样娴熟，也不知道此次会演的结果会怎样。

然而，这一切的忧虑都是多余的，轮到潮剧演出的时候，广东全省文艺界的老前辈、老领导以及来自羊城各地的乡亲也都赶来观看，演出前观众情绪热烈、乡音亲切。随着潮剧锣鼓响起，姚璇秋扮演的王金真在台内一声"苦哇——"，台下一阵欢呼鼓掌。姚璇秋初次正式登台，之前随剧团在乡下演出从未见过有人喝彩鼓掌，因此这一阵掌声让她的心提了起来，一时不知道是哪里出了差错，她有点惴惴不安地出场，站到台中，偷眼望见台下黑压压一片，掌声、叫好声响起，她的心才安了下来。原来这掌声是为自己而响，是对自己艺术的鼓励与肯定。

有潮水的地方就有潮人，有潮人的地方就一定有潮剧。潮剧在广州的演出，最早可以追溯到清朝。据潮汕历史文化研究中心陈历明先生考证，清朝初期，广州就已经开始有潮剧演出。经过改革的潮剧通过这次全省会演，在广州与观众见面，4个折子戏一炮打响，省城的观众通过这4个戏认识了新时代的潮剧。特别是《扫窗会》由两位青年演员演出，更是难能可贵，姚璇秋经过8个月的训练，就达到了这样的演出水平，引人注目，她就像一颗冉冉升起的新星，第一次在全省艺术家面前闪烁，给人们留下良好的印象。

演出之后，我国著名戏曲专家、中山大学中文系教授王季思（王起）在《南方日报》发表了《谈潮州戏的四个优秀剧目》一文，对潮剧参加会演的4个剧目给予极高的评价："这次在广东省戏曲改革工作汇报演出里看到了潮州戏四个优秀节目，使我们大大惊奇于广东民间戏曲旧戏的丰富，粤东戏曲改革工作同志的显著成绩，同时也更清楚地看见了广东戏曲发展的光辉前途。四个节目里演出最成功的是《扫窗会》……作为细工戏来说，《扫窗会》是已经达到了相当高水平的一个戏。扮演王金真的姚璇秋，扮演高文举的翁銮金，对剧中人物的思想感情和这种思想感情在一定的剧情发展中所引起的复杂变化有着深刻的体会，因此，在表演上已经完全达到内外一致的地步。在有些剧情紧张的地方，演员不只是剧中人的化身，而是更高度集中地表现了剧中人的性格。"王季思这篇长达5000字的评论文章，是解放后省级报刊发表的第一篇评论潮剧的文章。解放前，戏曲演员地位卑微，士大夫何曾正面评述过潮剧。是以潮剧虽然有近六百年的历史，但是流传下来的零碎资料明显与这个剧种的底蕴是不相匹配的。唯有新中国成立后，废除残酷的童伶制，解放了童伶，实现了人人平等，大量优秀的文化人才参与改革，潮剧才开始被从艺术的角度去展现。姚璇秋首次正式登台便站到全省会演的高度,在全省汇报演出中崭露头角,她如一颗星星,从此在潮剧舞台上开始闪烁着耀眼的光辉。

全省胜利会演之后,姚璇秋得了优秀奖,代表团回到潮汕就解散,演员各自回原来剧团。姚璇秋做完《玉堂春》又演了一个长戏《张羽煮海》,姚璇秋慢慢从青衣转向彩罗衣再转向闺门旦。在正顺剧团期间,姚璇秋3年学了4个戏,分别是《扫窗会》《玉堂春》《张羽煮海》与《忠王李秀成》。

3. 梅兰芳观赏《陈三五娘》

正当姚璇秋从省里汇报演出归来，满怀信心地要在红氍毹上奋斗一辈子的时候，在她面前突然出现一个岔路口，让她一时不知如何抉择。

四姐又从新加坡回国探亲来了！四姐对旧社会戏班印象不太好，听说姚璇秋进了剧团，她找到剧团对姚璇秋说："唱戏乃是三教九流，你当时进剧团是环境所逼，现在我回来了，我们姚家祖上是名门望族，你就别唱戏了，你跟我回家吧。"

姚璇秋见到久别的姐姐格外开心，但是听到姐姐劝说自己不要再唱戏，她的心顿时沉了下来。她对姐姐说："我不回去，唱戏就是我此生的事业。我要一直唱下去，唱戏有钱，可以供养两位哥哥生活，不唱戏哥哥他们吃什么？而且，现在唱戏也不是三教九流了，而是……是为人民服务！"姚璇秋拒绝跟四姐回去，听到四姐对唱戏依然存在偏见的时候，她脑海里突然闪过郭石梅跟她说过的"唱戏也是为人民服务"这个说法来。

四姐一愣，没有想到姚璇秋会直接拒绝她，她温声说："我是为了你好，看到你小小年纪吃了这么多苦，唱戏很辛苦，我真的不忍心让你再受苦了。答应我，离开剧团吧，我可以带你去新加坡，我们现在在新加坡的生意也还过得去，你跟我去，我帮你在那边找户好人家，清清闲闲过日子，胜过你现在跟着剧团整天留官宿庙四处流浪演出。"

姚璇秋摇了摇头，她心知姐姐也是为了自己好，自己一时心烦意乱，也不知道该怎么去拒绝，她对四姐说："你去找我们的团长吧！"四姐以为她同意了，回身果真去找郭石梅。郭石梅一听有点生气："岂有此理，我们千挑万拣，才挑到这棵好苗，我们洒下血汗培养她，如今才迈入艺术门槛，她好不容易出了点成绩，你就要把她拉回去，不行！"郭石梅感觉自己有点激动，回头喝了一杯水，让自己心情平静下来，他对姚璇秋说："这关系到你的人生前途，现在是新社会，我没有权利帮你做决定，是去是留，还是你自己来选择！"

"我就不去新加坡了。"姚璇秋经过一番激烈的思考，她对四姐轻轻地说。这一句话自此坚定了她投身潮剧事业的决心，从艺70多年来，不管经历什么样的风雨，姚璇秋从来没有动过离开剧团的心。

继1953年底姚璇秋成功地演出了青衣首本戏《扫窗会》之后，1954年正顺潮剧团准备排演一个本土题材的剧目《陈三五娘》。其时新中国刚成立不久，新社会提倡新风尚，但旧社会父母主婚的现象还相当严重，为了提倡男女婚姻自由，正顺剧团准备把《陈三五娘》搬上舞台。《陈三五娘》的故事发生在潮汕地区以及闽台等地，讲的是福建泉州人陈三送嫂子前往广南大哥任处，回途路过广东潮州时候，适逢元宵灯会，陈三与潮州府城黄员外之女黄五娘邂逅，互相爱慕。不料黄父贪财爱势，将五娘允婚富豪林大，五娘不满，心中愁闷。陈三重来潮州寻访黄五娘，正是荔枝成熟时节，五娘在绣楼上看到陈三，投以荔枝和手帕给陈三。陈三乔装磨镜匠人，进入黄府，陈在磨镜时，故意将镜摔破，借口赔宝镜，卖身为奴。后林大要强娶五娘，陈三和五娘得丫鬟益春相助，两人私奔回泉州。新中国成立后在整理传统剧目的时候，发现仅剩《大难陈三》一折,全本找不到。早在1952年,《大难陈三》在参加中南会演的时候,剧团领导听说福建省梨园戏有全剧的《陈三五娘》,潮剧改进会的领导带领导演吴峰、郑一标,演员姚璇秋、萧南英、李钦裕专程到福建学习。在排练场,梨园戏剧团诚恳地将整个《陈三五娘》从头到尾演了一遍。姚璇秋等人分工认好演出区位,剧中人物陈三、林大、卓二的区位由李钦裕认,姚璇秋专认五娘与李姐的区位,萧南英认益春的区位。潮剧著名编剧谢吟根据潮剧老艺人的口述并参考了梨园戏的剧本,整理形成了潮剧《陈三五娘》的框架。这样通过借鉴梨园戏剧本以及相关的表演区位,加以消化并二度创作,形成了潮剧版的《陈三五娘》。初期的潮剧《陈三五娘》主要还是以梨园戏的剧本为框架,其中舞台版的观灯场很热闹,潮剧直接将热闹部分剔除,整个舞台集中表现主人公,热闹的氛围变成了背景。在这个戏中,学得最完整的是留伞的区位以及整个的舞蹈动作。

《陈三五娘》是潮剧题材最古老的剧目之一,姚璇秋的演绎,使黄五娘这个诞生在400多年前的反抗封建婚姻的艺术形象再现于舞台,姚璇秋成了新中国成立后潮剧第一代黄五娘的扮演者。

《陈三五娘》剧照,姚璇秋饰演黄五娘

在姚璇秋的演艺生涯之中,《陈三五娘》与她结下了不解之缘,这个戏早在明朝的时候就已经有了演出剧本,现在尚存的有明代嘉靖丙寅年(1566年)刊刻的剧本存于英国牛津大学图书馆,到了解放后,潮剧舞台上还有残存的《荔镜记》的片段在演出,可见这出戏的演出历史是非常悠久的。

《陈三五娘》是郑一标和吴峰合作导演的。他们两人都是曾涉猎西方戏剧理论的话剧导演。在这个戏中,他们对表演、唱腔音乐、舞台美术各个方面,都进行了革新的尝试,使这个古老的剧目获得了时代的气息,成为"推陈出新"的一项成果。

在《扫窗会》一剧的锤炼中,姚璇秋与郑一标已经有了初步的磨合,郑一标执导《扫窗会》的时候,这个折子戏基本已经成形,郑一标只是在原来的基础上再做加工而已,而在《陈三五娘》这个剧中,郑一标采用了有别于传统潮剧"行戏"的手法。郑一标不是戏曲演员,他本人并不懂比动作,因此每一个动作都必须姚璇秋自己先设计。但是在要求姚璇秋设计动作之前,他会先把整个剧的故事背景讲清楚,特定故事背景之下,特定环境之中,演员做出的动作要与人物的内心情绪吻合。一开始就接受行戏先生言传身教的姚璇秋对此感到疑惑,甚至不解,她不明白一个连戏曲动作都做不了的人如何来指导专业演员。

剧中,陈三为了五娘卖身为奴进了黄府,但是黄五娘碍于封建礼教,把爱藏在心中,闷闷不乐。婢女益春看在眼里,用一语双关的话来激黄五娘,黄五娘告诫益春,话不可乱说。益春说:"阿娘既知话不能乱说,当初荔枝就不可乱掷。"这是一句极为关键的话,话从益春口中出来,但是黄五娘听到这话要有一个强烈的身段,以产生一个大的舞台调度,来表现角色此时此地强烈的内心感情。当时姚璇秋接连做了几个动作，但是郑一标都不满意，再三跟姚璇秋讲述剧情，要求姚璇秋根据剧情做出动作。当时姚璇秋听他一而再，再而三讲剧情，心中很不耐烦，双手用力一甩，拍打着大腿，愤愤地说："这些我都知道，不用再说了！"这个生活化动作产生出来之后，郑一标看到不仅不生气，反而开心地说："就是要这个动作，来，你把这个动作放大、美化，我们再配上打击乐，效果就出来了。"

在执导《陈三五娘》这个戏时，虽然剧本的框架是移植梨园戏的，但是在导演手法方面，郑一标善于"挖戏"使得这个戏与梨园戏有着许多的不同。《陈三五娘》第二场开头，五娘与陈三在元宵灯下相见之后，对他的才貌十分倾心，一夜思念未眠。如何表现五娘这样的心境呢？按照传统的手法，一般是这样处理的：帷幕拉开，五娘一边唱一边惆怅地从后台走出来，望着窗外唱："帘外春风，桃花满树红，早莺噪园中，元宵灯火如梦……"郑一标认为如果这样处理，很难说明五娘对陈三一宿未眠的思念。他结合自己对剧情的理解，设计为帷幕拉开，正好是天色朦胧时候，五娘站于窗前，背向观众，以此来说明五娘整夜思念，一宿未眠。这样的设计有其合理性，但是演员背对观众，乃是传统戏曲舞台所避忌。通过多次对比之后，郑一标最终修改了设计：让五娘站在窗前凝思，并采用"二八"分配的方法，让五娘的面部二分向着观众，八分向着台内。这样，潮剧的传统表演程式在剧情的规定情境中得到准确运用，使得五娘这个人物形象更加生动了。

郑一标新的导演手法在《陈三五娘》的运用，使古老的潮剧焕发出新的活力，这个剧一演出，便使观众感到耳目一新。正顺潮剧团在潮汕各地连演数月后，于1955年底开始了一次有历史意义的巡回演出。从惠来—陆丰—海丰—

惠州，再从惠州沿东江而下，到达省城广州，做新中国成立后潮剧首次莅穗公演。

1953年，潮剧曾两次组成代表团到广州参加全省戏曲会演，但由于两次在广州逗留的时间都不长，也没有公演，姚璇秋没有机会与广州广大观众见面，因此广州的观众对姚璇秋也还是陌生的。广州的观众认识姚璇秋，始于这次公演。

剧团原计划在广州公演两个月，但开锣之后，连演皆满座，观众对于改革后的潮剧欲罢不能，剧团只好一再延长演出日期，最后竟连演4个月。姚璇秋在广州的人民、太平、东乐、南方、红星、东华等剧场演出后，还应邀到工厂和中山大学、华南工学院、华南师范学院、华南农学院演出。在中山大学，姚璇秋的演技与唱腔还得到中文系的王季思、董每戡、詹安泰等专家教授的青睐。王季思、董每戡是戏曲研究的专家，他们都看过姚璇秋演的《扫窗会》，这次看了《陈三五娘》之后，对姚璇秋的表演才华尤为器重，两位教授不但在报上撰文评价姚璇秋塑造的黄五娘艺术形象，对《陈三五娘》的演出提出了许多宝贵的意见，还动手修改、润色剧本。当时中共中央华南分局宣传部两位副部长杜国庠和吴南生，对潮剧首次莅穗公演，更是关怀备至。他们与汕头市副市长张华云先生均是饱学之士，为了提升潮剧的文化层次，均参与对剧本做了修改润色。比如剧中陈三题在扇上的："海天漠漠水云横，斗酒篇诗万里情。尘世纷争名与利，何如仗剑客中行。"还有五娘酬和陈三的那首诗："兰闺回梦碧烟横，千里月明千里情。此地荔丹能醉客，何须风雨海天行。"就是经过吴南生、张华云修改润色的。广东省文史研究馆副馆长、诗人胡希明，看了《荔镜记》（即《陈三五娘》）后，曾作词一首，以记其感，词云："鮀江东下，正洪波浩荡，鱼龙旋舞，檀板银笔惊海角，抵得天南旗鼓。朱荔轻绡，青衣明镜，佳话传千古，璇秋清曲，五娘心事重诉。喜见彩凤双飞，青春作伴，走上光明路。绝代坚贞盟铁石，漫说佳人尘土。宝扇迎春，华灯替月，旧调翻新谱。天涯人近，柳丝摇曳千缕。"

《陈三五娘》得到广大观众的欢迎，又赢得有名望的学者、教授的青睐，可谓是雅俗共赏了。

潮剧在广州的演出，受到了羊城潮籍乡亲的热捧，看戏的人越来越多。剧团在广州的最后10天，为满足观众的要求，移师到可容3000多观众的中山纪念堂演出。这是姚璇秋第一次在这个庄严的殿堂里演出。

这一天晚上，姚璇秋正常上台演出，台下显得特别安静，她的心中隐隐感觉有点特别。果然，谢幕的时候，全场掌声雷动。

"梅兰芳先生上来跟大家握手了！"有人喊道。

姚璇秋心中一颤，原来京剧大师梅兰芳先生今晚来观看了演出，事先没有接到任何通知，不知道演出过程之中是否有错漏。她的心有点惴惴不安起来。正想着，身着西服的梅兰芳先生儒雅大方地走过来，身后依次是欧阳予倩、袁世海、李少春等京剧名家，均登台与姚璇秋握手祝贺。

原来梅兰芳先生与欧阳予倩先生这一次到日本进行访问演出，途经广州，听说有潮剧在中山纪念堂演出，遂抽空过来观看。梅兰芳见到年轻的姚璇秋，知道她就是刚才剧中黄五娘的扮演者，遂温和地询问了其学艺的经历，当听说姚璇秋入剧团不过几年的时间，不由得大为赞叹，鼓励她再接再厉，不断提高艺术水平。此时的姚璇秋，普通话还不太流利，语言的隔阂使姚璇秋错过了向仰慕已久的大师深度请教的机会。此后，她加强学习，不断锤炼自己，力求对

欧阳予倩夫妇与潮剧演员。前排左起陈郁闻、范泽华、欧阳予倩夫妇、姚璇秋。后排左起郑文峰、马飞、卢吟词、郭石梅、萧南英、林澜

外加强交流学习。

在关爱潮剧的领导之中，杜国庠先生与姚璇秋是澄海老乡。他是一位马克思主义哲学家、历史学家。早年曾留学日本，回国后执教于北京大学等高校。参加发起组织中国社会科学家联盟，曾任左翼刊物《中国文化》主编。1935年曾被捕，1936年西安事变后出狱。此后主要研究中国思想史。中华人民共和国成立后，任中国科学院哲学社会科学部学部委员和中国科学院广州分院院长。

1955年，夏衍同志从北京来到广东检查文化工作，杜国庠专程陪着夏衍来到光孝寺观看《陈三五娘》的彩排，当时一起陪伴的还有广东省委领导干部吴南生。演出结束后杜国庠上台握住姚璇秋的手："阿妹生来雅，戏也做得真好。"杜国庠非常喜欢潮剧，当时他听说外交部部长陈毅曾经指示要在全国范围筹备成立10个出国剧团，他和吴南生取得了省委的同意，决定成立一个代表

潮剧精湛艺术水准的广东潮剧团，力推潮剧出国演出。

1956年，中共广东省委决定在广东省的粤、潮、汉、琼4个剧种成立省属剧团，作为剧种的代表团，时任广东省委宣传部部长的吴南生奉命前来汕头组建广东省潮剧团，使其作为潮剧剧种的艺术中心。广东省潮剧团是集演出、创作、研究于一体的艺术团队，它集合了潮剧的优势力量，组成了一个对内示范、对外交流的代表性潮剧团。它是由六大班的源正、怡梨、玉梨、赛宝、三正顺5个剧团人员组成的。六大班的正顺剧团则归属汕头市，成立汕头市潮剧团。1958年，广东潮剧院成立后，广东省潮剧团改称广东潮剧院一团，源正剧团改称广东潮剧院二团，怡梨剧团改称广东潮剧院三团，玉梨剧团改称广东潮剧院四团，赛宝剧团改称广东潮剧院五团。三正顺剧团的建制撤销，人员分配到其他5个团。院部设行政办公室和艺术室，并设舞台美术制作厂。潮剧院属广东省文化局直属文艺团体，受省文化局和汕头地委宣传部双层领导。当时正顺、三正顺、源正、怡梨、玉梨、赛宝潮剧六大班一批业务水平高的艺人和基础较好的青年演员都输送到了广东省潮剧团。他们之中，有驰名海内外的老旦兼女丑洪妙，有潮剧第一流的花脸蔡宝源、马八、李炳松，有名老生吴林荣，有名丑蔡锦坤和郭石梅，有小生翁銮金、黄清城。广东省潮剧团的成立，是潮剧史上的一件大事，也是姚璇秋迈上潮剧艺术宝殿的一级重要台阶。她在广州参加全省会演归来后，便被调到刚刚建立的广东省潮剧团。在广东省潮剧团与这些经验丰富的名角在一起工作，姚璇秋或耳濡目染，或聆听教诲，得益匪浅。

广东省潮剧团成立之后，改编、创作、移植了一大批优秀的剧目，在1956年至1966年，传统剧、新编历史剧、现代剧齐抓并举，剧目非常丰富，其中，对于明代潮州戏文的重新整理演出，是这个时期剧目的闪光点。除了《荔镜记》，另外一个明代剧本整理的爱情戏《苏六娘》也是姚璇秋主演的一个重要剧目，这个剧主要讲述苏六娘与情侣郭继春恋爱的故事，早在明代中叶就已经搬上了舞台，现在存世的明代万历年间《苏六娘》是锦出本。1956年，由戏剧家张华云整理改编全剧，张华云与谢吟合作，将原本的悲剧剧本改编为喜剧。《苏六娘》这个剧目，姚璇秋在正顺剧团没有排过，进入广东省潮剧团之后，她才正式接受《苏六娘》的演出。在正顺剧团的时候，姚璇秋着重锤炼了《扫窗会》《认像》两个折子戏以及《荔镜记》这个长剧。她将这3个戏带进了广东省潮剧团。姚璇秋进入省剧团后，如鱼得水，如虎添翼。

为了展示广东省潮剧团作为示范性剧团的风采，剧团经过3个月的排练，出炉了《荔镜记》《苏六娘》《扫窗会》《辩本》《闹钗》《槐荫别》《蓝关雪》《铁弓缘》等剧目。11月，广东省潮剧团到潮州演出，首次以全新面貌与观众见面，姚璇秋演出《扫窗会》和《苏六娘》，先声夺人，为省潮剧团打响了第一炮。此时的姚璇秋，通过全省会演之后，再加上《扫窗会》整个戏的不停锤炼，为她的潮剧青衣行当打下了扎实基础，因此在排演《荔镜记》《苏六娘》等大戏时入戏非常快，基本上是任何戏拿起手就能够入戏。

| 第四章 |

雅歌妙舞动京华

1. 广东组团进京汇报演出

1957年4月27日,广东潮剧、琼剧、汉剧一起组成了"广东潮琼汉剧赴京汇报演出团",到北京汇报演出。各剧种均高度重视,抽调出最能代表剧种水准的演出人员与音乐人员,力求以最高的演出水平在京城呈现。姚璇秋是幸运的,从进入剧团,就与这个剧种共同成长,剧种成全了她,她也推动了剧种的发展。这一次进京演出,刚进剧团不到4年的她,不但

1957年,潮剧首次上北京演出的特刊封面

被选中，而且肩负着重要的演出任务。潮剧此次进京，长连戏与折子戏加在一起，一共是8个剧目，其中姚璇秋主演的剧目就有《扫窗会》《苏六娘》《陈三五娘》。

3个剧种组成的报告团一共160人，潮剧团队一共有60人。3个剧种虽然同处一省之中，但是分布各在一方，潮剧在潮汕地区，广东汉剧在梅州地区，而琼剧最远，隔着大海在海南岛（其时海南岛属于广东管辖）。广东省文化局局长苏怡作为报告团的团长，负责全团的统领。为了配合苏怡对报告团的领导工作，广东省文化系统专门抽调了有文化队伍领导经验的林澜同志出任领队。

林澜是澄海人，出生于1920年，1937年毕业于同济中学。他是一个追求进步的青年，1944年在衡阳加入第四战区政治大队。后来曾到桂林参加田汉、欧阳予倩发起的西南戏剧展览演出工作。1946年随杜国庠到上海，在文协《华侨通讯》编辑部工作及参与中苏文化交流活动。1949年春回汕参加闽、粤、赣边纵队第四支队，曾任韩江干部训练班主任。新中国成立后历任汕头市文工团、潮汕文工团团长，汕头市宣传部、文教部副部长，在文化队伍的领导与服务方面具有扎实而丰富的经验。此次演出团上北京汇报演出，林澜因做事极为细致认真的风格被选为领队，他沉着、认真、谨慎地做好每一件事，大到帮助团长研讨赴京的方案，小到为团员的日常做好服务，深受三大剧种演出人员的爱戴。

汇报演出团于4月27日到达北京，一直到6月7日离开北京，一共在北京待了42天，三大剧种一共演出48场，其中潮剧演出共27场。

古老的潮剧，从诞生之日起，因为语言的关系，基本局限在潮汕本土一隅，虽然在100年前曾随着华侨的足迹传播于东南亚一带，但却不曾跨越过长江、黄河来到北方。新中国成立后到了姚璇秋这一代，在党和政府的深切关怀下，古老的潮剧，旧貌换新颜，经过了全省戏曲会演以及巡演之后，受到了广泛的认可。此刻，肩负着潮汕父老的重托，终于来到了京城。

年轻的姚璇秋听说要到北京演出，跟团里的同事都兴奋了好几天，深感荣幸，但是大家都深知此次潮剧北上的重要性，北京有大批的戏曲专家等着看潮剧，千万不能有任何的差错，因此在兴奋几天之后大家都自觉地投入到认真的排练之中。此次上京演出，对于姚璇秋和整个潮剧界来说，都是终生难忘的盛事。古老的潮剧进京城，那是从未有过的事，注定要写进潮剧的历史。

4月27日，姚璇秋到达首都的日子，正是首都人民忙于庆祝五一国际劳动节的时候。此时春天已经到来，从花红柳绿的南方广东来到北国，一下火车，就能感受到北京的气候与南方的差别。南国艳阳高照，北国之春却依然清寒，街头的树木开始绽放着绿色叶子，应季的各种鲜花也开得娇艳。天高地远，各种厚重而古典的建筑物屹立，北京给姚璇秋的第一感觉就是如此雄伟，同时从广东坐着长途火车前来，仿佛亲身丈量着祖国的土地，从南到北，沿途各种风物从车窗外一闪而过，姚璇秋亲身体验到伟大祖国的地大物博。北京是千年古都，走在大街上，触目均是古典的建筑，飞檐翘角，走到哪里都有一段深沉的历史，姚璇秋深深地呼吸着北国清冷的风，她为祖国灿烂的历史感到自豪。

再过几天就是国际劳动节，每年的5月1日，是全世界劳动人民共同的节日。早在1889年7月，由恩格斯领导的第二国际在巴黎举行代表大会。会议通过决议，决定1890年5月1日国际劳动者举行游行，并决定把5月1日这一天定为国际劳动节。中央人民政府政务院于1949年12月做出决定，将5月1日确定为劳动节。此时是新中国成立后的第7个劳动节，一到北京，可见鲜花绽放、红旗飘扬,庆祝劳动节的标语悬挂在显眼的地方,节日的气氛扑面而来。

为了欢迎从祖国南方远道而来的3个地方剧种,中央文化部特地在文化部礼堂举行记者招待会,副部长夏衍主持招待会,中国戏曲研究院院长梅兰芳、全国文联秘书长阳翰笙以及来自首都文化艺术节的代表、京城各地的记者参加了会议。

《苏六娘》剧照

5月1日当天,北京举办了花车巡游,首都文艺界特地从原来已经安排好的14部戏剧彩车抽出一台给潮剧,这真是莫大的荣光,因为彩车会经过天安门城楼,国家领导人会在天安门上进行检阅,首都人民齐聚在天安门前观看。潮剧选择《陈三五娘》中陈三和五娘元宵在潮州古城观灯的一幕化装后在彩车上展示,来自南国地方的题材在天安门前展示起来,一时间,亮丽的装扮以及富有地方特色的潮绣戏服,吸引了许多国内外记者前来围观。

2. 潮音今已动宫墙

5月3日下午，潮剧团在文联大楼礼堂举行了一次招待演出，以《辩本》（洪妙主演）、《扫窗会》（姚璇秋主演）、《闹钗》（蔡锦坤主演）3个短剧招待首都文艺界。应邀观看演出的有首都文艺部门的领导、戏剧家、理论家、表演艺术家、报刊记者，其中有周扬、夏衍、阳翰笙、张庚、蔡楚生、梅兰芳、欧阳予倩等，田汉偕同以宇野重光为团长的日本戏剧访华代表团，也莅临

姚璇秋与潮剧前辈洪妙

现场观看。礼堂700多个位子，座无虚席。

姚璇秋主演的《扫窗会》，安排在《辩本》之后、《闹钗》之前。由于有那么多的权威人士来观看演出，姚璇秋心里有些紧张。她极力控制住自己的情绪，在一阵悲凉的音乐声中，她渐渐进入了角色。演出十分顺利，她感到台下的观众屏住气在听她的唱，在看她的做，她感到观众的情绪随着剧中人物的行动在变化……当帷幕徐徐降落的时候，礼堂里响起了一阵经久不息的热烈掌声。周扬、夏衍、田汉、梅兰芳、欧阳予倩和日本客人宇野重光，一一登台向姚璇秋、洪妙以及所有演出者握手祝贺。当登台的人一一退下之后，夏衍最后一个走下舞台，在临走的最后一瞬他对林澜说："演出的成功出乎意料！"尽管是地方剧种，地方语言有所隔阂，但是这次潮剧有备而来，利用字幕同步播放台词，使得北方的观众也能看得明白。主持这场演出的全国剧协负责人夏衍也兴奋地说："这是地方剧种招待演出中最受欢迎的一次演出。简单地说，成功！"林澜一听，心头一块大石放了下来，他谦虚地对夏衍说："还请大家多多提意见。"在松了一口气的同时，他立刻又谨慎起来，因为此时才是第一场演出，接下来还有更多重要的演出，

姚璇秋与郭兰英（右）一起交流《江姐》的演绎

更多的考验还在后头。当天晚上，全国侨联、侨委和政协侨务组，在政协礼堂举行了招待华侨观光团和在京华侨学生的文艺晚会，姚璇秋又一次在晚会上演出了她的拿手戏《扫窗会》，同场演出的还有琼剧《卖胭脂》和广东汉剧《百里奚认妻》，3个剧种的联演也受到了首都观众的高度好评。

林澜同志后来在他的《潮剧在京沪杭演出散记》中回忆说，广东潮剧团锦出戏招待首都文艺界，文联大楼剧协礼堂700个座位全部满座。起初，观众带着试试看的心情，顾虑广东话不好懂，尤其是潮州话简直就像外国语一样，戏开始后，一阵洪亮沉实的斗锣声，带来平喉曼歌铿锵有力的音调，观众有了一个惊奇的感觉。这是洪妙的首本戏——《杨令婆辩本》，接着，又是深邃悲咽的

梅兰芳先生（左一）会见姚璇秋（左四）等潮剧演员

大号引出来的二弦伴小笛,描写高文举夫妻寒蛰凄切的窗前相会,《扫窗会》之后,小锣一响,人们换了个轻松活跃的心情,丑角蔡锦坤出来表演《胡琏闹钗》。3个小时里,人们从壮烈的情绪转入悲伤,结局又是捧腹大笑,大家感到这样的剧目安排是别出心裁的。戏演完之后,周扬、夏衍、田汉、阳翰笙以及梅兰芳先生等专家、艺术家相继到后台慰问演员,夏衍同志说:"演出的成功出乎意料。"

招待文艺界演出之后,广东潮琼汉剧赴京汇报演出团第二天便开始在北京正式公演了。潮剧公演的第一个剧目,是姚璇秋主演的《苏六娘》。接着相继推出的剧目分别是《陈三五娘》《扫窗会》。3个剧目,2个是潮汕本土的故事题材,用乡音演唱家乡故事是潮剧的传统,极具特色,剧团领导一直担心地方戏曲在北京会遭受冷落,不料第一场演出之后,好评如潮,以后场场爆满,戏票越来越紧张。

尽管是地方戏曲,存在语言的隔阂,但是由于潮剧在全国戏曲之中率先使用字幕幻灯片,使得潮剧的艺术魅力超越了语言的隔阂。古老典雅的潮州音乐、细腻的表演、优美动听的唱腔为观众所赞赏,潮剧既为在京的潮州人叫好,也把不懂潮语的首都市民迷住了。有一位不曾到过广东的观众,与潮剧素昧平生,也不懂潮语,亲自掏钱买票看了《苏六娘》之后,为潮剧的唱词所折服。他兴致勃发,回去后提笔写下了他观看演出后的感想,并对潮剧的剧本提出修改建议,这封信寄到剧团之后,剧团领导同志高度重视,迅速给予回复,并与这位观众取得了联系,这位观众也从此与潮剧建立了友谊。潮剧进京演出后的第二年即1958年,这位观众听说潮剧团接下来准备创作历史剧《辞郎洲》,他更是热心地提供了有关故事背景的许多宝贵史料,现在《辞郎洲》之中开头第一场有一段畲家踏瑶会，就是他供给的素材与建议。这位观众就是后来担任中共中央西北局宣传部文艺处副处长的王修同志。王修是山东人，1908年生，五四运动后，他受到新文化新思潮和大革命的影响，反对旧礼教、旧传统，中学未完成即弃学去东北谋生。九一八事变后，他回到山东黄县，在民众教育馆主办了《黄县民友》进步刊物，宣传抗战救亡运动，曾被视为"赤党"。七七事变刚一爆发，即弃家辗转奔赴延安，投身革命洪流。1938年1月，王修加入中国共产党，先后在晋西南区党委和晋西区党委主编区党委机关报《五日时事报》《晋西大众报》。他一人身兼撰稿、编辑、刻写、油印等全套工作。他刻苦钻研，创造了一张蜡纸印5000份及套色制版等新工艺。《五日时事报》曾受到毛泽东同志的多次赞扬，被认为是当时办得最好的报纸之一，并亲笔为该报两次题写报头。王修还多次受到当时中共北方局、晋西南区党委、晋西区党委领导杨尚昆、林枫等同志的表扬。1945年秋至1953年底，王修先后任旅大满铁图书馆馆长、东北行政委员会教育部社会教育处处长兼东北图书馆馆长、东北行政委员会文物保管委员会常委兼办公处处长、东北人民政府文物管理处处长、东北人民政府文化部文物处处长等职。在此期间，他遵照党的方针，从战争、土改中抢救图书、文物，风尘仆仆，深入城乡四处征寻，终积书200余万册、文物7万件。其中有许多宋、元、明代的善本古籍，及大批唐、宋、元、明、清时代的珍贵字画，使大量珍贵的历史遗产完整地回到人民手中。在此基础上他亲手筹建了东北图书馆、东北历史博物馆。1948年他创造的新的图书分类法，解放初被东北各地广泛采用。他编写了新的文化教育课本，在东北解放区属于第一套。1954年至1966年9月，王修先后任中国科学院历史研究所研究员、中国农业出版社副总编辑、云南省委宣传部文艺处处长、西北局宣传部文艺处副处长。潮剧在北京演出期间，正好是王修任中国科学院历史研究所研究员。王修与潮剧结缘，始于潮剧在北京的这一次演出，后人观看潮剧《辞郎洲》，也许没有想到这个充满潮州少数民族特色的畲族踏瑶盛会，竟然来自北方一位学者的建议。

潮剧公演之后，京城的专家观看后纷纷撰写文章在报上发表。京剧表演艺术家李少春，在报上发表文章，他把姚璇秋主演的《扫窗会》，与洪妙主演的《辩本》、蔡锦坤主演的《闹钗》，誉为"百花潮中的三块宝石"。这位颇负盛名的表演艺术家是用这样的语言来评价姚璇秋和潮剧表演艺术的："我惊奇地感到他们那种现实主义的传统表演艺术，是那样的丰富多彩，宝仓一启，珍宝无穷……潮剧的表演，丰富得令人惊奇，虽然短短一个折头，仿佛看了一出大戏。姚璇秋女士的王金真、翁銮金先生的高文举称得起工力悉敌，珠联璧合……王金真出场后，只看她那一支短短的扫帚，怎样拿、怎样扫、怎样丢、怎样找，如何对它冷淡、如何对它寄予生命的转变，种种身段，都是由抒情的起点，通过艺术的锤炼，达到真实与美妙相结合的意境。在这些动作之中，更交织着听见寒蛩而自感身世，看见灯光而引起希望，要扫而不敢扫，不敢扫而终于一扫的复杂心思。两个人一个在窗内，一个在窗外，虽然各有动作，各有表情，似乎有联系，又似乎没有联系。舞台上似乎有一道纱窗在摆设着，而观众心里却在似有纱窗的意境下，依然把纱窗撤掉，老早地将他们两个联系在一起了，这一股牵人心弦的热力，直到高文举开了门，王金真进门会面。高文举看见王金真被温氏剪了头发，他也就很快地抛去纱帽，露出甩发，同时一甩，那热力才稍稍降落下来。可是在诉苦深情以后，温氏在幕后命人去搜王金真，高文举急切地叫她逃走，到开封府包公那里去告状，那热力又马上沸腾起来，在这股热力之下，高文举在焦急地磨墨，手忙脚乱地写了一纸白状词，以至迫不及待地引着王金真从后花园逃走，都是在艺术性的表演技术上，表现了这些复杂的动作，我非常喜欢这一出戏的艺术创作，更钦佩姚、翁两位的表演艺术。"

中国戏剧家协会为潮剧在京演出召开了两次座谈会，听取专家们的意见。座谈会上发言的同志都不约而同地特别谈到《扫窗会》。戏剧家张庚说："《扫窗会》十分细致，情绪的进展刻画极细，感情是那么一层一层、一点一滴地深入下去，通过窗户把戏逐步开展，这样的匠心话剧中是很少见的。表演与唱也结合得很紧，尤其是唱声很美。潮剧演员中，《扫窗会》的姚璇秋演得最好，演员很有前途。阿甲对我说：'姚璇秋是了不起的。'"中国戏曲学院副院长、京剧导演李紫贵说："潮剧中给我印象最深刻的是《扫窗会》。音乐处理很深刻、很美、很幽雅。王金真丢沙以后，那几声唤苦与高文举的怀疑相呼应，实在唤得太妙了，深深地打动人心，我少见有这样感动人的表演，中间我是掉了几次泪的。"戏剧家许幸之说："姚璇秋的手很有表现力，能说话，又有雕塑的美。"文学家孟超说："几个戏中我最爱《扫窗会》，它不同凡响。"

梅兰芳对在广州已经见过面的姚璇秋来北京演出十分关心，他连续看了两遍《扫窗会》，还看了《苏六娘》。在一次与姚璇秋座谈的时候，梅兰芳为姚璇秋提了建议："剧中王金真要蹲下去扫地的时候，因为身着青衣服饰，水袖比较长，必须卷起来，我发现王金真的左手袖是直接圈卷起来，接着右手袖也是这样直接圈卷，在戏曲舞台上，这样重复的动作叫作重科，能否将这两个动作重新设计一下，不要一模一样，这样表演才会更加丰富。还有，舞台上的动作都要落在音乐的节奏里，《扫窗会》中，王金真进了门与高文举见了面，两人悲喜交并，那王金真心酸地叫道：'冤家，我好恨啊！'那高文举问：'妻啊，你恨我何来？'王金真举起扫把说：'我恨不得把你一扫！'那高文举看着妻子，清楚妻子所受的一切苦都是为了自己，他惭愧地躬身低头：'妻啊，你就扫下来吧。'王金真本来满腔怒火，但是一听到这话，不由得后退几步，手一垂，扫把就放了下来。这个情节非常好，音乐应该跟着搭配进去，强化王

1957年潮剧进京演出，姚璇秋随团拜访京剧大师梅兰芳先生（前排中）

金真后退的这几个步伐，这样舞台上的效果，通过听觉与视觉的交融营造，就会变得立体丰富起来。"剧团对梅兰芳先生的这些建议都记了下来，后来《扫窗会》在再次演出的时候，融入了梅兰芳先生意见，果然收到了非常好的演出效果。姚璇秋因为梅兰芳的这些建议，此后对于舞台演出的细节更加注重，力求准确、丰富地演出人物形象。

姚璇秋首次进京的高潮，是到中南海怀仁堂演出。潮剧、琼剧、广东汉剧3个剧团联合演出，组成一台折子戏专场，潮剧是《扫窗会》，琼剧和广东汉剧也各演出一个折子戏。

3. 毛主席饶有兴致观潮剧

5月15日，剧团接到通知，要到中南海怀仁堂演出。正式演出是当天晚上7时多，但是下午2时就要求演出队伍要进入中南海了，在指定地点待命。姚璇秋和黄瑞英等人闲来无事到中南海的后园湖中泛舟，突然黄瑞英叫起来："那不是刘少奇主席吗？"众人定睛一看，远远的湖畔，果然是刘少奇陪着夫人王光美走过。

黄瑞英站起身，双手张成喇叭状，用带着潮州话腔调的普通话高声呼叫："尊敬的刘主席，我们是来自广东的潮剧演员，今晚在怀仁堂有我们的演出，请您老人家来看戏……"

远远地，刘少奇听到声音，回身站定，举手摆了摆，打了一声招呼。

姚璇秋轻轻扯了黄瑞英："你的胆子好大啊，我可不敢叫……"

黄瑞英笑道："怕什么？我可不怕！唉，刘主席朝我们摆了摆手，他的意思到底是来还是不来啊？"

6点多的时候，临近演出，剧团领导来通知，今晚将有党和国家领导人观看演出。当晚，姚璇秋演出的是潮剧传统折子戏《扫窗会》，在翁銮金扮演的高文举上场演唱7分钟之后，她扮演的王金真才会出场。就在幕后等待出场的这7分钟中，姚璇秋透过帷幕往台下观众席"偷窥"了一眼，前排正中两个高大伟岸的观众的身影映入眼帘，这是多么熟悉的身影啊，姚璇秋的心激烈地跳了起来，她看到毛主席、周总理就坐在第一排中间的位置上！"毛主席来看潮剧了！"姚璇秋的心激烈地跳起来，她做梦也没有想到，新中国党和国家的领导人近在咫尺。"今晚一定要演好！可千万不要出差错啊！"她的心在不停地提醒自己：今晚的演出特别重要，我千万不能有丝毫的差错！很快，她的注意力回到台上，回到自己所塑造的角色身上，随着一声"苦啊——"叫句，姚璇秋扮演的王金真轻移莲步从幕后逶迤而出，并在舞台正中定格，那身段，那姿势，那造型，一个活脱脱的潮剧青衣形象展现在观众面前。她是属于舞台的。一上了舞台，姚璇秋的心安定下来，情绪一下子进入到剧情之中，随着剧情的发展，她和扮演高文举的演员翁銮金配合默契，他们的表演也渐入佳境，她也完全沉浸在角色中而忘记了自己所处。

演出完毕，毛泽东、刘少奇、周恩来、李济深等登台接见了演员。毛主席跟演员握手，周总理向毛主席一一介绍出场演员："这一位是饰演《扫窗会》王金真的姚璇秋。"当听到自己的名字从周总理口中说出来时，姚璇秋的心仿佛跳到了嗓子眼！毛主席用宽大的手掌握着姚璇秋的手，微微笑着点了点头。姚璇秋心潮澎湃，而令她更为感动的是，谢幕后，周总理并没有马上离开，而是留在台上与演员们谈了半个钟头，详细地询问大家的生活情况，并对这次演出给予了很高的评价。

在这次演出之中，毛主席还对潮剧的幻灯片字幕给予高度评价。毛主席在观看潮剧时，由于语言的隔阂，他必须借助幻灯片字幕了解剧情。毛主席的书法也极好，对字幕的书法留下极深的印象："字幕写得真漂亮！"

潮剧的幻灯字幕是新中国成立后才建立起来的，现在已经成为潮剧舞台艺术不可缺少的一部分，曾在1957年和1959年两次上京演出和京、沪、杭等地巡回演出时使用,受到国家领导、专家和观众赞扬。潮剧因为方言难懂而又必须经常外出交流,这个现实迫使潮剧必须率先采用幻灯字幕,这种做法在全国各大剧种之中也是走在前头,后来其他剧种也使用幻灯字幕,但是大多只写唱词,不写道白,而潮剧则不只写唱词,连道白全部书写。据了解,潮剧使用幻灯字幕,最早是源正潮剧团。1953年潮汕文工团解散后,有一批电器分配到各潮剧团,源正潮剧团分到一台日本产的小幻灯字幕机,当时正好移植改编上演现代戏《白毛女》,为了让观众听清楚唱词和说白,增强演出效果,于是尝试用幻灯说明的办法,书写幻灯字幕。其时,《白毛女》在大光明戏院演出,幻灯字幕打出后,观众掌声雷动,大受欢迎。当时掌声惊动了在大光明戏院二楼办公的潮剧联合办事处的林紫同志,他跑到台前观看,认为这是个很好的做法。第二天即召集各团团长到大光明戏院来看《白毛女》的幻灯字幕,并建议各团演出时都打幻灯字幕,后由联合办事处在上海购买到幻灯字幕机并分配到各团。源正剧团书写幻灯字幕第一人是陈炳豪。各团书写幻灯字幕由文化教员负责,并兼幻灯字幕操作。

1957年成立了广东潮剧团,幻灯字幕设立专职放映员。在广东省委担任领导工作的吴南生,竭力主张写好幻灯字幕,甚至对书写出来的幻灯字幕要亲自过目,提出书写的要求。在他的倡议下,潮剧幻灯字幕步上一个新的台阶,成为潮剧舞台艺术不可分割的一部分。广东潮剧团第一位幻灯字幕书写员李景颐,原是潮州市一位工于楷书的书法家,他为剧团书写的《扫窗会》《苏六娘》《陈三五娘》等几个剧目的幻灯字幕,文笔秀丽、结构紧凑、墨迹均匀,映在布幕上,清秀优美,观看十分舒服。1957年《扫窗会》在中南海怀仁堂为中央首长演出时,受到毛泽东主席赞扬的幻灯字幕就是他写的。第二位书写者是林正华，也是工于楷书，他既书写又放映，与演出配合得十分默契，受到专家和观众赞赏，他还把放映幻灯字幕的经验体会写成文章，登在《戏曲简讯》上。

5月23日，叶剑英元帅以东道主，又是同乡的身份，邀请潮、琼、汉3个剧种组成的汇报团160人游颐和园，并在听鹂馆举行茶话会，应邀作陪的有时任最高检察院检察长的张鼎丞，以及方方、廖承志、连贯、赖祖烈、蔡楚生等人。此次在京期间，全国剧协一共召开了两次潮剧座谈会，全国音协召开一次潮州音乐座谈会，《人民日报》《光明日报》《中国青年报》《文艺报》《文汇报》等刊物先后发表了一批关于潮剧的评论文章，一时间潮剧轰动北京，又通过媒体的传播，辐射到全国各地，潮剧上京成了中国梨园界的一件盛事。

首次上京演出，潮剧一炮打响。潮剧团在完成演出任务之后，时任中国剧协主席田汉为潮剧赋诗："争说多情黄五娘，璇秋乌水各芬芳。湖边细柳迎玉佩，江上名桥走凤凰。法曲久曾传海国，潮音今已动宫墙。难忘花落波清夜，荡气回肠听扫窗。"这首诗发表于1957年6月1日《人民日报》上。

田汉先生所写这首诗的大概内容是：多情黄五娘与痴情陈三相恋，他们冲出樊栏，同奔泉州的故事，在潮州、福建等地广为流传。这个故事经过戏剧的演绎流传很广，其中福建梨园戏的苏乌水与广东潮剧的姚璇秋演绎黄五娘这个角色，各有特色，各有千秋。那剧中的黄五娘当年从潮州西湖边走过，风吹柳拂之中，身上玉佩叮当晃动，她与陈三一起走过韩江那座建于宋代的湘子桥，犹如彩凤般飞出樊笼。这个故事被搬上舞台，谱上乐曲，曾经在海外唱响，现在随着潮剧上京演出，潮音更是唱响了京城。难以忘记在月光如清波的花落之夜，那一曲《扫窗会》真是听得人荡气回肠。潮剧团带到北京演出的一共有7

个剧目,分别是《苏六娘》(姚璇秋、吴丽君、翁銮金主演)、《陈三五娘》(姚璇秋、黄清城、萧南英主演)、《扫窗会》(翁銮金、姚璇秋主演)、《辩本》(洪妙主演)、《闹钗》(蔡锦坤主演)、《搜楼》(李炳松、萧南英主演)、槐荫别(黄清城、吴丽君主演)、《铁弓缘》(叶林胜、谢素贞主演),这首诗中提到的两个剧目均是姚璇秋主演,分别是《陈三五娘》《扫窗会》。由此也可以看出姚璇秋此次在北京的出色表现。正是因为首次的成功演出,潮剧给京城观众留下了深刻印象,才有了1959年潮剧的第二次进京,再次将潮音唱响宫墙。

剧团结束演出将离开北京的时候,姚璇秋随团再次来到梅兰芳家中向他辞

1957年潮剧团在北京演出时,姚璇秋等潮剧演员应邀到梅兰芳先生家做客

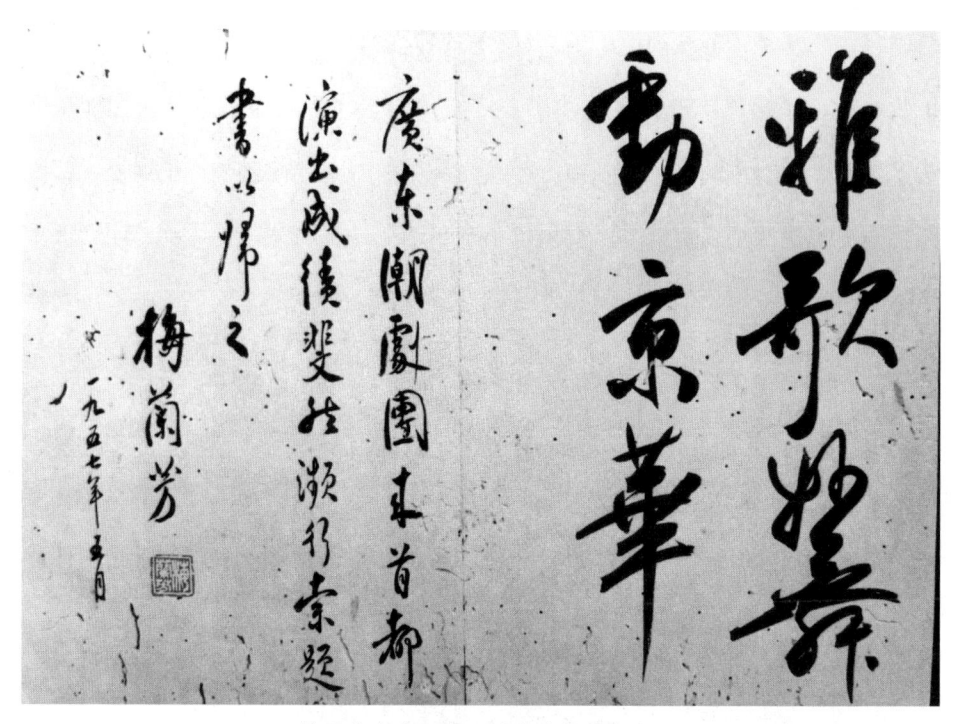

梅兰芳先生题字：雅歌妙舞动京华

行，临走时，潮剧团希望梅兰芳先生能为潮剧留下墨宝，梅兰芳先生即刻起身挥毫写下了"雅歌妙舞动京华"几个字，落款写着：广东潮剧团来首都演出，成绩斐然，濒行索题书以归之。梅兰芳先生对姚璇秋笑着说："作为一个戏曲演员，你也要学写点书法，因为我们中国的文化是同源的，不用刻意去学，将你对戏曲的理解融入你的书写就可以了。"

首次进京演出，广东潮剧团满载着京城的盛誉离开北京。

4. 周总理六次接见姚璇秋

1959年10月,距离潮剧首次进京演出两年,潮剧受中共广东省委、汕头地委委派到北京做新中国成立10周年献礼演出。这次上京的队伍是以潮剧院一团为基础,并在院属各团及艺术室调集演员和艺术人员共75人组成。演出剧目有《辞郎洲》《松柏长青》《刘明珠》《苏六娘》《陈三五娘》5个长剧和《芦林会》《刺梁冀》《别店》《辩本》《扫窗会》《闹钗》6个折子戏。剧团于10

《辞郎洲》剧照,姚璇秋饰演陈璧娘

《辞郎洲》剧照

月17日到达北京，11月5日离京。姚璇秋再次随团赴京，带去了《辞郎洲》《陈三五娘》《苏六娘》等潮剧经典剧目，并受到刘少奇、周恩来等党和国家领导人的亲切接见。两次进京演出，正值姚璇秋的花样年华，更是她艺术生涯的黄金时代。而两次进京演出的宝贵经历，不但成为姚璇秋铭记一生的珍贵记忆，更是她鞭策和鼓舞自己在艺术上不断进取、精益求精的无穷动力。

作为一个地方剧种的演员，姚璇秋下到乡村，上到中央，备受青睐。第一次在怀仁堂演出之后，她7年间先后6次受到周恩来总理的接见，周总理的关怀激励着姚璇秋在艺术征途上努力攀登，更加勤奋。第一次受到周恩来总理的接见，是1957年在中南海怀仁堂演出《扫窗会》。毛泽东主席登台接见演员之后先离开剧场，周恩来总理却还没走。那时已经是深夜12时了，周总理还与潮剧、广东汉剧、琼剧3个剧团的演员谈了半个小时的话。他问姚璇秋多大年龄、学戏的时间有多长、工资待遇如何，问到了老艺人的生活情况，还问到文化部对大家的事业有没有支持。周总理说："潮州我很熟，汕头、潮阳、普宁我都住过。"原来，周总理在第一、第二次国内革命战争期间，曾先后4次到潮汕进行革命活动，在潮汕领导建立过革命政权，培养了一批革命干部，撒下了革命的种子。潮汕人民对周总理十分崇敬。姚璇秋见到这位景仰已久的领导人，聆听了他的谈话，感到无比亲切。

姚璇秋的普通话很不流利，周总理鼓励她要练好普通话，才能加强对外交流，加强学习，促进剧种的发展。第二次见到周恩来总理，是1958年春天在广州，那次是毛泽东主席和其他中央领导人到广州视察，潮剧团奉命到广东迎宾馆演出，演出后举行了舞会，姚璇秋与周总理、陈毅副总理跳了交谊舞，陈毅副总理还请姚璇秋与剧团几位同事一起吃了一顿狗肉。第三次、第四次受到周总理接见，是1959年上京献礼演出期间。10月23日，文化部在北京饭店举行盛大宴会，招待来京献礼演出包括潮剧在内的16个艺术表演团体。周总理、彭真、陈毅、贺龙、李先念、陆定一、罗瑞卿、聂荣臻、周扬以及时任文化部部长沈雁冰、副部长钱俊瑞等出席了宴会。姚璇秋被安排与周总理同席。同座的还有梅兰芳、李少春等。席间周总理问坐在旁边的姚璇秋："潮剧现在有几个剧团了？"姚璇秋回答说："27个。刚解放时才6个。"周总理点了点头，又转过头对沈雁冰说："你看，她这个潮州人，现在普通话讲得不错啦。"沈雁冰也对姚璇秋点头称许。姚璇秋有点不好意思地说："我们团里大家都在学习普通话。"周总理说："对，还要继续学习。那么，你们这次带来了什么剧目？""有《辞郎洲》《松柏长青》《芦林会》《刺梁骥》……"姚璇秋连珠炮似的说个不停。周总理截住她的话说："你讲得那么多，我一下子记不住。来，你给我写出来。"周总理说着，把桌子上一张请帖递给姚璇秋，姚璇秋小心翼翼地把剧目写了上去，并对周总理说："《辞郎洲》是新编历史剧，请您光临指导！"周总理点头说："昨天王季思教授在《人民日报》发表的剧评，我看了。"4天后，即10月27日晚，《辞郎洲》到怀仁堂演出，周总理再一次在台上接见了姚璇秋等参加演出的演员。

1962年，全国话剧、歌剧、儿童剧创作会议在广州召开，姚璇秋应邀列席会议，在会议期间第五次受到周总理的接见。

姚璇秋最后一次见到周总理，是1963年12月。那次，周总理出访非洲五国途经广州。当时，广东省正举行现代剧会演，姚璇秋主演的现代剧《江姐》也在广州演出。12月8日，周总理接见参加会演的17个剧团的负责人和主要演员，姚璇秋也在其中。周总理勉励各剧团要多演现代剧，鼓励编导人员深入生活，到生活中去获得创作源泉。第二天晚上，周总理还观看了参加会演的几个现代剧目的片段，其中包括潮剧《杜鹃山》选场。演出结束后，周总理接见了全体演员，并亲切地对《杜鹃山》剧中人物乌豆的化装选型提出了宝贵的意见。姚璇秋谨记周总理的教导，不久便到农村参加了"四清运动"，在农村生活了10个月，为后来她在现代剧《万山红》中塑造艺术形象，积累了生活素材。

《江姐》剧照，姚璇秋饰演江竹筠

| 第五章 |

潮曲袅袅吹神州

1. 两次巡演，潮剧饮誉大江南北

1957年6月7日，潮、琼、汉3个剧种组成的报告团在北京会演完毕之后离开北京，广东汉剧直接前往湖北武汉演出，琼剧经过武汉，应当地党政的邀请，做了短暂的招待演出，潮剧则从北京直接抵达上海，开始了在上海与杭州两地的巡回演出。

上海是一个国际大都市，潮剧选择到这里演出，主要是这座城市有大批的潮汕人在这里生活。潮汕地区位于粤之东，濒临南海，依山面海的格局，再加上地少人多的现实，迫使很多潮汕人必须外出谋生。据相关资料记载，从明清开始，就有着大批潮汕人沿着海路北上，或者南下南洋，从事商贸贩运。1843年，上海开埠，经济发展迅速，成为远东第一大都会。在上海的城市现代化发展过程中，无数的潮汕先辈贡献了血汗。作为万商云集、进出口贸易频繁的国际大商埠，上海以其特殊的经济地位而逐渐发展成为中国乃至远东地区的金融中心。其时，随着汕头的开埠与近代轮船业的兴盛，为近代潮汕商人走出潮汕提供了便利的交通条件，潮人走出乡土家园，散居于大陆沿海乃至内陆沿江的口岸地区，而上海就是近代潮商的集结之地。当时，上海潮商的转口贸易，除了将潮糖等潮州土特产转销南北各地外，另一方面也将长江流域的农副产品转销至潮汕地区，当然从上海输入潮汕地区最多的还是上海的工业品。

近代上海的潮汕人主要从事海贩，发展上海与潮汕地区商业贸易。上海潮商经济实力雄厚。民国初期，上海帮会林立，有江苏帮、浙江帮、潮州帮、绍兴帮、宁波帮等，比比皆是。广东财界在上海也有一定的地位，他们能在上海与江浙帮争雄，其中潮州帮起着重要的作用。当年，潮州帮的财力已占广东财界的一半，而潮阳人的财力相当于整个潮州八邑的七成。潮阳人在上海进行贸易、金融、房产、典当、企业等商贸活动，尤以铜盂郭（郭子彬、郭乐轩为代表）、沙陇郑、成田溪东陈（陈青峰、陈玉亭）为代表形成了上海潮州帮的三大经济体系。

据统计，上海当时定居的潮汕人大约为20万，新中国成立之前，曾经有潮剧班到此演出，满足潮人思乡的感情，但是新中国建立之后，经过戏改的潮剧，上海的乡亲却从未见过，此次听说潮剧上京演出之后，家乡剧种得到了中央领导以及京城文艺界的肯定，上海的潮人更是激动起来："潮剧至少得在上海演满三个月！"当地乡亲惜别家乡太久，一听到乡音，极为亲切。

姚璇秋从小生活在潮汕，对于潮剧，一开始觉得是娱乐与酬神演出，但是进入剧团几年来，随着剧团来到外面的城市，才发现潮剧在更高层次上是代表着潮汕文化，是维系乡情、寄托乡谊的载体。在上海，演员们刚一下车，前来欢迎的上海乡亲都拥上来。看着穿戴整齐的演员，上海的乡亲都感慨地说："新社会新面貌，演员翻身做主人了！"

与姚璇秋一起搭档演《扫窗会》的翁銮金出身于童伶，他说18年前也曾经跟三正顺潮剧戏班来到上海演出，当时还未解放，戏班依然是残酷的童伶制，童伶没有人身自由，戏班中有一位童伶在上海的亲戚来探望，结果因为戏班班主的阻拦，连面都不让见。现在的潮剧演员一改旧社会的落后面貌。为了展示新时代演员的生活，剧团甚至开放了演员的宿舍，邀请上海乡亲以及当地戏曲界参观，当来访的乡亲以及上海戏剧界的朋友来到演员的居住地，发现演员在训练之余，有的自觉看书，有的三五成群泡着工夫茶聊天交流的和谐一幕，大为赞叹，认为演员们的生活以及情操都提高到了一个层次，上海戏曲界更是盛赞广东潮剧团是一个有教养的艺术团体。

黄梅戏表演艺术家严凤英（中）与姚璇秋（左）、萧南英（右）

1957年6月13日，潮剧团在上海的苏联展览馆友谊剧场进行演出，招待文化界、新闻界和部分乡亲。当开场的潮州大锣鼓响起，台下响起了热烈的掌声，很多潮籍乡亲一听到锣鼓的声音，泪水流了出来。锣鼓声中，他们想起了潮汕地区逢年过节游神赛会，想起故乡的亲人……上海美术家协会主席赖少其是普宁人，在一次座谈会上他诚恳地说："锣鼓使我想起家乡，锣鼓一响我便想起儿时的一切。这便是民族艺术的力量，这种感情是什么也代替不了的。"也正是这个原因，便可理解潮剧在上海演出的时候，当舞台上的每一句唱词刚唱完，台下回报的也是热烈的掌声。而演出完毕，依然还有大批观众留在剧场，久久不愿离开。每天，剧团都会收到来自观众所送的锦旗、鲜花、书信。

左起越剧表演艺术家王文娟、姚璇秋、京剧表演艺术家童芷苓

有一天，姚璇秋在住处收到了一个小孩子送来的一张卡片，卡片上面画着一朵玫瑰花，信封上面写着"姚璇秋姐姐收"。姚璇秋收到这张卡片比收到真正的玫瑰花还开心，她知道孩子是纯真的，这一朵玫瑰花凝聚着孩子一份真挚的情怀。"我的一举一动他们都在台下看得分明，我演戏给他们看，他们回赠我人世间真挚的温情。"

上海戏剧家协会专门召开一次潮剧座谈会和艺术交流会。越剧演员徐玉兰高度肯定了姚璇秋的《扫窗会》，认为她精准地表现了人物的内心，表现得很美妙："王金真的裙子那么长，能够控制自如真不简单。"昆曲前辈张传芳先生也高度肯定了潮剧的台步，认为姚璇秋的踢裙动作很美，功夫很高明。

潮剧在上海的演出，让当地观众看到了新中国经过改革之后崭新的剧种，在上海39天，公演了32场。在这39天之中，姚璇秋时刻都被当地的观众所感动，几乎每天都有人在剧院门口排队买票，有的连续几天排队还买不到戏票。戏一开台，潮州大锣鼓擂响，台下掌声四起。几乎每天都有人来剧团拜访，一

越剧表演艺术家徐玉兰与姚璇秋合影

位老者拉着姚璇秋的手疼爱地说："你演得真好，唱得真好！"在参观完剧团演员的宿舍后感慨地说："现在社会真好啊！演员都得到了优待，真好啊！"

7月18日，在上海待了39天之后，带着对上海观众的不舍之情，潮剧团来到了杭州。正值炎夏，杭州气温非常高，这是潮剧第一次来杭州，杭州的潮汕人相对比较少，观众能够来观看？全团人员心中也没有底，因此上座率一直是令人担心的问题。不过很快，剧团这个忧虑就打消了，他们在杭州一共待了7天，公演3场，招待演出一场，均受到观众的热烈欢迎。浙江省剧协为潮剧举办的座谈会上，演过昆剧《十五贯》中的娄阿鼠的王传淞等演员都来出席会议，为潮剧提了很多建设性建议，肯定潮剧的表演特色。

10月27日，姚璇秋第二次随团来到北京，这一次她演出的是新编历史故事剧《辞郎洲》，刘少奇、周恩来、董必武、宋庆龄、贺龙等国家领导人莅临现场观看，并在演出结束后上台与演员合影。潮剧团第二次进京是全国16个表演文艺团体之一，10月23日晚上，中央文化部在北京饭店宴请进京演出的文艺团体，周恩来、彭真、陈毅、贺龙、李先念等党和国家领导人以及老舍、田汉、梅兰芳、李少春、杜近芳等文艺界知名人士出席了宴会，姚璇秋与林澜、卢吟

左起为著名电影演员白杨、豫剧表演艺术家常香玉、汉剧表演艺术家陈伯华、赣剧表演艺术家潘凤霞、潮剧表演艺术家姚璇秋

词还受到了首长的接见。

离开北京之后，11月6日至13日剧团赴南京演出，11月13日至12月3日发往上海演出，12月3日至10日至杭州演出，12月11日至20日赴南昌演出，这一次巡演，是潮剧有史以来的一次大规模外出，也是产生的影响最广泛的一次巡演。

姚璇秋后来回忆起年轻时代的这两次大巡演，感慨地说："是潮剧事业成就了我姚璇秋。我随着潮剧到外面去巡回演出，既宣传推广了潮剧，对于我来说，也开阔了眼界，增长了见识，学了很多东西。我后来跟年轻一辈说，潮剧虽然姓潮，但是不能藏在潮汕，要善于走出来，勇于对外交流，作为演员，要善于学习、善于总结、善于融合，将其他优秀的东西融入潮剧，为我所用，丰富潮剧的表演。"

潮剧两次进京演出，让古老的潮音唱动宫墙，这个藏身省尾国角的古老剧种向来鲜为人知，500多年来在潮汕地区以及潮人的圈子里演出，却在新中国建

《辞郎洲》剧照，姚璇秋（右）饰演陈璧娘

立之后，借助新社会改革发展的契机，进行"改戏、改人、改制"，从潮汕的乡村一下子唱到首都北京城。同时，通过在全国重点城市的巡演，让国人认识了潮剧，凸显了潮剧在中华文化中的重要地位。潮剧作为潮汕文化艺术化的集中体现，凝聚着潮汕人的爱恨情仇。姚璇秋处在这个特别时期显得尤其显眼，无论是《扫窗会》《陈三五娘》《苏六娘》还是《辞郎洲》，都收获了广泛的好评。经过这些剧目的锤炼，姚璇秋在潮剧艺术的道路上逐渐成长。她在展示潮剧风采的同时，也观摩了其他剧种的演出，学习和吸收了其他剧种的表演特色，充实了潮剧的表演。

在上海，两次演出，除了当地的潮籍乡亲外，还有上海戏剧学院学生、文化艺术界的专家都纷纷前来观看。在这批人中，来自上海戏剧学院的学生管善裕是个江苏人，他看了姚璇秋的《扫窗会》之后，深深为姚璇秋精湛的演技所折服，他虽然听不懂潮汕话，但是却学了一句"高文举，天着来诛你啊"。这句念白是姚璇秋饰演的王金真深夜扫窗到高文举书房外，想起各种前情，夫妻本是连理枝，但是此刻高文举稳坐房内，自己为了寻找高文举沦落为奴，在窗外受尽凄苦，因此王金真认为高文举薄情寡义，她心中十分愤恨，不由得脱口而骂。管善裕与其他同学知道这一句是骂人的话，看完演出之后，整个宿舍都在学这句"高文举，天着来诛你啊"。

管善裕也万万没有想到，这一次观看姚璇秋的演出，他就与潮剧结下极深的情结。管善裕学的是舞台美术设计专业，他的勤奋与才气深得老师苏石风的赏识。苏石风是潮安人，当时关心潮剧发展的中南局副秘书长吴南生希望苏石风能从上海戏剧学院之中物色一两名高才生到广东潮剧院做舞美设计，管善裕就成了苏石风的首选。管善裕毕业后，苏石风推荐他到广东潮剧院工作。管善裕当时一句潮汕话也不懂，汕头具体在哪个位置也不知道，但是凭着对老师的信任、潮剧在上海演出时的盛况以及当家花旦姚璇秋给他留下的美好印象，他义无反顾地背着包裹南下，最终成为潮剧著名的舞美设计师。后来，管善裕与潮剧团著名的花旦陈丽璇结婚，从此将家安在汕头。管善裕几乎将自己的毕生精力献给了潮剧舞美事业，先后为《陈三五娘》《袁崇焕》《葫芦庙》等近百部潮剧设计舞美，深受中国戏曲专家以及潮汕父老的好评。

2. 拜师魏莲芳，成为梅派传人

1957年，潮剧在上海演出的时候，梅兰芳先生的高足魏莲芳先生也来观看。魏莲芳先生是北京人，出身于一个京剧乐师的家庭，从小对京剧产生了深厚的感情。15岁时魏莲芳就拜梅兰芳为师，得梅兰芳先生的精心传授，5年后又正式拜王瑶卿为师，学了不少"花衫"和刀马戏。他不但"梅派"的戏学得扎实，而且刀马戏学得也相当到位。他演过梅派的保留剧目如《天女散花》《嫦娥奔月》《红线盗盒》《黛玉葬花》《廉锦枫》等，这些剧目都是梅兰芳先生亲授，可谓是正宗嫡传，人们皆称他为梅门大弟子，声名很早在北京、上海传开了。梅兰芳先生一生中共收了100多位弟子，魏莲芳入梅门比较早，同时他教"梅派"的戏也最早，而且得到梅先生的首肯。魏莲芳先生教的弟子最多，对弘扬"梅派"艺术影响较大，一生唱"梅派"戏，教"梅派"戏，成了名副其实的"梅派"大弟子。1949年后，经梅兰芳介绍，魏莲芳进入上海戏曲学校当上了教授，他的学生有杨春霞、李炳淑等。同时他还应邀到中国戏校和济南、大连、哈尔滨等地戏校及香港中文大学等传授"梅派"的戏，他那精湛的"梅派"表演艺术，获得了广大师生的赞许。

早在1939年，在一次魏莲芳探望梅兰芳先生的饭桌上，梅兰芳问魏莲芳："听说你给人家说戏？"魏莲芳一听这话，心中顿时惴惴不安，赶紧解释说："是有人找我学戏，但都是朋友介绍的，我不好驳人家的面子，老师如果不同意，我以后不教了。"梅兰芳先生拦住说："不，你得教！日本人侵略了中国，我估计日后短不了，他们会找我的麻烦，但是我不唱戏他们也拿我没有办法，可咱们的京戏不能绝了。所以你以后还得教，不管是内行、外行，只要有学的你就教，有什么不会的你尽管来找我，我给你说。"魏莲芳先生得到师父的首肯，跪了下去，激动得流下了眼泪，他一边擦泪一边说："我年轻，怕教不好，给老师丢脸。"梅先生说："你放心地教，我心里有底，只要是你教的，往后我都认！"从此，魏莲芳就把弘扬"梅派"戏当作第二职业了。

魏莲芳先生是1957年前来观看潮剧的，其时他得到邀请，与上海戏剧学校的师生一起来。姚璇秋听说魏莲芳是梅兰芳先生的高足，因为之前几次她跟梅兰芳先生有过交流，得到梅兰芳先生的指点，因此对魏莲芳先生格外亲切。此前姚璇秋跟梅兰芳先生都是匆匆会面，未能深入向先生学习，这次听说魏莲芳先生是专门传授"梅派"艺术的，姚璇秋无论如何再也不敢错过这次机会。

魏莲芳观看了姚璇秋演出的几个戏，对于姚璇秋的表演表示肯定。潮剧团的领导经过沟通牵线，姚璇秋诚恳地为魏莲芳端茶，拜了师父。魏莲芳知道梅兰芳先生与姚璇秋有过数面之缘，而且对姚璇秋印象极佳，初见面他也非常欣赏这位来自南国海滨的姑娘。京剧因语言原因在广东的影响并不太大，他也希望通过姚璇秋能够把京剧"梅派"的艺术传到广东，于是非常愉快地收下了这个弟子。

姚璇秋18岁进入潮剧团，通过以戏带功的传统教法利用《扫窗会》打下表演基础。潮剧这种以戏带功的传授方式虽然能够让演员非常快地入戏，但是基本功并不够全面与扎实。魏莲芳了解到姚璇秋的这个学艺历程之后，决定让姚璇秋学京剧一些打基础的功夫。他教了姚璇秋翎子功、水袖、绸舞以及剑舞，此外还系统地传授了京剧折子戏《霸王别姬》《天女散花》等戏。后来，姚璇秋在她主演的《辞郎洲》中，陈璧娘的翎子、水袖以及剑舞，便是来自魏莲芳先生的传授。

时光易逝，机会难得，姚璇秋深感演艺生涯必须四海为家，机会一旦错过，以后不知什么时候能再次把握。因此在上海演出期间，只要有空，她就到魏莲芳先生家学戏。除了在上海演出期间，后来姚璇秋因为身体原因在上海养病的时候，她也抽空到魏莲芳家学艺。经过刻苦学习，姚璇秋向魏莲芳先生学了几个折子戏以及一些基本功，《霸王别姬》《天女散花》这些折子戏后来虽然没有在舞台正式演出过，但是这些折子戏都非常讲究基本功，很多动作都被作为基本动作用来充实丰富潮剧的表演。姚璇秋向魏莲芳学习的《天女散花》长绸舞，这套功夫后来传到汕头戏曲学校，作为潮剧长绸舞的基本功。在潮剧《嫦娥奔月》以及《宝莲灯》中，嫦娥以及三圣母就充分用到了这套长绸舞。姚璇秋学习这套长绸舞之后，自己反而很少在舞台上演出，1960年出访柬埔寨的时候，在当地举办的一个座谈会上，姚璇秋现场给大家表演了长绸舞，让柬埔寨的观众领略了中国戏曲的表演基本功，受到了很高的评价。

现在舞台上的长绸舞大多用两根短棍子作为支撑，能够容易甩开，姚璇秋当时所学的绸缎长12尺，没有依靠任何支撑，必须用劲才能舞出去，同时长绸的长度12尺是个规范，不能太长，太长则会拖地。

1983年，时隔24年潮剧再次应邀到上海演出，年近半百的姚璇秋随团前来演出，她要演出的剧目是折子戏《井边会》，她一到上海，第一时间就是登门拜访魏莲芳先生，邀请老师前来观看潮剧。此时的魏莲芳已经74岁了，听说南国的弟子前来上海演出，极为开心，在演出结束的时候，老人还买了鲜花上台送给姚璇秋。

有人曾问过魏莲芳先生："你教过的学生有多少？"魏莲芳先生摇了摇头说没有统计过，但是他作为戏剧学院的教师，本身也就担任教导学生的职责，从他身上学艺的人员众多，有的学后就走，再没交集。人与人之间的际遇，有时候非常讲究缘分，有的人出现在你生命的某一个节点，对你进行指导与点拨，此后就不再相见。魏莲芳后来自己说很多唱"梅派"的人，大都跟他学过，应该不止100人，其中也包括一些拜过梅先生的。例如魏莲芳教过"富连成"科班的学生《红线盗盒》《廉锦枫》等戏。学生中有李世芳、张世孝、诸世芬、刘元彤等；在中华戏曲学校教过李玉茹、陈永玲等；在上海戏曲学校教过顾正秋、陈正薇等。还有言慧珠、童芷苓、吴素秋、梅葆玖、尚长荣等

魏莲芳先生指导姚璇秋表演兰花指

都向他学过戏。魏莲芳说:"不少学生是先跟我学戏,后又拜了梅先生,拜过梅先生的和我算是师弟、师妹,又为什么跟我学呢?因为他们到梅家来学戏,有时梅先生忙,抽不出时间来教他们,先生就对我说:'莲芳,你给他们说说!'"

魏莲芳先生所说的这个现象,在姚璇秋身上也体现。早在1955年,姚璇秋随正顺潮剧团到广州演出,恰逢梅兰芳、欧阳予倩先生出访日本、途经广州,姚璇秋的精彩表演给梅兰芳留下深刻印象,两年后,梅兰芳先生又在北京看了姚璇秋表演的《扫窗会》。在姚璇秋多次拜访中,梅兰芳先生指出姚璇秋演的《扫窗会》中一个小瑕疵:当王金真与高文举见面时,悲愤交集的王金真,曾两次举起手中的扫帚要"扫"高文举,姚璇秋做了两次"纺花手"的动作,梅兰芳先生认为,两次动作相同,有重科之嫌,建议删去一次。此外,王金真在见到高文举之后,心头又怒又恨,叫道:"冤家,我好恨啊!"高文举说:"妻啊,你恨我何来?"王金真说:"恨不得把你一扫!"高文举看着王金真千里迢迢来京,受尽各种苦楚,衣衫褴褛,形容憔悴,他愧疚地低下头来:"妻啊,你就扫下来吧!"王金真举着扫把,听到高文举认怂,她扫不下去,后退了几步,扫把垂了下来。梅兰芳告诉姚璇秋,此刻在后退的时候,可以加重音乐的节奏感,直至扫把垂下来,观众可以更加直接体会到王金真这种复杂的心情。应该说,《扫窗会》之所以享誉四方,也跟听取各方建议有关,最后55分钟的表演固定下来,形成了成熟的经典。现在,《扫窗会》已经成了潮剧传承的固定剧目。

在指法上,梅兰芳先生对姚璇秋也有所指导,他曾详细地向姚璇秋示范京剧的各种指法,同时又强调潮剧青衣指法的特色。梅兰芳先生告诉姚璇秋,戏曲演员必须善于吸收其他剧种的表演艺术，不要故步自封，千万不能忽视自己剧种的传统的表演艺术，因为各个剧种都各有自己独特的艺术风格，应当按照自己剧种的特点，出神入化地加以吸收，不能生搬硬套。姚璇秋牢牢记住梅兰芳先生的这番话，根据自己的理解，在京剧兰花指的基础上，结合潮剧传统指法，创造了潮剧旦角的姜芽指。姜芽指，顾名思义，生姜刚发芽，鲜、嫩、尖，自有一番可人之处。

在表演方面，梅兰芳强调了戏曲虚拟的重要特点，他告诉姚璇秋，旦角青衣演到伤心动情之处，千万不能流泪。演员只是在表演，不等同于戏里之人，演员对于角色的投入应该有所控制，不能全情投入，一旦全情投入会导致角色失控。一般来说，演员在表演角色的同时是七分投入，剩下三分是用来控制角色的。虚拟的戏曲讲究点到为止，演员虽然没有流泪，但是举起手在眼前轻轻一抹，手指轻轻一弹，台下的观众便可感觉泪珠的所在。演员一旦流了泪，除了会破坏妆容，喉咙哽咽会影响唱腔的美感，所以戏曲演员在演苦情戏的时候，千万不能掉泪，否则就是失科。

1959年，姚璇秋随团第二次上京演出，闲暇之余，姚璇秋与导演郑一标应邀观看梅兰芳先生主演的京剧《穆桂英挂帅》全剧，这出戏是梅兰芳先生移植自马金凤主演的同名豫剧。当时梅兰芳先生已经65岁高龄，但是凭着其精湛演技将中年的穆桂英浑身英气演绎得淋漓尽致，这一幕给姚璇秋留下了深刻的印象。后来，梅兰芳先生的儿子梅葆玖经常主演这出戏中的《捧印》一折，这也是姚璇秋通过电视看得最多的一个版本。

1984年，广东潮剧团应东南亚各地邀请进行巡回演出，特别邀请姚璇秋献演。其时，潮剧经过十年"文革"，潮剧人才近乎断层，翁銮金"文革"后去了汕头戏曲学校任教,姚璇秋原先主演的《扫窗会》折子戏难以找到合适的男配角。姚璇秋沉思良久,想起1959年梅兰芳主演的《穆桂英挂帅》,决心移植改编其中的《捧印》一折。当时剧本是陈英飞移植,作曲是陈美松与郑志伟,司鼓陈建臣,二弦郑声立。姚璇秋亲自为这折戏选角。

《穆桂英捧印》剧照,姚璇秋饰演穆桂英

《穆桂英捧印》讲述的是杨家满门为了宋室朝廷血洒沙场之后反遭朝廷疑

忌。佘太君不满宋皇宠信奸臣，辞朝返回河东故里。20年后，西夏王犯中原，佘太君忧心家国，派了杨文广与杨金花入京打探消息，正值朝中比武选将出征西夏，杨文广上场，刀劈王伦。宋皇得知杨文广为杨家后代，赦免其死罪，赐帅印命其母穆桂英领兵出征。其时穆桂英已经年过半百，本来无心挂帅，后在佘太君的激励下，毅然捧起帅印，披起铠甲，点起兵将，率兵出征。

《捧印》一折之中，涉及的人物有佘太君、穆桂英、杨文广、杨金花这几个角色，姚璇秋参照了京剧之中佘太君的形象与气质，邀请了老旦林玩贞出演。杨金花一角由周细卿扮演，周细卿曾经在《辞郎洲》之中扮演陈璧娘的义女蕾珠，与姚璇秋有过演母女戏的经验。杨文广一角则由陈旸扮演，陈旸从汕头戏曲学校毕业后去了广东潮剧院二团，曾经在《穆桂英献降龙木》中扮演穆桂英，当时她抡着降龙木舞得虎虎生风的形象给姚璇秋留下了深刻的印象，因此姚璇秋让她反串小生。其时，姚璇秋已经40多岁，出演53岁的穆桂英，她自认为角色适合自己。

在设计程式动作的时候，因为有梅派的表演基础，姚璇秋根据潮剧的剧种实际吸收了京剧《捧印》一折中的诸多元素，采用青衣行当饰演中年穆桂英，出场的念白借鉴了京剧的念白，显得沉稳而大气，青衣行当的动作大路而流畅，特别是捧印时的几个动作尤其干脆利落，音乐则采用潮剧的深波与苏锣，特别雄壮、开阔，形象地抒发了穆桂英重整旗鼓、挂帅出征的雄心壮志，特别有潮剧的韵味。

《穆桂英捧印》在东南亚演出之后，因为各种原因，姚璇秋回国后，这折戏再没有演过。因此国内的观众都知道姚璇秋主演的苏六娘、黄五娘、陈璧娘、李半月等角色，对于她饰演过穆桂英则不为人知，顶多见过剧照而未看过演出。现在广东潮剧院慧如剧场的门票，上面印着的就是国画家陈政明根据姚璇秋饰演的穆桂英捧印剧照而画的头像。后来，姚璇秋主演的《春草闯堂》中，李半月扮相的水鬓贴法就是参考梅兰芳先生的《洛神》扮相。可见姚璇秋与梅派艺术渊源之深。

2017年12月，北京梅兰芳研究会专程来广州找到姚璇秋老师，赠送了一批资料给她，在这些资料中，有一本中国梅兰芳研究学会与梅兰芳纪念馆主编的《梅兰芳艺术评论集》，书中有一张梅兰芳先生弟子表，姚璇秋被列为梅兰芳门下的128名弟子之一。此外，书中还收录了姚璇秋1961年9月5日发表于《羊城晚报》悼念梅兰芳先生的文章《忆梅师，悼梅师》。

中国京剧表演艺术大师梅兰芳先生于1961年8月8日在北京逝世。噩耗传来，姚璇秋十分悲伤，其时她刚好在珠江电影制片厂拍摄电影《荔镜记》，回想起与梅兰芳先生的结缘以及梅兰芳先生对这个戏的关心，姚璇秋忍住悲痛，提笔写下了对梅兰芳先生的深情回忆：

在人们的生活中，往往有这样一种经历：有一些与自己虽然只有数面之缘的人，却是自己终生难忘的师友。与我们永别了的当代卓越的戏曲艺术家梅兰芳同志，在我的生活中，就是这样一位为我所永远怀念着的敬爱的老师。

早在1956年春天，我随潮剧团到广州演出，当时刚碰上梅兰芳老师率领中国京剧代表团路经广州赴日做访问演出，梅老师从百忙中抽身前来观看我们演出的《陈三五娘》，并到后台来看我们。作为一个戏曲艺术队伍中的新兵，对于我们衷心敬爱的戏曲艺术大师的这种爱护和关怀，我心里真是又感激又紧张。当我握着梅老师的手，我便情不自禁地流下惊喜的热泪。真的，对于我，梅老师的这种爱护和关心所给予的鼓舞和力量，是无法用语言表达出来的。今天，当我又来到广州，在珠江电影制片厂的拍摄棚里拍摄《荔镜记》，却突然听到梅兰芳老师与世长辞的消息的时候，我仿佛又紧握着那只艺术大师的手，敬爱的老师的手，我怎么也抑制不住夺眶而出的悲泪。

第二年的夏天和1959年的秋天，我们先后两次到北京演出，都到梅老师家里拜访过。这两次拜访，本来应该是我向梅老师亲身聆教的开端，如今却成了我听梅老师谈艺的最后的机缘，怎不教人痛惜！

在这两次听梅老师谈艺中，给我印象最深、启发最大的，是关于怎样吸收其他剧种的表演艺术的问题。我们一向都觉得潮剧青衣、旦行的指法比较简单，变化不多，因此，向梅老师请教如何丰富潮剧青衣、旦行的指法，我是演青衣的，更热切地希望向梅老师学习青衣的指法。梅老师一方面不厌其烦地把京剧的各种指法表演给我们看，一方面十分强调地给我们指出潮剧青衣指法的特色。他很感兴趣地分析有些指式是很美的，如"开手"这一程式就是别的剧种少见的。他谆谆教导我们：戏曲演员必须善于吸收其他剧种的表演艺术，不要故步自封，但是千万不能忽视自己剧种的传统的表演艺术，因为各个剧种都各有自己独特的艺术风格，应当按照自己剧种的特点，出神入化地加以吸收，不要生搬硬套。他根据这种精神，又帮助我们按照潮剧青衣、旦行的"姜芽指"的特点，吸收京戏的"兰花指"的指式，做了适当的美化。我现在在表演中经常运用的比潮剧传统指法略为夸张的"姜芽指"，就是在得到梅老师的这种启发下而创造的。梅老师还具体地帮助我美化《扫窗会》一剧中王金真举帚欲打高文举的动作。梅老师指出这个动作太写实，缺乏节奏感，更不能通过动作突出王金真这时那种欲打又止的复杂而矛盾的心情。我们根据梅老师的指示，研究音乐的节奏，揣摩人物的心情，重新创造了现在这个"举帚"的动作。

听梅老师两次谈艺，不仅使我及时地克服了表演上的一些缺点，更受益无穷的是懂得一个戏曲演员必须从事一种创造性的劳动，才能更好地继承传统和吸收其他剧种的表演艺术；同时，对于梅老师那种认真细心地观看我们青年演员的表演，具体而又细致地帮助我们青年演员提高表演艺术的精神，更是衷心敬佩和感激不尽。想不到当我们正需要更多地得到梅老师的教导的时候，他却与我们永别了。

梅老师！无情的病魔虽然夺去了您的躯体，但永远不能从我们的胸中磨灭对您的怀念，您用毕生的心血所塑造的美的形象，您那种为人人所景仰的音容，将永远活在我们心里。（载《羊城晚报》，1961年9月5日）

对于姚璇秋来说，她既向梅兰芳先生求教，又向魏莲芳学艺，属于那种拜过梅兰芳先生又拜过魏莲芳先生的。但不管拜了谁，不可否认的是，"梅派"艺术对姚璇秋有深刻的影响。

3. 博采众长丰富潮剧表演艺术

姚璇秋在艺术上有长足的进步，其中一个重要原因就是善于广泛地向兄弟剧种学习，向戏曲名家求教，博采众长，用来丰富潮剧的表演。

20世纪50年代末到60年代初，姚璇秋随着剧团在北京、上海、南京、杭州等地演出，演出之余，她广泛地求师学艺，她除了向京剧名家魏连芳先生学习青衣的身段动作，也曾向周信芳、袁雪芬等名家请教；在杭州盖叫天先生家里，聆听了盖叫天先生分析剑舞的要诀，这对姚璇秋演《辞郎洲》中的陈璧娘，有极大的启发和帮助。

姚璇秋的表演艺术，植根于潮剧的传统，又吸收了兄弟剧种的长处而发展丰富。早在她进入剧团之后，先后得到正字戏著名艺人陈宝寿、唐锐的培养。她向广东汉剧学习过旦行的手帕功和翎子功。她的几位京昆老师是广州京剧团的李筠秋、上海戏曲学校马传菁、上海昆剧院张传芳、上海戏剧学院魏莲芳，还请教于梅兰芳、盖叫天大师。1956年，田汉到汕头时，号召潮剧青年演员要提高艺术修养，读中外名著，学诗、书、画、乐。此后姚璇秋着意画梅。梅花香自苦寒来，姚璇秋的成就除了个人的刻苦之外，也包含了同行艺术大师们的教诲和关心。和融百家，为我所用。潮剧的老行家，看了姚璇秋的表演，感到她的表演风格，既是潮剧的，又不是旧的潮剧，而是一种发展了的潮剧。在姚璇秋身上，闪烁着一种新生的潮剧艺术的光辉！

据记载，潮剧团在全国巡演过程之中，广泛观摩全国各地兄弟剧种的演出，从北京到南昌，一共观摩北京、南京、上海、杭州、云南等地的京剧团演出，此外还有昆曲、评剧、河北梆子、豫剧、桂剧、苏昆、淮剧、锡剧、扬剧、柳琴戏、评弹、越剧、沪剧、滑稽戏、湘剧、秦腔、婉婉腔、绍剧、赣剧、采茶戏、川剧、话剧、歌剧、舞剧、木偶戏等27个剧种的182个唱段剧目，学习移植了一批剧目。特别是在上海期间，上海戏剧家协会举办了一次潮剧与越剧、京剧、沪剧演员的表演艺术交流会，上海京剧的魏莲芳，昆剧的徐凌云、张传芳，越剧的王文娟以及沪剧、淮剧等名家莅临指导，促进了潮剧与其他剧种的交流。

在两次大江南北的巡演中，潮剧的部分剧目也被全国其他剧种所移植，被移植次数最多的当属《辞郎洲》，北京市京剧四团由周桓移植同名潮剧《辞郎洲》，吴素秋与姜铁麟主演；晋中地区艺术剧院青年晋剧团根据潮剧《辞郎洲》进行改编成《陈碧娘》，由史佳花主演；越剧将《辞郎洲》移植为《陈璧娘》，由张云霞与庞天华演出……此外，《扫窗会》被秦腔移植，肖若兰演唱；《陈三五娘》被安徽黄梅戏移植，潘汉明编曲，潘璟琍饰演五娘、熊少云饰演陈三、许自友饰演益春，黄梅戏二团由江明安反串陈三、张萍饰演五娘、许自友饰演益春，其中脍炙人口的唱段有"满园花草春意浓""掷荔""殷勤为谢深情意"等。这些剧目都是姚璇秋主演，外地剧种对潮剧的移植，既是对姚璇秋表演艺术的认可，也是对潮剧表演特色的肯定，无形中扩大了潮剧在全国的传播。

姚璇秋从1953年进入剧团进京演出以来，一直没有停过磨炼，八个月锤炼完《扫窗会》之后，她上省城参加戏曲会演，尔后的省城公演、两次上京以及两次全国巡演。通过观摩与学习，姚璇秋的表演与唱腔已经日渐成熟。

潮剧，在全省乃至全国开始打开了局面，接下来一个更大的舞台等着潮剧，等着姚璇秋的到来。

4. 香港刮起潮剧旋风

1960年,姚璇秋随团应香港普庆和高升两个戏院的董事长何贤的邀请,前往香港九龙演出。

香港距离潮汕地区不远,早在19世纪末,已经有潮州人到香港经商,从事南北行生意和转口贸易。20世纪初期至香港沦陷前,每年都有潮剧班到香港从事酬神、谢神等民俗的潮剧演出,当时也有戏班进入跑马场的愉园以及香港的

1960年,潮剧团到香港演出,姚璇秋与林澜先生(右)

太平戏院、东升戏院等高档演出场所售票演出,最高峰时曾经有五台戏同时演出。1939年,日寇入侵香港,香港沦陷,与内地断绝交通。一直到二战以后,日寇投降,内地戏班才又重回香港演出。1946年,内地老正顺香班在香港太平戏院曾经连演一个月,新中国成立后,再没有潮剧班到香港来演出。

负责邀请潮剧前来香港的何贤是番禺人,也是后来澳门回归后首任特别行政区长官何厚铧之父。1908年,何贤生于广州。何贤的父亲何澄溪早年在番禺做粮油、草帽等小买卖,后移居广州,随着生意慢慢壮大,后来又经营航运。何澄溪待人和蔼,热心社会公益,这些品德对何贤影响很深。何贤13岁那年,刚好是何澄溪的生意陷入困境之时,何贤为了帮助家庭,自己进入一家粮油店做学徒。由于勤快又聪明,很快就成了老板的得力助手。不久他到顺德福源号粮油店,成了该店的掌柜。随着何贤的成长,他渐渐成熟,有见识,希望可以开一间银号。其时社会动荡,人心不安,何贤先是为一些想在金融行业赚钱的人当经纪人,他凭借其广阔的人脉、灵通的消息渠道,及对波诡云谲的政局和金融行情的准确把握,积累下不少原始资本。1929年,何贤得偿所愿,开了一家真正的银号,取名"汇隆",出任银号的经理,这一年何贤才21岁。好景不长,不到几年,日本发动了全面侵华战争,何贤只好转移到香港发展,但由于战乱,他又搬到了澳门。他在金融领域的才能受到马万祺的赏识,招募其担任大丰银号的司理,在任期间为澳门解决了一些关乎国计民生的难题,由于他和好友的努力,澳门元得以发行。从20世纪40年代后期起,大丰银行业务向多元化发展,创办了包括银行、酒楼、戏院、巴士、的士等公司。他的事业日益拓展,成为澳门的工商巨子。在抗日战争和人民解放战争期间,何贤是澳门工商界知名人士,也是中共澳门地下组织领导的爱国统一战线争取团结的重要人物之一。在澳门，何贤乐善好施，举凡教育、文化、卫生、体育及社会慈善福利事业，他都出钱出力，任劳任怨；对劳资问题、工商纠纷等社会矛盾，他都出面调停，设法解决。

何贤是澳门热诚拥护新中国的知名人士之一。1949年10月1日，中华人民共和国成立，他参与澳门各界庆祝中央人民政府成立的筹备工作，并被推选为工作委员；11月20日，他在庆祝大会上发言，呼吁各界人士团结一致，为建设祖国而努力。当时中葡未建立外交关系，当地情况复杂，何贤公开表态支持新中国，对各界影响很大。从20世纪50年代起，何贤多次被邀请回内地，并参加全国政协会议或全国人大会议。

新中国成立初期，到香港来演出的内地文艺团体并不多。1960年，潮剧到香港演出，作为香港戏院的经营者，又是爱国人士，何贤做了许多铺垫工作，为潮剧登陆香港做出贡献，这也是新中国成立后，潮剧首次到香港演出，也是姚璇秋接触香港并通过香港这个特殊的中转点开始走向国际。

剧团到香港之前，演出消息已经在香港引起轰动。新加坡、泰国、印尼的一些华侨，闻讯也搭飞机前来看戏。此次剧团前往演出的剧目有《陈三五娘》《苏六娘》《辞郎洲》《扫窗会》《辩本》《闹钗》《芦林会》《刺梁骥》《挡马》等精彩剧目，这些戏都是新中国成立后重新改革、打磨以及新编创作的好戏，大多曾经两次上京同时两次参加全国的巡演，在全国范围引起了一定的反响。主演除了姚璇秋外，还有洪妙、郭石梅、范泽华、蔡宝源、蔡锦坤、翁銮金、萧南英、李有存、谢素贞、黄瑞英等名角，阵容庞大。5月7日，潮剧演出门票开始提前对外销售，在短短的几个小时中，3天的演出票被当地观众一扫而光。5月8日，突然刮起了台风，但是风雨之中，依然还有3000多群众冒雨前来排队买票。

首演当晚，演出了《挡马》与《辞郎洲》。演出过程之中，现场气氛热烈，不懂潮州话的观众也可以借助字幕了解剧情，台下不断爆发出热烈的掌声，掌声如潮，一潮接一潮。在公演3天之后，有热心观众算出，3场的演出，掌声雷动，鼓掌次数高达95次！

由于潮剧此前在省城、京城乃至两次跨省的巡回演出，通过一些媒体的报道传到香港，香港人对这次潮剧的到来也充满了期待。广东潮剧团演出期间，当地的报刊、电台都对潮剧进行及时报道，对潮剧演员的演唱功底以及舞美给予高度评价。香港丽的呼声金色电台、香港中文电台，在剧团演出期间做了实况转播或者录音播出，香港的《文汇报》《大公报》《新晚报》在剧团演出

《荔镜记》剧照，姚璇秋饰演黄五娘，萧南英（左）饰演益春

期间，逐天全文刊登所有的演出剧本，吸引了许多观众前来购票。演员们的表演，或优美细腻，或抒情动听，或滑稽诙谐，通过娴熟圆润的唱腔动作，淋漓尽致地展现了潮剧的韵味及独特的魅力，给香港观众留下深刻印象，一些看过童伶时代谢神戏的粤语观众，原本对潮剧抱有一定成见，但是此次观看了潮剧之后，不由得刮目相看。

林澜（右一）带队到香港演出，受到当地潮籍乡亲的欢迎

　　潮剧在香港的演出，可谓盛况空前，香港的文艺界、戏剧界、工商界，乃至普通的市民都在谈论潮剧，在当地掀起了一股潮剧热，当地报纸的头版甚至用姚璇秋的剧照作为头版封面；香港万里书局将潮剧团此次在香港演出的剧本汇集，以《潮曲精华》为书名出版。新华社香港分社在潮剧演出期间，发布了演出盛况，内地的《人民日报》以及《南方日报》等重要主流媒体都刊发了这则新闻：

广东潮剧团7日结束在九龙的演出，10日到香港演出。10日晚，潮剧团在高升戏院首次公演《挡马》与《辞郎洲》两个剧目，演员们精湛的艺术倾倒了全场观众。演出过程中，台下不断爆发出热烈的掌声。散场后，戏院前还挤满了1000多个没有买到戏票的人，等候观看演员的风采。

……

广东潮剧团从5月28日开始，在九龙普庆戏院连续11天演出14场，场场满座。在这期间，香港有20多家报刊详细报道了演出的情况，香港的广播电台也转播演出实况。香港戏剧界人士很重视潮剧团这次演出。戏剧工作者、电影演员和粤剧著名的艺人，纷纷要求和潮剧演员会见，交流艺术心得。香港一些社会名流、潮汕籍知名人士和著名社会团体，连日举行宴会招待潮剧团。（载《南方日报》，1960年6月14日）

此外，香港的《文汇报》《华侨晚报》《华侨日报》《大公报》《循环日报》《新民晚报》《新生晚报》《香港商报》《周末报》《大晚报》《真栏日报》《真报》等18家报刊先后发表评论文章。香港电影明星夏梦、石慧、傅奇、王保真、陈思思、李嫱、龚秋霞、任剑辉、白雪仙等通过座谈或者采访，对潮剧演员的唱功表演技术以及舞台美术均赞誉不已。香港《大公报》的社长费彝民在对记者发表讲话时更是毫不掩饰对潮剧的喜爱："我本是京剧迷，近两年来变成了潮剧迷。只要一有机会，决不放过欣赏潮剧。我虽然潮州话一句也不懂，但仍然看得津津有味。不但对于做工能够欣赏，对基础唱功戏也能听出耳油的感受，之所以如此，乃是因为潮剧团各位艺人的艺术修养太精湛了，观众对于潮剧演员细腻而熟练的做功、富有感情的歌喉、舞蹈化的台步、身段以及精炼的剧本唱词，无不感到完美无缺，因而愈看愈爱以至百看不厌。"

（见香港《新晚报》，1960年6月3日。）费彝民的这番话，对潮剧的剧本、音乐、演员的表演与唱腔都做了全面的肯定，代表了当时香港大部分观众的心声。

姚璇秋在此次香港之行中，主要演出的剧目是《陈三五娘》《辞郎洲》《扫窗会》，香港当地的媒体评价她：在《辞郎洲》中，不但演了很动人的文戏，把陈璧娘的感性性格刻画得丝丝入扣，也演了很精彩的武戏……她的《陈三五娘》演出，使万千观众为之倾倒，清脆悦耳的唱腔、优美动人的舞蹈，深深地吸引了观众，特别是在把握黄五娘的性格上尤有分寸，使观众在感情上产生了共鸣。

对于《扫窗会》，香港著名影星龚秋霞在观看后说："《扫窗会》的演技可以说达到艺术境界的顶峰：姚璇秋的一蹙眉、一抖袖都紧紧扣住观众心情，她不但演出王金真的外表，更把那个受压迫的可怜妇女的内心世界展现在观众眼前，即使铁石心肠的人，也不能无所触动。《扫窗会》的音乐很好，还有姚璇秋那如泣如诉、催人泪下的唱腔和蹲步扫地的表演，把我这个外省人也牢牢地牵住。我一向爱音乐，现在潮州音乐也成了我深爱的地方性音乐了。"

姚璇秋在香港演出，除了把潮剧艺术介绍给香港同胞外，还与香港文艺界人士进行了一次艺术交流。香港的艺术家们，十分重视潮剧团来港演出，在欢迎潮剧团的宴会上，当地文化界、电影界、戏剧界、新闻界共有100多位知名人士出席。潮剧团在香港期间，文艺界不少知名人士、电影演员到潮剧团住地拜访，与姚璇秋交流表演艺术经验。姚璇秋也趁在港期间，观摩香港的粤剧演出。她与翁銮金到香港利舞台观看大龙凤粤剧团演出的《飞上枝头变凤凰》。

香港著名电影明星夏梦观看了潮剧的演出，对姚璇秋留下了深刻印象。夏梦说："潮剧《陈三五娘》和《辞郎洲》我都看过，姚璇秋小姐的演出给我很难忘的印象。在《陈三五娘》里她演一个较为软弱的千金小姐，演来十分细腻深刻。但我更喜欢她在《辞郎洲》里饰演的陈璧娘。陈璧娘和黄五娘是两个性格截然不同的人物，而姚璇秋却给这两个人物灌注了充分的血液，使她们活生生地出现在舞台上。姚璇秋在《辞郎洲》的演出，大部分是以英姿飒爽的民族女英雄出现，她的一言一动都很激动人心，在《戏郎》《辞郎》两场戏中，是以一个大义凛然的妇女鼓励丈夫救国救民，叫人既钦佩又敬爱。在《忧国》《骂贼》《遗志》三场戏的演出又是另一个形象，她此时像一个干练机智的女将军，善于指挥作战，不怕危难，不向逸言低首。当她听到丈夫张达的死讯时，仍保持镇定，那种压制内心痛苦、坚持作战的英雄精神，叫我忍不住流下激情的泪水。最后，她决定采用'折一枝而播万种'的方法准备殉国时，更使观众激动和感动。当她唱着'崖山遗恨恨无涯，家国罹难万民哀。当初劝郎身许国，今旦呼郎待妾来，劝郎辞郎郎永诀，殉国殉郎妾应该'时，任何观众都动容，眼眶滚了热泪的不单是我一个。姚璇秋是一个成功的演员，她把陈璧娘这个英雄人物深深地印在大家的脑海中，永远不会忘却。说真的，看过戏当天晚上，我在梦中重温了一次《辞郎洲》呢！"

任剑辉与白雪仙是香港粤剧界最出名的一对搭档，他们极具传奇色彩，一生既是拍档，亦是知音、伴侣。台上演尽生死恋情，台下一样相伴相依、永不分离。其戏其情，已成经典，人们将其合称"任白"，他们对潮剧也极为关注，尤其对于姚璇秋的《辞郎洲》，更是连续几次反复观看。白雪仙说："几次观看，我们有时候坐前排看，有时候坐中间看，有时候还坐后排。坐前排是为了观看演员的表情，坐中间是为了观看舞台演员的区位调度，坐后面则是听唱腔效果，总之潮剧让人百看不厌。"后来白雪仙的仙凤鸣粤剧团还直接移植了潮剧《辞郎洲》。

潮剧此次的演出，大大振奋潮籍乡亲人心，大家为家乡文化感到自豪。此次演出之后，潮剧在香港风靡一时，后来香港还涌现了许多潮剧团，凭借先进的录音技术，香港激光录制的潮剧还曾经涌入内地，反哺潮汕父老，比如《四郎探母》《赵少卿》《杜王斩子》等，时至今日还在内地播放。电影巨星成龙成名前也曾经在潮剧团待过，直到现在还会演唱潮剧《赵少卿》等选段。1976年12月4日，邵氏电影公司根据同名潮剧《辞郎洲》，重新改编拍摄了电影《辞郎洲》，由楚原执导，萧南英、丁敏、野峰、罗贵凤主演。这部戏是大导演楚原作品中唯一一部潮语戏曲电影，意义重大。

姚璇秋借助香港这一个舞台，与潮剧一起登上了国际舞台，东南亚诸国也通过香港这个中转点，了解了潮剧，了解姚璇秋，为下一步潮剧到东南亚等国的演出打下了扎实的群众基础。

当时东南亚诸国有许多国家还没有跟新中国建交，这些国家定居着众多潮州华侨，每个人都关注着中国的发展动态，其时电影艺术的发展已经比较成熟，姚璇秋主演的两部潮剧电影《苏六娘》与《荔镜记》后来都发行到国外，因此姚璇秋人未到国外，很多华侨都认识了她。潮剧优美的唱腔、细腻的表演以及亮丽的服饰，风靡了东南亚各国，海外华侨通过潮剧电影的传播，认识到古老的潮剧在新中国成立后已经发生了翻天覆地的变化，也充分认识到党和政府对文化事业的重视。

电影《苏六娘》于1957年至1959年春，由香港鸿图影业公司与广东潮剧院一团合作，在广州珠江电影制片厂拍摄，姚璇秋主演苏六娘、陈丽华饰演郭继春、洪妙饰演乳娘、蔡锦坤饰演杨子良、陈馥闺饰演桃花。影片拍摄完毕之后于1960年下半年在香港发行，其时正值潮剧团在香港圆满演出后刮起一阵旋风。因此在剧团离开后，电影潮剧《苏六娘》在香港首映时万人空巷，当时在八家戏院同时上映，满城尽是潮音飘荡，潮剧在香港轰动一时。《荔镜记》拍摄于1961年夏天，由广东潮剧院一团与香港大鹏影业公司合作，由著名导演朱石麟、舞台导演郑一标、编剧谢吟合作，姚璇秋饰演黄五娘、黄清城饰演陈三、萧南英饰演益春。两部影片发行到东南亚之后，在当地引起了轰动，当地华人争看潮剧，姚璇秋的名字在东南亚远播。一直到20世纪80年代，广东潮剧团到新加坡演出，当地观众才真正亲眼看到了姚璇秋真容。

  姚璇秋自小生长于农村，从来没有想过会走出家乡，然而，新中国蓬勃的发展机遇，让潮剧走出潮汕地区，越过长江黄河，去到北京，最后迈向国际。后来，姚璇秋屡获各种荣誉，她都非常诚恳地说："是党的教导让我在潮剧的道路上一走到底，是潮剧让我获得这些荣誉，没有潮剧就没有我姚璇秋。"

| 第六章 |

异国他乡有潮音

1. 赴柬埔寨访问演出

在香港胜利演出之后，同一年的10月份，广东潮剧院接受国家委派，以中国潮剧团为团名，作为中国政府与柬埔寨王国政府之间的文化交流协定项目，前往柬埔寨演出，这也是潮剧有史以来第一次受到国家的委派出国访问。北京市副市长王昆仑担任此次演出团队的团长，新华社香港分社副社长祈峰担任副团长，广东潮剧院副院长林澜任艺术指导，姚璇秋以及郭石梅、范泽华、翁銮金、吴丽君、黄清城、萧南英、谢素贞、陈丽华等人随团出行，演出的剧目有《陈三五娘》《苏六娘》《扫窗会》《芦林会》《刺梁骥》《挡马》《铁弓缘》等戏。此次在柬埔寨一共待了42天，共演出23场，为中柬的文化交流做出重要贡献。

中国潮剧团于1960年10月4日分两批从广州出发，经云南昆明取道缅甸仰光，在中国驻缅甸使馆内部演出三场，招待当地华侨之后，再由仰光乘坐国际航班于10月28日和30日分两批到达柬埔寨的首都金边。

柬埔寨政府对中国潮剧团的到来予以十分热情友好的接待，以国务教育员根陶为首组成了接待委员会，负责接待工作。潮剧团在柬埔寨期间，适逢国家元首西哈努克亲王出国访问，但从王后施梳窟·哥苏玛（西哈努克亲王之生母。柬埔寨国王诺罗敦·苏拉玛烈当年4月份逝世，西哈努克没有继承王位，任国家元首）、王族、各亲王到大臣和政府要员，都观看了潮剧团的演出，并先后接见潮剧团的领导人。

潮剧团第一场演出,是到柬埔寨王宫——富财尼宫为王后献演。富财尼宫是王宫中的一座富丽堂皇的宫殿,也是柬埔寨政府最高权威所在地,1956年与1960年周恩来两次访问柬埔寨,中国政府和柬埔寨政府两次联合声明,就是在富财尼宫签发的。这座宫殿专供文艺演出的舞台不大,潮剧团带去的大幕、布景都要折小才能装得上。观众席是一个凉亭式的建筑,没有墙壁,四面通风,四周是绿茵茵的草地,站在草坪上,也可以看到舞台上的演出。潮剧团在王宫的这场演出,受到极大的重视,早在两天前,柬埔寨的法文、柬文和中文报纸,就予以报道。当地华侨把这场演出,看作是中柬两国人民友好的表现,是祖国艺术的荣誉。

皇宫的演出,除姚璇秋主演的《陈三五娘》选场《观灯》外,还有范泽华

1960年广东潮剧团在柬埔寨演出,应邀到皇宫参观

的《芦林会》唱段、蔡锦坤主演的《闹钗》、谢素贞主演的《挡马》和潮州音乐演奏。当晚莅临现场观看演出的，除施梳窟·哥苏玛王后外，还有王位议会主席、王姑、亲王、公主、代理国会主席、内阁政府首相、各部大臣、全体国务员等王族和政要500多人，中国大使馆叶景灏代办偕夫人跟各国驻柬官员和一些侨领，也应邀出席。姚璇秋和潮剧团演员们迷人的风姿和出色的表演，赢得了王宫观众的一片赞美。王后几次戴上眼镜细看柬文字幕，几次回过头来对陪同观看的中国驻柬埔寨临时代办叶景灏和中国潮剧团团长王昆仑说："来访的演出团体用柬方字幕，这还是第一次，感谢贵团工作的周到。"在观看演出过程中，王后一直兴致勃勃，看得津津有味。据当地媒体记者报道，这是自国王诺罗敦·苏拉玛烈4月份逝世以来，半年内王后第一次露出欢快的笑容。

演出结束后，王后亲自登台，把六枚勋章分别授予正副团长、艺术指导和

1960年潮剧团在柬埔寨演出，柬埔寨王后哥苏玛为姚璇秋等人授勋

姚璇秋、郭石梅、范泽华三位主要演员。姚璇秋荣获的勋章，是柬埔寨王国骑士勋章。骑士勋章原本是法国的一种荣誉勋章，最早由拿破仑创立，原来主要用于表彰在战争中立下功勋的法国公民，成为法国政府的国家级最高荣誉，除了奖励为国家做出杰出贡献的法国公民外，还增加了为法国发展良好对外关系中做出杰出贡献的外国公民。柬埔寨曾经被法国殖民统治，因此也设立了骑士勋章。姚璇秋获得骑士勋章，正是柬埔寨奖励她为中柬文化交流做出的贡献。

潮剧团在金边首期演出后，开始到柬埔寨国内的其他省份巡回演出，先后到过贡不省、磅湛省、磅通省、暹粒省、马德望省、菩萨省、磅清扬省，行程达1000多公里。潮剧团所到的省份，不管是演出还是途经，都有成千上万的群众夹道欢迎，也不管是路过或留下，这些省的省长都毫无例外地举行盛大宴会接待。离开时，也由副省长陪送到省界。在欢迎潮剧团的队伍中，有一幅用柬文和中文写的大标语："中国潮剧团——柬埔寨人民欢迎你。"这幅标语，在许多省份的欢迎队伍中不断出现，它表达了柬埔寨人民对潮剧的热爱、对中国人民的友谊。居住在柬埔寨的华侨，把与祖国来的亲人会面、观看演出作为最大的乐事。潮剧团所到的省份，当地华侨团体都宴请家乡的亲人。潮州籍的华侨，都熟知姚璇秋的名字，他们把姚璇秋看作是新中国成立后潮剧的骄傲，看作是潮州人的骄傲。

潮剧团在各省的演出中，最动人的要算是磅湛省了。该省省会所在地原有5个剧场，但都是设备简陋的旧式剧场，最大的只容500人。潮剧团到该省演出，磅湛省决定在省运动场临时搭台，并设有3500个观众座位。第一晚演出是姚璇秋主演的《陈三五娘》。演至中途，下了大雨，露天剧场，大雨滂沱，但观众还是坐着不散，任由雨淋，照样观剧，这使演员感动不已。为了满足观众欣赏的愿望，剧团宣布补演一场，观众才依依不舍地离开。尽管已补了一场演出，但到最后一晚，还有大批观众来看，于是增售站票，当晚进场的观众竟达11 000多人。磅湛省才4万多人，当晚全省就有四分之一的人前来观看，真可谓是万人空巷了。这在当地的历史上是空前的。该省省长渥金安对此十分高兴，特地对记者发表谈话，他说："（潮剧团到磅湛演出）不但我满意，全省人民都感到满意，一致给予很高的评价。"

在潮剧团离开的前夕，省长举行盛大的宴会招待潮剧团。宴会后又举行舞会，主人频频邀请姚璇秋和潮剧团的演员们以及潮剧团团长王昆仑跳南旺舞。南旺舞是当地民间的主要舞蹈，是一种集体舞，柬埔寨人在日常生活中、节日庆典时都会跳南旺舞。无论男女老少，均载歌载舞，和着象脚鼓和伴奏乐器的节拍跳。在欢迎来访客人的招待会上，甚至专场文艺演出的间隙，不论客人身份高低，主人必定要邀请客人一同起舞。

南旺舞风格古朴、自然、端庄、文雅，举止规范，舞蹈动作简单易学，在民间比较正式的场合，如联欢会、庆祝舞会、迎宾舞会，舞者围坐在长方形或圆形舞场四周，男女各坐一侧或男女混坐，并有饮料、茶点招待。通常是主持人指定一位女子作为他的舞伴，请大家助兴，被指定的女子走向前方，双手合十，恭请主持人，主持人则起立双手合十答礼，随后二人一同走到舞场中央。待乐曲响起，二人先舞起来。接着，在场的其他女子纷纷走到男子面前，男子也可主动邀请女子以同样的礼节找到舞伴，成双结对走到舞场中间，很自然地形成一个圆圈，按逆时针的方向一同起舞。通常男子走内圈，女子走外圈，随着乐曲节拍轻松自如、温文尔雅地徐步向前。当乐曲停止，各对舞伴双手合十相互致谢，返回座位，等候主持人组织下一圈舞蹈。也因为这样，南旺舞被称为团结舞或团结圆圈舞。姚璇秋来到柬埔寨，在出发前剧团有专门培训，教导演员到了当地要入乡随俗，因此对于南旺舞也格外留意，她关注到南旺舞的几个区位，很快就学会了南旺舞。此刻主人相邀，姚璇秋大方起身，跟着跳了起来。

磅湛演出的盛况使王昆仑团长十分感动，他不但是个政治活动家，而且还是著名的红学家，他在抗战期间撰写的《红楼梦人物论》至今仍是红学爱好者的必读之书。目睹此情此景，他作词一首《调寄满江红》以记其盛："告别湄江，尚澎湃，萦心波浪。应恰似，主客交亲，热情奔放。远客初陪南旺舞，潮歌喜为邻邦唱。感名城，六次款来人，真难忘！五娘愿，同向往。渔女忿，增激壮。保山河，更爱杨门女将。挥汗岂辞工力重，凝神不觉心花放。祝千秋，艺苑共繁昌，相依仗！"

中国潮剧团此次前来，除了演出与参观访问外，还与柬埔寨文化艺术界进行一系列的艺术交流活动。这些活动，包括举行艺术交流会，观摩柬埔寨艺术家的专场演出，还到王宫学习舞蹈。

11月2日，恰好是柬埔寨最重要的传统节日送水节，每年的这个时候，柬埔寨一年中雨季结束，捕鱼季节就要到来。送水节过后，柬埔寨进入旱季，当地洞里萨湖水开始回流入湄公河，最后注入大海。这时，洞里萨湖里的鱼已经长大，柬埔寨也进入捕鱼季节，同时，水稻也已成熟，农民准备收割稻谷。为了感谢河水给人民带来的巨大利益，柬埔寨人民从古代起就有了举办送水节的传统习惯，恭恭敬敬地把给他们带来丰收的河水送归大海，迎接收获季节的到来。当天下午，王宫周围、湄公河畔张灯结彩，此刻的金边市民放假三天，大家愉快地享受一年的劳动成果，迎接下一个耕种季节的到来。在王宫广场前的湄公河上举行的龙舟大赛是送水节最热闹的庆祝活动,来自全国各地的划船能手在此大显身手,一比高低。姚璇秋和潮剧团的部分演员,应邀来到观礼坛上,与驻柬的各国外交官员,参观送水节的活动。

下午四时半,王后离开王宫,步抵临时搭建的浮宫,这时,立在浮宫恭候的文武百官,皆下跪迎接,乐队奏起柬埔寨国歌。王后进浮宫后,举行祈祷仪式。姚璇秋看着河面上充满斗志的龙舟,不由得想起了故乡端午的赛龙舟。中国的龙舟在上半年赛,想不到柬埔寨的龙舟是在下半年举行。中国的龙舟传说是为了纪念伟大的爱国诗人屈原,但是柬埔寨的龙舟却是为了纪念柬埔寨古代的一个国王。公元12世纪吴哥时代是柬埔寨最繁荣昌盛的时期,传说这个时期有一位柬埔寨国王叫耶跋摩七世,他亲自率领海军出战,打败了占婆军队,大获全胜。在吴哥古迹的浮雕中,便有耶跋摩七世国王屹立船头,高举王剑,英勇指挥战船向敌人冲锋的图案。柬埔寨人民为了纪念海军的伟大胜利,每年在打败敌人的那一天举行龙舟赛。此日的龙舟赛,每只船头都有一长者,挥舞木棒,指挥划手,同心协力,奋勇当先,模仿的正是古代战船进行水战的姿态。

送水节的节日活动主要有赛龙舟、放河灯和祭月亮三项,节日前夕,人们早早地在湄公河边搭好了壮观的浮宫和看台。当圆圆的月亮升上天空的时候,节日正式开始,最先表演的是祭月和放河灯,到六时半,天色逐渐暗了下来,参加比赛的龙船驶向河心,整理好队形之后,那只作为先导的龙舟便划到浮宫前,王后点燃浮宫烛坛上的第一支烛,接着,王宫里各亲王大臣、政府要员也相继把烛坛的蜡烛点燃,只见龙舟如同蛟龙在水面上你追我赶,两岸燃放起五彩缤纷的焰火,把天空也照得灿烂多姿。天空倒映在水面融成一片欢乐的世界,更增添了节日的欢乐气氛,庆祝活动一直持续到深夜才结束。

除了参与送水节，潮剧团还应邀参观柬埔寨国家博物馆和柬埔寨艺术学校。在参观艺术学校时，工艺雕刻系的学生把他们亲手制作的一条精美铜刻鲤鱼和一支刻有龙头凤尾的铜匙，送给潮剧团的代表姚璇秋。学生代表对姚璇秋说，柬埔寨人民喜欢龙凤的图案，正如中国人民把龙凤作为祥瑞之物一样。他还诚恳地说，柬埔寨艺术学校的师生，祝愿来柬埔寨演出的潮剧团演员们一生幸福。姚璇秋躬身表示感谢，双手接过了铜匙，同时还应主人邀请，在纪念册上签名留念。

《民族主义者》周刊总编辑郑璜，发表署名文章，称赞潮剧团演出的成功。他说潮剧与柬埔寨的民间戏剧"洛坤巴塞"剧有血缘关系，认为潮剧是"洛坤巴塞"的原种，因此，柬埔寨人民对潮剧感到特别亲切。文章说："现在，柬埔寨人民在祈祷，只要能看到潮剧团一次演出，就心满意足了。"

这是姚璇秋第一次出国，除了把优秀的潮剧艺术介绍给柬埔寨人民外，还与柬埔寨艺术界进行了一系列的交流活动。通过艺术交流活动，使她从友邦的艺术家中学习了许多宝贵的东西，增长了知识，丰富了艺术阅历，也增进了两国人民的友谊，促进了两国文化艺术的交流。

潮剧团在柬埔寨的艺术交流活动，包括举行艺术交流会、观摩柬埔寨艺术家的演出、参观皇家舞蹈团的排练和到王宫学习古典舞蹈等。与柬埔寨艺术界人士举行交流座谈会共四次，除在金边一次外，其余三次分别在贡不、磅湛、马德望三个省进行。几次座谈会的内容，都由中柬双方互相介绍自己的艺术特点、历史沿革、风格等，并进行小型的示范表演。这些座谈会，两国的艺术家促膝谈心，亲密无间，既交流了艺术，又增进了友谊，效果很好。

在贡不省举行的座谈会，除当地艺术界人士参加外，柬埔寨戏剧学校的校长、师生20多人从金边专程前来参加，潮剧团的姚璇秋、郭石梅、范泽华、萧南英、李有存、谢素贞等也都出席。应主人邀请，姚璇秋表演了水袖功，李有存表演了丑行的折扇功，萧南英表演了花旦的手帕功，谢素贞表演了武旦的趟马功等，他们边做边讲解，一一分析动作的要领，受到了戏剧学校学生热烈欢迎。该校校长方裕隆说："在世界上，东方的艺术与西方的艺术有所不同；而东方的艺术，我们柬埔寨与中国却有许多相同之处。这也是为什么我们观看贵团的演出，感到特别的亲切，今天这个交流会，也觉得格外有意义。"（见《棉华日报》）潮剧团的艺术指导林澜说，中柬两国的文化交流已有很长历史，这个座谈会应是中柬两国艺术家的"家庭会议"。他的话赢得了热烈的掌声。柬埔寨的艺术家，为了与潮剧团进行交流，举行了两次专场演出，一次是由柬埔寨戏剧学校的师生演出，另一次是由皇家舞蹈团演出。戏剧学校的演出在金凤戏院进行，演出了两个剧目：《柬埔寨发展的步伐》（古典剧）和《不应该失望》（话剧）。

戏剧学校演出的《不应该失望》，是该校师生创作的反映知识分子生活的白话剧。柬埔寨皇家舞蹈团的演出，是以王后的名义在王宫举行的。这是一次洋溢着中柬人民友谊的盛会。原来只计划演出舞蹈节目和古典剧《巴拉桑克》，后来王后特别授意，增加两个舞蹈节目：《荷花舞》和《采茶扑蝶》。这两个节目，是1957年中国艺术团到柬演出时，皇家舞蹈团向中国艺术团学习的，次年，皇家舞蹈团到中国演出，曾在中国演过此节目。据说，这两个舞蹈节目的服装、道具，是周恩来总理赠送的。主人在演出前，用热情洋溢的言语，一再说明这个晚会，是中柬两国艺术家的艺术交流晚会，是友好合作的晚会。这两个舞蹈，都由西哈努克亲王的碧花黛薇公主领衔表演，她在《荷花舞》中演荷花公主，在《采茶扑蝶》中演八姐妹中最小的妹妹，她不但舞姿优美、扮相秀丽，而且用普通话边舞边唱，博得了台下观众一片热烈的掌声。晚会的高潮，是最后一个节目：《中柬友谊舞》。这个节目，是皇家舞蹈团访华时创作的，它的歌词是这样："我们以留恋的心情，惜别你友好的中国，我们永恒纪念你，友好的土地和人民。你抚慰我们的心，温暖我们的感情，这是美好的记忆，永远不能磨灭！"表演这个节目时，台上16位演员，手挥动着中柬两国的国旗，边舞边唱，最后，还用普通话高呼"中柬友谊万岁！"。这时，台下观众与舞台欢呼声连成一片，掌声经久不息。皇家舞蹈团出色的表演、富有表现力的身段动作和韵律感很强的舞姿，给姚璇秋和潮剧团的女演员们留下了深刻的印象。她们要求观摩皇家舞蹈团的排练。在接待委员会的安排下，姚璇秋和潮剧团七位女演员，进宫进行观摩。在王宫，她们受到皇家舞蹈团主任黄盛安，著名舞蹈家韩通合、蒙洛表和达杂等的迎接，他们安排青年的舞蹈演员给潮剧团做示范表演，还特别安排西哈努克亲王的三位小公主表演基本功。她们刚表演完毕，姚璇秋、范泽华、萧南英、谢素贞、黄瑞英、陈郁英、林瑞芳七人，纷纷走进排练场，向表演者请教。客人穿着旗袍，不能跳动，便学习了各种手势。在座的皇家舞蹈团演员，都看过潮剧的演出，她们对潮剧表演喜、怒、哀、乐，十分感兴趣，邀请姚璇秋等给予示范。姚璇秋即席表演了舞台上"哭"的几种程式，包括抹泪、点泪、弹泪，有用水袖的，有用手帕的，也有徒手的，十分传神生动，引起主人纷纷围住学习。姚璇秋还介绍萧南英即席表演舞台上"笑"的程式，有含蓄的、压抑的、爽朗的，引得在场的主人也都笑了。这次短暂的交流学习，主人客人都十分满意。姚璇秋和潮剧团几位演员，感到柬埔寨古典舞蹈的身段动作很有特色，特别是肩、臂、肘、腕、掌、指的柔转变化很丰富，腰腿的运用也很优美，很值得借鉴，她们希望能进一步向皇家舞蹈团学习。这个愿望，很快反映到王后那里，也得到了王后的特允。于是，姚璇秋和五位女演员，便连续六天到王宫向皇家舞蹈团学习古典舞蹈。

王后对姚璇秋她们到王宫学习舞蹈十分高兴。原来皇家舞蹈团规定星期四和星期天下午排练，但这一次为了辅导潮剧团的演员，改为整周都排练。王后还特地安排10位著名的舞蹈教师来辅导，其中有两位是满头白发、修养很高的老舞蹈家。每个潮剧演员，配两位教师，一位做示范，由姚璇秋她们跟着做，一位协助矫正动作。头两天是练手法、台步等基本功，第三天开始，便学习古典舞蹈《百花仙女舞》。碧花黛薇公主和西哈努克亲王的三个小女儿，也莅临现场指导。除了女演员学习《百花仙女舞》这个节目外，男演员林二成、杨烈明等，也前往学习柬埔寨的《猴舞》。《猴舞》也是很有特色的柬埔寨舞蹈，戴猴王面具表演。林二成曾演过孙悟空戏，有猴表演的身段程式基础，进步比较快，他演的孙悟空动作，引起舞蹈家很大的兴趣，双方互相进行了交流。姚璇秋等学习柬埔寨古典舞蹈，克服了许多困难。因为古典舞蹈的身段步法，与潮剧的身段动作有很大的不同，特别是手、脚、腰的动作，有些刚好相反，比如潮剧动作的腕、肘接节处要求圆，它却要凸出；潮剧的步法是足尖要翘起（才不会踩裙脚），它却要垂落；潮剧的身段要提气、缩腹，它却要挺出腹部。经过五天的学习，第六天，王后便亲临指导了。这天，王后特意安排在干塔波帕宫进行排练。

王后和潮剧团人员见面时，亲切地说："我很高兴看到大家来学习我们的舞蹈。1957年，中国艺术团来访时，也曾来学习，现在大家又来学习了，这使我太高兴了。我准备给演员们每人送一套舞蹈服装，好让大家演出之用。

我还希望有两个人来学习化装,看我们怎样穿用这些服装。"姚璇秋向王后说:"感谢陛下的盛意,因为时间短促,我们还学习不好,请王后陛下多予指导。"王后听了姚璇秋的话后,笑着说:"我听老师们向我报告,你们学习得很好、很聪明。时间确实太短,要是你们有机会,尽管再来学习吧!"接见之后,五位潮剧女演员姚璇秋、张妙音、吕佩兰、陈丽君、陈郁英便开始表演,王后和碧花黛薇公主以及所有老师都认真地观看。王后看到高兴处,还拍掌助唱,使排演显得特别亲切。表演完了之后,王后鼓掌表示赞赏,她说:"很好了,步伐姿态都行了,但还要注意和音乐配合,还要多练几遍。"

1960年,广东潮剧团赴柬埔寨访问演出圆满结束,回国上飞机前与送别观众道别,左三为姚璇秋,左四为团长王昆仑

接着,由林二成、杨烈明表演《猴舞》。他们认真地表演,也赢得了许多掌声。表演后,王后拍掌说:"很好,跳得比我们的演员还好。"王后命舞蹈

团的主任取来猴王的面具给林二成试戴，王后问陈彦："你们回中国后，是否要自制服装？"陈彦说："我们要按柬埔寨服装的式样规格来制作。虽然我们学得还不够，但这体现了舞蹈团对我们的关怀，我们一定要按舞蹈团演出的标准来做。"王后听后，高兴地说："很好，我找人加制两套猴王面具和服装，制好了马上送给你们去演出。"这时，官员送来了五套女服装和伴乐录音带。王后把服装一一送给五位女演员，这套服装有一条丝织裙、一条花巾和一条丝花衫。王后对姚璇秋说："裙和巾是柬埔寨本国人民织的，衫是从中国来的，这套服装，是中柬友谊的结合。"姚璇秋她们热烈鼓掌，回应了王后热情洋溢的话。穿上舞蹈服装后，她们又表演了一次。在演员化装的时候，王后离开坐垫，到演员们身边，帮助姚璇秋她们整装，她叫姚璇秋照照镜子，看看穿着柬埔寨服装后的姿态。

第二天，金边几家中文报纸以《姚璇秋晋宫学舞结业，王后亲临指点视同女儿》为题，纷纷报道干塔波帕宫学艺盛况。王宫学舞，是姚璇秋在柬埔寨艺术活动中值得纪念的事，也是她艺术生涯中永记不忘的一页。离开柬埔寨前夕，姚璇秋发表了一篇题为《向柬埔寨艺术家学习》的文章，该文同时在金边几家中文报纸上刊登。文章说："我这次随中国潮剧团到柬埔寨访问演出，原来就有一个愿望，这就是增进两国人民的友谊，交流两国的文化艺术。柬埔寨人民对我们很好，又诚恳、又热情。我们之间的友谊，天天在增长。我接触过许多艺术家，知道柬埔寨具有悠久的文化传统；我又参观了吴哥等名胜古迹，知道柬埔寨是一个丰富的艺术宝藏。我踏上柬埔寨国土的第一天，就抱有决心向柬埔寨的艺术家学习。我们在柬埔寨的日子里，通过演出，通过艺术交流会，通过观摩皇家舞蹈团和国家戏剧学校的演出，特别是到王宫学习古典舞蹈，使我得到许多教益，学习到许多宝贵的东西，我的愿望终于达到了。"文章最后说："我们回国以后，还要（把学到的柬埔寨舞蹈）继续排练，争取把学到的柬埔寨舞蹈艺术为祖国人民表演。我们感谢王后陛下的关怀，感谢各位艺术家的教导。我们能够学习到艺术家许多东西，这正是艺术交流的胜利，中柬友好的胜利！"

中国潮剧团这次出访柬埔寨，是两国间的一次文化交流活动，促进了中柬两国人民的友好合作，在潮剧团结束了柬埔寨演出后的第10天，即1960年12月19日，中柬两国政府签署了《中柬友好和互不侵犯条约》。

2. 法国巴黎唱响潮州戏

1987年与1989年，姚璇秋曾经两次分别应法国潮州同乡会与法国华裔互助社邀请到法国巴黎十三区演出，将潮剧传播到欧洲的潮人群体之间。

1987年姚璇秋首次应邀到巴黎演出，主要源于法国巴黎潮籍移民的强烈请求。

巴黎十三区是巴黎20个区中的一个，处于巴黎左岸，意大利广场附近。十三区是巴黎三个华人区之一，主要集中在由绍瓦西、伊夫利和马塞纳三条大街构成的一个三角区域，有10多万华人住在此地，是巴黎最早和最大的华人聚

1987年，姚璇秋（左二）应法国潮州会馆邀请到巴黎演出

居地。

巴黎十三区原是一个被废弃的火车站，100多年前华人就开始在此落脚，开设中餐馆、洗衣房、小百货店等，现在已成为巴黎中餐馆最集中的地方。与巴黎其他华人聚集区不同，十三区以潮人为主，其他的则是来自泰国、新加坡和中国香港、澳门等地的华人。20世纪70年代中期以后，印支局势动荡不安，作为宗主国，法国接纳了许多来自越南、柬埔寨、老挝的难民。他们当中有80%以上是华人的后代。巴黎市政府划出一片当地人不愿去的简易住宅区来安顿这批人。不料经过华人的苦心经营，在短短的20年之后，原本街道狭窄、污水横流的"贫民区"起了翻天覆地的变化。一幢幢高楼拔地而起，平整宽阔的马路四通八达，两旁的大小店铺鳞次栉比，各色商品更是琳琅满目。

巴黎十三区中的华裔潮州人大多是从柬埔寨等东南亚国家逃难而来，他们经过20多年在异国他乡的奋斗，逐渐在巴黎驻扎安家，但是无论到了哪里，故乡的潮剧一直陪着他们走天涯。当时逃到法国的潮籍侨胞临时组建了一个简陋的潮剧团，但是渐渐地后继无人，剧团解散，剩下几位能演唱潮曲以及演奏潮州音乐的组成了一个潮乐社，依附在法国潮州同乡会会馆，偶尔开局演唱。

1960年，姚璇秋在柬埔寨献演，受到皇室的隆重接待，盛况空前，大大提升了柬埔寨潮人的文化自信心与自豪感，时隔20多年，流浪异国他乡，当年的潮剧演出盛况一直留在每个潮籍乡亲的脑海里。为了庆祝法国潮州同乡会成立一周年，乡亲们渴望姚璇秋能够前来法国献演。在法国潮州同乡会、《欧洲时报》的努力下，经过中国驻法国大使馆的协调沟通，历经各种曲折，姚璇秋终于应邀从中国飞来法国。

1987年4月26日，应法国潮州同乡会、《欧洲时报》的邀请，姚璇秋、陈瑜以及音乐师陈梁杰来到巴黎十三区献演。4月25日，姚璇秋一行先在广州上飞机。第二天在晨光初露中，经过20来个钟头的长途飞行，飞机降落在法国戴高乐机场，中国驻法国大使馆官员、法国潮州同乡会会长黄擎天伉俪以及该会的潮乐组负责人陈明松前来接机。姚璇秋此行因为受演员名额限制，只携带了《苏六娘》选段、《陈三五娘》选段以及折子戏《梅亭雪》，准备为法国潮州乡亲献演。

姚璇秋下了飞机之后，由于时差还没有调整过来，整个人感觉头脑一直昏昏沉沉，当坐专车来到当地潮州同乡会的时候，只见会馆门口黑压压的队伍排成长龙，排队的乡亲听说姚璇秋到了，顿时一阵骚动，发出一阵欢呼。

"前几天《欧洲时报》预告了您要到巴黎献演的消息，这些潮州乡亲都从四面八方前来会馆，有路途遥远的昨晚就已经到了，他们在这里排队整整等了一天，为的是欢迎您的到来，一睹您的风范。"法国潮州同乡会会长陈擎天动情地说。

姚璇秋连忙走到会馆门口跟乡亲见面，握手叙乡情。一别20多年，当年在柬埔寨献演轰动全国的潮剧女神此刻来到身边，有的乡亲握着姚璇秋的手禁不住热泪盈眶："我当年看了你的戏，你的每句唱词每个动作20多年来一直在我脑海回放。20多年来，历经生死劫难，每到最困难、最无助的时候，我都会哼起你的唱腔，是你的唱腔支撑着我挺过生死的关头。"姚璇秋听得心潮澎湃，但是千言万语一时难以表达，她眼含泪水，紧紧握着对方的手激动地说："谢谢！谢谢！"

姚璇秋在来自柬埔寨金边的这批老乡亲的心目中，具有偶像的地位，大家都还清楚地记得1960年她作为中国潮剧团主要演员访问金边时的情景。法国潮州同乡会理事王仕雄甚至还一直保存着在金边机场欢迎姚璇秋以及首场演出后当时的柬埔寨王后向她授勋的照片,很多人没有想到此生历经政局动乱之后,在远离家乡的巴黎还能再睹姚璇秋的风采。

目送诸位乡亲渐渐离去,姚璇秋平静地进了法国潮州同乡会。会址很简陋,只有100多平方米,隔成几间房间,中间是小小的客厅,当地潮乐社的演员已经开始在排练《桃花过渡》。

"您主演的《苏六娘》唱腔通过录音带每个人都能听得倒背如流,此次根据我们潮乐社人员的实际情况,安排了一个《桃花过渡》与折子戏《回书》。"黄擎天介绍说。

姚璇秋观看了排演现场,为会馆潮乐社演员的演出做了指导。此后一连几天来,姚璇秋在排演之余,都在当地的安排下,分别拜访了法国潮州同乡会、法国华裔互助会、法华社会福利敬老服务中心、里昂印支华裔联谊会等社团,代表故乡的乡亲,献上诚挚的问候,祝福旅法潮籍乡亲们康泰、兴旺、发达。

尽管身在异国他乡,姚璇秋每到一处,不论在宾馆、排练场,还是在十三区唐人街漫步,总有认识的和不认识的乡亲围着他们,大家用潮州话谈家乡事,有的倚傍在排练场的门边,醉心地聆听着他们娓娓动人的乡音。

法国的潮籍乡亲真多!据记载,早在17世纪左右,就陆续有中国人辗转来到法国,但大批华人踏上法国领土,则是在第一次世界大战期间。当时作为参战国,中国先后向法、英、俄等国输出了多达23万之众的劳工,其中到法国的华工就有14万人。这些华工没有到一线作战,但是作为运输、抢救甚至挖战壕、埋死人的苦力工默默奉献,当中有近1万人魂丧他乡。战争结束后,大部分人回到了祖国,只有极少数留下来成为侨民。后来在庆祝一战胜利70周年时，法国总统曾亲自颁为客居异乡仅存的两位中国劳工颁发"荣誉军团骑士勋章"，以表彰他们的"国际协作精神"。

在黄擎天等人的陪同下，姚璇秋一行抽空参观了卢浮宫、巴黎公社遗址、塞纳河、凯旋门以及埃菲尔铁塔。站在埃菲尔铁塔的最高层，整个巴黎城的市容景观尽收眼里。黄擎天感慨地对姚璇秋一行说："来法国20多年，为了生存，整天没日没夜工作，从未认真观看过巴黎的景点，这次托诸位之福，终于有时间可以静心观看这座古老的城市了！"

法国唐人街的辉煌，离不开老一辈中国侨民的艰苦创业和新一代侨民的辛勤工作。早年的华人至此，大多分散租住在离火车站不远的一些矮窝棚里面，以手工缝制箱包之类的小皮件为生，他们或者开杂货铺，摆小吃摊省吃俭用，节俭度日。渐渐地，有些人用多年积攒下来的一点资金，开办了一些以华人为主的企业，还组织了各种形式的社团，比如华裔互助社、法国潮州同乡会就是其中两个。

华裔互助社于1982年5月1日在巴黎成立，由许书利、潘洪江、郑荣辉、陈顺源、黄擎天、陈庭允、林东岩、陈克威、许木逢、李乌、刘家利、陈锡南、蔡桑鸿、蔡桑田、黄炳财、王立人、陈汝南17位热心公益事业的华商发起创建。互助社成立后，会员发展很快，成为欧洲最大华人社团之一，成员多数是来自中国的潮州、广肇、海南、客家、福建等地移民。法国潮州同乡会则于1986年5月成立，其中有些会员直接从华裔互助社脱离出来，由于种种原因，两个社团因为分化，曾经有过一些纠结，存在一些小矛盾。

姚璇秋在了解到这些情况之后说："大家都是中国人，身处异国他乡，希望大家都能团结。潮剧作为乡音出国演出一向都是敦睦乡谊，我此次从祖国大陆远赴法国前来演出，希望能够借助乡音化解两会之间的矛盾。"在姚璇秋的建议下，黄擎天会长答应主动邀请华裔互助社成员前来观看演出。

5月4日和5日连续两晚，庆祝法国潮州同乡会成立一周年潮剧晚会在巴黎十三区许永发大酒楼帝国剧场举行。姚璇秋、陈瑜与法国潮州同乡会潮剧组的马瑛等六位潮剧票友联袂演出了《苏六娘》中的《桃花过渡》《花园践约》《闺房愁叹》三折，以及《白兔记》中的《回书》和折子戏《梅亭雪》，当地四方潮人闻讯前来观看。

由于这次演出兼有筹集会务经费性质，因此票价定得很高，按照座位档次分400法郎、300法郎、150法郎三种，这个票价几乎与巴黎歌剧院的票价相等，但两场演出均座无虚席。前来观看的一些潮籍老人激动地答道："我们对故乡的思念不是可以用钱来衡量的！"

在庆祝潮州同乡会成立一周年的潮剧专场启幕前，法国潮州同乡会会长黄擎天先生首先致辞，他兴奋地说："这次来自广东潮剧院的姚璇秋女士、陈瑜女士、陈梁杰先生应《欧洲时报》之邀请，前来法国进行访问，适逢我会会庆，特地参加联欢晚会演出，这不仅带来家乡情谊，也为今晚演出增添热烈的气氛。我代表潮州同乡会向《欧洲时报》和姚女士等表示感谢。"

在历时两个多钟头的演出中，姚璇秋和陈瑜姑嫂献演了《苏六娘》选段《花园约会》和《闺房悲叹》以及折子戏《梅亭雪》。随着动听的潮州音乐响起，深深地打动了全场观众的心，客居他乡，乡音最动人心，当姚璇秋的"春风践约到园林"响起，满场掌声雷动，有的观众突然泪水流了下来，却依然顾不得擦拭。潮州同乡会潮乐组马瑛、蔡汉华、林玉英主演的《苏六娘》选段《桃花过渡》，方文信、王玉玲、张淑卿主演的《白兔记》选段《回书》也博得观众的热烈掌声。

演出结束后，在观众雷鸣般的掌声中，欧洲时报社社长杨永桔女士登台向姚璇秋等赠送一面"南国奇花，飘香海外"锦旗，中国驻法大使馆领事部主任朱广海参赞，潮州同乡会会长黄擎天、第一副会长黄明山、副会长林东岩，陈锡南和旅法华人学者詹致远博士等人亦纷纷上台祝贺姚璇秋等演员首演成功。欧洲龙吟诗社社员罗郁生老先生为表达27年后在法国巴黎与姚璇秋重逢的欣喜，特赋《姚璇秋潮剧三人团访法兴吟》一首。

快乐的时光总是过得很快，姚璇秋一行三人4月26日晨飞抵巴黎。在法逗留期间，他们先后访问了法国潮州同乡会、《欧洲时报》、法华社会福利敬老服务中心、华裔互助会，同时，在潮州同乡会会长黄擎天先生伉俪和欧洲时报社社长杨永桔女士的陪同下，前往法国第二大城市里昂拜会印支华裔联谊会和旅居在那里的潮籍乡亲。5月4日、5日一连两晚，他们与潮州同乡会潮剧组的演员们一起为1000多名乡亲演出了两场潮剧选段，精湛的演技和优美动听的潮曲，使得那些远离家乡的潮籍人士如醉如痴，也为法国潮州同乡会成立一周年纪念联欢会增添了光彩。

5月6日晚，法国潮州同乡会和《欧洲时报》联合举行的欢送宴会上，中国驻法国大使周觉出席了酒会，他对姚璇秋说："连日来通过《欧洲时报》关注到您的行程，您此行对敦睦乡谊、传播潮州文化做了很大贡献，特别是在和睦潮州同乡会与华裔互助社两个社团之间的关系上，做了我们做不到的工作，感谢您！"

当晚，姚璇秋激动地对《欧洲时报》记者采访说："我与著名女小生陈瑜、演奏家陈梁杰先生应《欧洲时报》邀请来法访问并参加法国潮州同乡会成

主办方赠送鲜花、锦旗

立一周年联欢会演出,没想到获得如此多旅法乡亲的欢迎。乡情浓于血,深深记在我们心里,明天我们就要启程回国了,仅借贵报一角转达我们对盛情的乡亲们的谢意,并将旅法乡亲的深情厚谊带回祖国。"

5月7日,姚璇秋一行三人乘机返国,他们带去的潮剧乡音抚平了法国潮州乡亲的乡愁,潮剧这朵南国鲜花也随着姚璇秋等人的传播在法国萌芽成长。

1989年,距离姚璇秋法国慰问演出后两年,法国华裔互助社的潮籍社员在姚璇秋的感召下,自发组团回潮汕寻根。华裔互助社的潮籍乡亲大多是土改时期前往柬埔寨、越南一带定居的,尔后因为东南亚政局动荡,辗转迁移到了法国定居。姚璇秋在巴黎了解到他们的情况之后,介绍了中国目前的发展,鼓励他们回乡寻根。"你们离开家乡这么多年,应该回家乡看看,现在家乡日新月异,变化非常大,我当年从澄海到汕头需要坐船,现在建了大桥,交通非常方便。而且现在政府现在非常重视华侨，你们回来，侨联、统战部都会跟你们对接，帮助你们寻找亲人。"

1989年，法国华裔互助社组团来到汕头寻根，受到了汕头市政府的热烈欢迎，他们期待姚璇秋能够再次到法国演出。同年，时任汕头市委副书记陈厚实亲自组团带队，广东潮剧院派出姚璇秋、陈瑜、林舜卿、陈丽璇、黄钦赐、蔡莉等20多人，分别演出《金花女》全剧，《井边会》《柴房会》等剧目，受到了法国潮州乡亲的欢迎。

姚璇秋与剧团同人两次赴法国巴黎演出，为法国乡亲带去了精湛的潮剧艺术，让潮剧的种子在法国萌芽。法国潮州同乡会的潮剧组由潮乐组、锣鼓组、戏曲组构成，成员均是来自越南、柬埔寨等地的潮剧业余爱好者，每周都定时活动，同时为法国潮州会馆会庆、中国传统节日和会馆各小组的活动提供助兴节目。在法国期间，姚璇秋还为当地潮剧爱好者示范了基本的潮剧身段动作，并录制成音像留在法国作为教学素材。

因为这个契机，潮剧在法国得到了一定的传承，此后，法国潮州会馆的潮剧社曾组团参加第一届、第二届（汕头）国际潮剧节演出，演出剧目有《穆桂英招亲》《磨房会》《汉文皇后》《潮州会馆颂》等，受到各界人士称赞。1992年该潮剧社曾经赴瑞士潮州同乡会、比利时潮州同乡会为潮州乡亲演出，2003年参加在法国巴黎举办的中国文化节，为联结海外乡亲、传播潮汕传统文化做出了积极贡献。

3. 万口天南说六娘

潮剧《苏六娘》是姚璇秋演艺生涯中的一个代表作。她塑造的苏六娘明艳、美丽、多情，让人怜爱，唱腔清脆甜润，流传广远。她两次上京以及两次跨省的巡演均携带该剧，尤其拍摄成电影，使得苏六娘这个古代潮汕女子的名字响彻大江南北以及海内海外。由于姚璇秋塑造的这个角色深入人心，以至后来有人干脆将她叫作"苏六娘"。

《苏六娘》是一个古老的剧目，讲的是古代潮州府揭阳县荔浦村苏员外的千金女儿苏六娘，她与表兄郭继春（潮阳西胪人）青梅竹马，同窗共砚，日久生情的恋爱故事。苏六娘虽与郭继春有情，但是其时苏员外因田地与风水的原因，与人闹了官司，苏员外与族长为了打赢官司，与潮州府的杨师爷勾结，答应打赢官司之后，将女儿嫁给杨师爷的儿子杨子良。这是一桩非常明显的父母主婚事件，苏六娘已经心有所属，宁死不从。后来在婢女桃花以及京北渡口渡伯的帮助下，在杨家迎娶的前一天晚上，苏六娘出逃，将绣鞋脱下放在江边，佯装投江，尔后郭继春将苏六娘以及婢女桃花接走，三人摆脱封建婚姻枷锁——这是新中国成立后经过张华云先生整理创作的故事。《苏六娘》的原剧是一个悲剧，当地民间有着许多的传说，其中一个说法是她与表兄相恋，为封建礼教所不容，被苏家族长装进猪笼抛入榕江，郭继春闻说后痛不欲生，也跳进榕江，最后双双化为一对白豚。

《苏六娘》的故事在潮汕民间广为流传,民间赋予其浓厚的神话色彩。据考证,最迟在明代万历年间,苏六娘的故事就已经有人编成戏文搬上舞台。清代咸丰至同治年间,揭阳名儒谢巢云写长诗《苏六娘歌》咏其事。潮州歌册也有《金钗罗帕记》《古版〈苏六娘〉全歌》,其故事情节与戏剧大同小异。经过了几百年,《苏六娘》全剧已经无人能演,到新中国成立之前,仅剩《桃花过渡》《杨子良讨亲》两折。

　　新中国成立之初,虽然新时代的思想已经深入人心,但是当时旧社会流传的父母主婚风俗依然普遍存在,这种家长专制的婚姻风俗,完全从老一辈的观念出发,罔顾年轻人的追求,因此导致了很多婚姻悲剧。《苏六娘》的故事,有利于打破父母主婚的封建风俗,鼓励年青一代追求自由恋爱婚姻。

　　1956年,广东潮剧团邀请张华云先生整理此剧。张华云是普宁人,文科出身,长期从事文教工作,能吹笛子、拉椰胡、弹古筝,50年代担任汕头市副市长,分管文教。其时,广东潮剧团团长林澜前去拜会张华云,张华云提及其在整理旧剧目,得到《继春偷楼》《官桥待别》《桃花递书》《上门相疑》《六娘思夫》五折戏,故事内容基本上与歌册《金钗罗帕记》一致,林澜同志听说后,建议张华云整理此剧,供剧团演出。其时刚好贯彻"百花齐放,推陈出新"方针,再加上当时一些旧剧目唱词粗鄙,有的甚至不堪入目,作为分管领导,张华云认为有责任帮潮剧写一个剧本,于是就答应了林澜关于《苏六娘》的创作。旧本的《苏六娘》尚流传有《桃花过渡》《杨子良讨亲》两折,刻画的人物与主角苏六娘无关,但是因为人物形象非常生动,充满地方色彩,对于推动剧情发展有帮助,因此张华云将其保留。由于原剧是悲剧,因此张华云考虑用雅俗共赏的语言来继承与发展这个剧目,将其修改为喜剧,使得《苏六娘》成为一出歌颂自由恋爱的悲喜剧，舞台上一对青年男女最终有情人终成眷属。

张华云之前没有接触过潮剧的创作，因此邀请了潮剧改进会的主任、著名编剧谢吟来合作，由张华云执笔，谢吟在故事结构及发展方面给出参考建议。

《苏六娘》是广东潮剧团成立后演出的第一个长剧，原本苏六娘一角是吴丽君扮演，后来改为姚璇秋主演。此时的姚璇秋虽然进剧团不到三年，但是通过《扫窗会》打下扎实基础，接着在三年内又经过了《玉堂春》《认像》《陈三五娘》《张羽煮海》《忠王李秀成》《四进士》《中秋月》等戏，经过刻苦的磨炼，舞台经验丰富。此时她刚21岁，青春靓丽，唱腔甜脆，几乎是本色出演古代潮汕美女苏六娘。因此这个戏经过姚璇秋的演绎之后，其唱腔与人物形象迅速定格，以至后来人们一听到苏六娘就想到姚璇秋，一看到姚璇秋就想到苏六娘。1957年，这个戏到京沪等地演出，深获好评，全国性的刊物《剧本》于1957年8月将《苏六娘》剧本全剧发表。这也是潮剧有史以来第一个在全国性刊物发表的剧本。

说来也巧，张华云先生于1956年开始整理《苏六娘》，这一年的4月，梅兰芳、欧阳予倩率中国戏剧代表团访问日本，在日本东京大学东洋文化研究所发现有明代潮剧刻本《重补摘锦潮调金花女大全》（附刻《苏六娘》），欧阳予倩先生将原本拍摄带回，存于中国戏曲研究院。1959年潮剧上京进行新中国成立10周年献演的时候，欧阳予倩先生将影印本复制一份交广东潮剧院带回。

1959年初，香港鸿图影业公司将此剧拍成彩色电影，拍摄场地就在珠江电影制片厂的摄影棚，这也是珠江电影制片厂成立以来在其摄影棚内拍摄的第一部艺术片。这部影片自诞生以来，经过姚璇秋演唱的唱段都成为经典，尤其

"花园订约"这一场中"春风践约到园林"更是广为传唱。在演绎方面，姚璇秋经过导演的指导，抓住人物性格特点，生动塑造了封建礼教制度下的弱女子苏六娘。

"她是个员外的女儿，家庭情况很不错，家里还有奴婢，但是她跟黄五娘又有所不同。黄五娘是府城黄员外的千金，虽然黄员外与苏员外都是员外，但是黄员外是府城的员外，苏员外是乡村的员外，两个员外的生活环境不同，两家女子也是有所不同。理解两家处境的不同，对于人物的塑造就有依据，黄五娘是城里的富家女子，因此是大户人家的闺秀，她是有自己的主见的，但是顾虑礼教，很多事情是心中有数，但是不能轻易流露出来，而苏六娘是小家碧玉的乡村富裕人家女儿，她在整件事的处理中是非常被动的，她性格刚烈，杨家上门催亲，她等不到桃花的消息，又不愿意嫁，想到的就只有死，至于后来的出逃，完全是听从婢女桃花的安排。理解苏六娘的这些特点，塑造出来的角色就会引起大家的共鸣，大家对弱女子的怜悯、对封建礼教制度的无情痛恨也就同时激发出来。"姚璇秋在谈及对苏六娘角色演绎塑造的时候，有自己的心得。苏六娘是封建社会的女子，她是有缠足的，再加上礼教制度对旧社会女人的毒害，所以苏六娘这个角色在行走的时候，千万不可以挺胸，而必须收胸，才符合古代女子的实际。

1960年7月13日，《苏六娘》在中国香港率先上映，香港当地有八家戏院同时放映，轰动整个香港岛。1960年下半年，《苏六娘》面向海外发行，在东南亚引起轰动，新加坡学者苏章恺先生在《"六娘热潮"：潮语片〈苏六娘〉在新加坡的跨建制互动》写道："1960年10月12日，潮剧电影《苏六娘》在新加坡首映，不到3天，观看过《苏六娘》的观众已经超过56 000人，从首映到次年年初,《苏六娘》在72天内连放映593场,打破了中西片卖座的最高纪录,在新加坡掀起了一阵'苏六娘旋风',对东南亚一带国家的潮剧事业影响深远,当地各戏班都仿演该剧。"很多人最早认识姚璇秋都是从《苏六娘》开始,1981年广东潮剧团首次到新加坡演出,而当地的观众早在20多年前就已经仰慕姚璇秋。新加坡书法家潘国渠赋诗写道:"20年前玉笛旁,化身窈窕作星光。至今一曲桃花渡,万口天南说六娘。跋云:姚璇秋女士20年前主演《苏六娘》,轰动东南亚各地,倾情来新加坡献艺,建奕兄代为索书,率浅俚句赠之。"

《苏六娘》海报

《苏六娘》的成功,是整体的,编剧、导演、作曲都非常优秀,演员方面,除了主演姚璇秋的精彩演绎外,戏里其他角色比如洪妙先生演绎的乳娘妙趣横生、蔡锦坤先生的痰火声与扇子功、陈馥闺的桃花聪明刁钻,都为这个戏增色。

潮剧电影《苏六娘》是潮剧影响最广的戏曲片，在海内外影响非常大，姚璇秋饰演的苏六娘成为海内外潮人的共同记忆，她演唱的"春风践约到园林""愁恨满怀""一望西胪死无忧"等唱段成了潮剧的经典。

1957年，姚璇秋携《苏六娘》上京献演，中国电影奠基人蔡楚生是潮阳人，他看了姚璇秋的《苏六娘》后说："《苏六娘》全剧的故事情节虽然是围绕着六娘的爱情与命运而在发展着、矛盾着、演变着的，但在剧本的结构上，却较少从正面入手，而更多地着重于做侧面的反衬。因此作为主人公的六娘的戏事实上并不是很多——她只有两场重头戏。姚璇秋所饰的六娘，戏虽较少，但在这两场重头戏里，她的表演依然留给观众以难忘的印象。她那明艳的风姿、少女型的初恋的羞怯腼腆，都是十分动人的。后来她在恋爱上遭受了那样关系着一生幸福与苦乐的挫折时，她全身心地、集中而刻骨铭心地表现了六娘的凄苦彷徨、哀恸欲绝，使我们看到了在所谓'三纲五常'的封建思想统治下的社会、宗族与家庭中，在即使把女儿像'心头肉'那样爱她的慈母也无能为力的漫天黑暗中，亲切地看到了一个聪慧美丽的少女，她在心灵上所遭受的狂风暴雨般的摧折，而不能不深受感动，与为她的婉转悲啼、无辜无助而频掉同情之泪！所以说，璇秋的戏虽不多，却仍是那样动人心魄的。"

第七章
"文革"时期遭磨难

1. 逆境之中苦练功

1966年5月，正当潮剧在全国乃至国际产生巨大影响之际，如火如荼的发展步伐因为"文化大革命"全面爆发，被迫停止。全国性的"文化大革命"的爆发是从对京剧《海瑞罢官》的批判开始，而汕头地区则是从批判林澜创作的潮剧现代戏《风雨三迁》开始。

早在"文革"前夕，广东潮剧院编剧陈名贤到北京参加戏曲改革的会议，回来之后传达会议精神："党提出，舞台不能都交给帝王将相、才子佳人，舞台要展示革命题材以及工农大众、革命人民的现实生活。"尔后，在江青的指导下，京剧首先排出了《红灯记》《沙家浜》《智取威虎山》等京剧，称为样板戏，以后又排演了《杜鹃山》《海港》等一大批到现在都有深刻影响的剧目，接着全国各地方剧团、文工团、京剧院也根据"样板"排演，这些京剧统称为革命现代京剧。

陈名贤说，《扫窗会》不要演了，这个戏属于才子佳人一类的戏曲，剧中高文举思乡又思亲，柔柔弱弱，缺乏革命者应有的阳刚。其时，广东潮剧团正好在揭阳县白塔镇演出，接到陈名贤从北京带回来的指示精神之后，剧团即刻停止了《扫窗会》的演出。

"文化大革命"爆发了。其实在"文革"前夕很多人都预感到会有一场政治运动，但是所有人都没有想到这一次的政治风暴会这么大。首先是工人队伍进驻广东潮剧院，宣布停止一切演出，要求所有人均要接受审查。接着，汕头地委派工作组进入广东潮剧院，剧院领导班子顿时宣告全部瘫痪。当时工人队伍在汕头商业街的办公室以及暗室设置了"牛栏"，广东潮剧院领导层全部集中开会学习，被宣布要接受审查。

林澜首当其冲，他与洪潮创作的现代剧《风雨三迁》写的是建水电站过程中的拆迁与抢险故事，因为剧里面提到有一只白额虎，被认为有所影射，《风雨三迁》被污蔑为"反党反社会主义的大毒草"，郑文风、马乔、卢吟词、谢吟、魏启光、郑一标、洪风等编剧、导演均被扣上"走资本主义道路当权派""反动学术权威""牛鬼蛇神"的帽子，通通赶入"牛栏"接受隔离审查。

姚璇秋也受到了激烈的冲击，作为潮剧演员最突出的代表，她横遭种种诬蔑、不实之词，被迫离开潮剧舞台。1960年她在北京参加全国文代会的时候，曾经受过刘少奇的接见，并与刘少奇合照，被污蔑为刘少奇培养下的"文艺黑尖子"，被挂牌上街扫地，同时受到了无休止的批斗。

入剧团十几年来，姚璇秋深爱这个剧种，她见证了解放前后潮剧发生的巨变，决心为这个剧种做出自己应有的贡献，她追求进步，向党靠近，进入剧团才三年，便申请加入中国共产党，感党恩，听党的话，跟党走。此刻，却代表着潮剧，接受审判与批斗，一夜之间仿佛从云端里被打入十八层地狱。原本悬挂在广东潮剧院演艺大厅的那幅刘少奇接见的照片，被砸得支离破碎。开批斗大会的时候，有人将马桶套到她头上，进行人格羞辱，同时，她被勒令穿着陈璧娘的戏服，头戴着长翎，沿街扫地。甚至，连同1957年潮剧进京接受毛主席接见的照片也被人撕毁。许多年后，提及当年这件事，有人对姚璇秋说："当年他们撕毁了毛泽东同志接见你的照片，其实也是对伟大领袖的亵渎，当时要是你敢站出来斥责，撕毁照片的人应该会受到惩治。"姚璇秋摇了摇头："我不是那种人，怎么会去做这种事！"

处于风口浪尖的姚璇秋此刻惶恐又不解，她不明白为何同台演戏的人，一夜之间有人成了又红又专的人，而她便成了文艺黑线人物？但是很快，她便想通了，然后释然了，潮剧在旺盛的时候，是自己一直都代表着潮剧，现在潮剧有难了，自己不能放弃潮剧，应该代表潮剧去承受这场前所未有的苦难。

在这场劫难之中，姚璇秋的两位哥哥也被审查，遣送到海南。姚璇秋与潮剧院一批演员被下放到位于现在谢慧如潮剧中心一带的干校接受劳动改造。洪妙与郭石梅被分配去牵牛，姚璇秋每天都要下田干活。

姚璇秋从小就是在旧社会的苦难中成长的，洗衣、做饭等各种烦琐苦累的日常工作她都能做，现在被下放去接受劳动改造，倒也新鲜。此刻潮剧院已经解散，演员不用再练功，她开始挑水、种地、除草、收割，一分辛劳一分收获。有时候她在想，做戏不也是这样吗，平时一番辛劳的练功，最后才能光鲜地在舞台上接受掌声与鲜花，所谓"台上一分钟，台下十年功"，任何成功，背后都有着艰辛的付出。想来，人世间的道理都是共通的。

想通了这一点，她更加豁然开朗了。清早起来下地，她要起个大早，在走向地里的路上，看见清早路边野花盛开、草莱青葱、晨露盈盈，呼吸着新鲜的空气，心情格外舒畅。看见没人之时，她慢慢地将前进的步伐走成了舞台的碎步。舞台失去了，但是此刻天地间就是她最好的舞台，观众没有了，但是姚璇秋相信头顶三尺会有一双明亮的眼睛在看着尘世这一切。

有时碰到政治学习，拿着报纸在看，心里不知不觉用舞台的念白在读着枯燥干巴巴的政治新闻，在她心里成了另外一个剧本。读报学习期间，反而认了更多的字，懂得更加多的道理。潮汕有句话叫"棚顶做戏棚下事"，意思是，舞台上有的人与事，大多来自现实生活。戏如人生，人生如戏。

因为想通了，所以姚璇秋更加坦然了。下地，她卷起裤脚踏入泥地里，挑粪，从厕池里捞起臭烘烘的农家肥挑往地里。每天早出晚归，浑身汗水淋漓，虽然疲累，但是姚璇秋从来没有叫过一声苦，脚下踏着泥土，反而感觉充实。

她踏入剧团，学习的第一个戏就是《扫窗会》，《扫窗会》的第一声就是"苦啊——"。与舞台略有不同的是，生活中真正的苦是不能叫也叫不出来的。

如果只是接受劳动改造，姚璇秋是不会觉得苦的，最难堪的是要接受批斗，人格与自尊被人踩在脚下羞辱。

姚璇秋居住的房间被抄了个空。她到中国香港与柬埔寨演出的时候订制的几套旗袍、连衣裙，搭上舞台上所用的一双鞋子，被拿出来展示，被批生活腐败。其实，20世纪五六十年代的时候，潮剧经常要在外面尤其是在香港以及柬埔寨等地区及国家的演出，演员代表着剧种与国家的形象。姚璇秋在赴香港地区与柬埔寨的时候，专门培训了一些礼仪，吃西餐的刀叉使用、见面、座谈的应答等各方面的礼仪都有严格要求。在香港的时候，她与几位同事都是穿着旗袍出现的，展现了新中国潮剧演员靓丽的风采。但是到了"文革"期间，姚璇秋穿过的旗袍却成了奢靡生活的罪证。这给她造成极深的伤害，以致"文革"之后，姚璇秋很少穿旗袍，甚至一见到旗袍心里就产生了一种异样的感觉。

"文革"结束后，有时为了演出的需要，旗袍也只是作为演出服而已，一下舞台就即刻换掉。"文革"期间的这段经历也时刻警醒姚璇秋，为人一定要低调、朴素。她平时的生活都是非常简单，甚至不做任何化妆打扮，有点不修边幅，尤其到了晚年，普通得像位和蔼的邻家老太。只有她站起身，走上舞台的时候，张大眼睛，踏着台步，神韵顿至，登时判若两人。记得有一年，退休后的姚璇秋应邀去新加坡客串演出，她没有带任何演出服，只是略施淡妆，穿着便服上台一站，气场无限大，名旦的风采立刻展现出来。而她的这身简单行头都是从广州街头买来的，黑色的裤子35元，红色的T恤25元，再加上一条围巾，所有的费用还用不了100元。退休后的姚璇秋随着年纪一年年增加，青春的岁月也已经流逝，但是她的美丽气质却随着时光的流逝积淀着。

有时候，也有人提醒她，作为剧种的代表性人物，有必要穿着讲究，甚至某些场合还要化妆。姚璇秋认为，每个人的生活方式有所不同，不必苛求一致。"作为一个演员，上台穿戏服、化装是必需的，但是要求现实生活中的我也来化妆打扮，我觉得没有必要。我对衣着要求不高，上台有最美丽的戏服，下了舞台我要穿练功服练功，我还真的没有太多时间去参加应酬。"姚璇秋诚恳地说。退休后，她都是穿着简单的便服出席各种各样的场合，但是独特的气质让人仰视。2020年底，姚璇秋应邀到电视台做访谈节目。她依然穿着日常的便装前来，电视台为了镜头的效果，希望姚璇秋能够换一套更加正式的。当时主持人唐秋英想起姚璇秋曾经穿过旗袍，于是潮州府城的潮绣传承人宋忠勉即刻送来几套不同款式的旗袍供姚璇秋选择，姚璇秋一开始不肯穿这些旗袍，后来经不住几个小姑娘的劝说，终于选择了一套宝蓝色的旗袍。虽然年过八旬，但是略施粉黛之后，身着旗袍的姚璇秋呈现出一种东方女性的高贵气质。现场很多人即刻鼓起掌来。后来这一期节目做完，很多人都给姚璇秋打来祝福的电话，夸奖她穿着旗袍真的好看。节目做完后，姚璇秋在酒店休息。休息之余，跟电视台几位女主持一起喝茶，姚璇秋突然说："你们知道我为什么一直不想穿旗袍吗？'文革'期间，他们把我的旗袍拿去展示，我也觉得当时那个时代，很多人都还吃不饱，我凭什么就要穿旗袍，所以我后来才坚决不穿旗袍的。"大家这才知道姚璇秋心中的这个症结。主持人唐秋英望着眼前这位年过八旬、经历人生坎坷曲折的朴素老人，心中十分感动，她抱住姚璇秋："秋姨，您为潮剧做了那么大的贡献，您是我们潮汕人的骄傲，您要穿得漂漂亮亮的，现在时代不同了，您要穿什么我们都给你买！"姚璇秋淡淡地笑了："不要啦，穿旗袍很麻烦的，而且还要露出半截手臂，我现在年纪大了，皮肤都皱了，不好看！"大家都哈哈地笑起来："秋姨，你就是皮肤皱了，也依然好看！"外国女作家杜拉斯在《情人》中写的一段话："我已经老了。有一天，在一处公共场所的大厅里，有一个男人向我走来，他主动介绍自己，他对我说：我认识你，我永远记得你。那时候，你还很年轻，人人都说你很美，现在，我是特地来告诉你，对我来说，我觉得你比年轻时还要美，那时你是年轻女人，与你年轻时相比，我更爱你现在备受摧残的容貌。"年纪越大，虽然岁月风刀霜剑，但是却为姚璇秋增添了美丽的神韵。

"文革"期间，姚璇秋在北京、上海等地巡演时当地书画名家所赠送的一批字画也被抢劫一空。

在北京演出期间，姚璇秋曾经拜会梅兰芳先生，梅兰芳先生教导她，演员学点书画有助于提高演员的艺术素养，可成为演员创造人物的辅助手段。因为书法与戏曲表演都属于意象艺术，都讲究"气"，书法要"得气"，戏曲唱腔中更讲究运气，书法之气与戏曲演唱中的气，可以相得益彰。书法与戏曲表演所体现的美又都属于中和之美，这使两者之间在艺术精神上可能相互渗透、相互借鉴、相互促进。姚璇秋听从梅兰芳先生的教诲，演出之余，有空就经常练习写点字，偶尔也画画，还曾经跟书画家程十发合作画过一幅画。在上海的时候，姚璇秋买了笔墨纸砚，装在一个小木箱里，托运回来，为了剧种的需要，姚璇秋决心要下苦功，跟练好普通话一样练好毛笔字。而正是这口小木箱为姚璇秋带来了麻烦。在一次接受批斗过程之中，突然有人提到这口小木箱，认定木箱之中必定藏有机密，要姚璇秋招认。姚璇秋再三解释都没有用。红卫兵四处搜查这口小木箱，突然有一天晚上，姚璇秋被押到戏曲学校审问，红卫兵头目声称已经找到小木箱的证据。姚璇秋心中坦荡，自认为没有做对不起党和国家的事情，因此拒绝招认任何消息。因为审问不出证据，恼恨中的一名红卫兵押着姚璇秋跪在地上，一手脱下拖鞋，姚璇秋被扇了几巴掌。姚璇秋眼里噙着泪水，内心充满了屈辱。由于这件事，姚璇秋曾经很长一段时间不写字，一直到1999年首届国际潮剧节举办时，她才应邀写了一幅《艺无止境》。

在这场冲击之中，潮剧院艺术室副主任、编剧王江流以及汕头戏曲学校教师何杰因顶不住巨大的政治压力，先后跳楼自杀。红卫兵将潮剧院多年来搜集的各种资料、剧本、唱片、照片以及部分戏服、道具堆到潮剧院门口，全部付之一炬。

1966年8月，汕头地委工作组撤出潮剧院，由于领导班子瘫痪，群众分裂成为红艺兵、红宣兵以及延安公社三个群众组织，直接介入了社会无休止的派别斗争。1968年12月，广东潮剧院建制宣告撤销，全体人员集中到潮安东山湖"五七干校"劳动，改造思想。不久，潮剧演员又被迫纷纷离开潮剧队伍，有的先后被下放到揭阳电机厂、汕头花纸厂、汕头电力厂当工人，有的则到新华书店卖书，有的到车站卖票，曾经盛极一时的广东潮剧院，在"文化大革命"之中被摧毁殆尽。

在这种残酷的背景下，许多年后，曾经有人问过姚璇秋，当时是否有过寻死的极端念头。姚璇秋淡然一笑："我从来没有这个念头。'文革'不是我一个人的灾难，而是整个国家和民族的灾难。50年代我到北京演出，刘少奇亲自接见，'文革'期间，他作为一国领导人，都免不了受害，更何况我区区一个地方剧种戏曲演员！"

1970年，在"文革"如火如荼进行了5年的时候，姚璇秋被从干校叫了回来，作为内部控制使用人物。广东潮剧院瘫痪之后，汕头地区成立了一个全潮汕唯一的潮剧团，专门演出革命样板戏。姚璇秋虽然从干校回来，但是一直被监视，控制使用，初期主要从事化装管理、戏服收拾等后勤杂务工作，在做这些杂活的时候，姚璇秋的内心也是非常坦然。因为没有过多的念头，反而生活简单了很多。尽管是在剧团帮忙打杂，但是毕竟回到了舞台的后台，再迈前一步，就是聚光灯下万千观众的舞台了。姚璇秋对自己的未来充满了信心。

到了"文革"的后期，剧团对于姚璇秋的管制渐渐放松，逐渐安排了《沙家浜》《龙江颂》《海港》等现代革命戏让她演出。姚璇秋重新回归舞台了！

2. 艰难坚守盼得曙光重现

"文化大革命"结束之后，广东潮剧院恢复建制，1978年至1979年，广东潮剧院、汕头地委、澄海县先后分别为姚璇秋平反。其中，中共汕头地委落实干部政策办公室的平反书这样写着："姚璇秋同志在'文化大革命'期间，遭受林彪、'四人帮'反革命修正主义路线的严重迫害，被打成阶级异己分子、黑线人物、黑榜样，还株连了亲属子女。现已查实，纯属假案、冤案，决定给予彻底平反昭雪，恢复名誉，并表示亲切慰问。特发给平反通知书，以资证明。望鼓足更大干劲，为建设四个现代化的社会主义强国而努力奋斗。中共汕头地委落实干部政策办公室。一九七九年一月六日。"

姚璇秋拿着平反通知书，泪水忍不住掉了下来。她相信党，因为她亲身沐浴着党温暖的光辉，经历了党领导潮剧的改革为潮剧带来的全新变化，她相信所有的委屈不是党强加的，而是有人利用了党的力量为非作歹。她的心中一片坦然，相信总有一天党会为自己平反，即使在最困难、最委屈的时刻，她也相信光明一定会到来。

1979年1月5日，广东潮剧院党委召开全体干部职工大会，为受林彪、"四人帮"反革命修正主义路线迫害、摧残的干部群众和作品平反昭雪。在林彪、"四人帮"专制的10年中，广东潮剧院是一个重灾区。林彪、"四人帮"一伙疯狂推行"文艺黑线"论和"文艺黑线专政"论，大搞法西斯文化专制主义,大兴骇人听闻的文字狱,取消剧院建制,制造错案、假案、冤案,使许多干部、群众惨遭迫害,剧目、作品备受摧残。原潮剧院党总支书记、院长林澜同志,是参加革命工作多年的老干部,他努力学习毛主席著作,积极工作,对潮剧事业的发展有过显著贡献。但"文化大革命"之初,就被扣上"黑线人物""三反分子""走资派"等罪名,大会小会进行斗争,报上公开点名批判,隔离审查达七年之久,精神上、肉体上遭到严重摧残。1960年,在省委领导同志主持下,林澜同志负责起草的,为提高发展潮剧艺术提出的符合党的文艺路线、方针、政策的《关于提高发展潮剧意见三十条(草案)》,也被当成"修正主义纲领",长篇累牍地进行公开批判。原广东潮剧院一团副团长,现剧院党委委员、副院长姚璇秋同志,是新中国成立后在党教育、培养下成长起来的,曾先后五次受到毛主席、周总理亲切接见的著名青年演员,但在"文化大革命"中,也被扣上"黑线人物""黑尖子""黑样板"的帽子,连续进行批斗、隔离,加以残酷迫害。同时,在揪所谓"一条黑线,两个黑帮"和"黑三线"的阴谋口号下,把原剧院所有的党总支成员、团(室)领导干部,艺术骨干、著名艺人如郑文风、马乔、卢吟词、谢吟、郑一标、张伯杰、洪风、王江流等同志,分别扣上"三反分子""特务""叛徒""走资派""国民党残渣余孽""反动权威""戏霸"等罪名,横加迫害,隔离审查,挂牌批斗,甚至有的家破身亡,株连亲属。还把"根子"连到上面,搞所谓"揪斗吴、李、邢",矛头指向省、地部分领导同志。与此同时,又大兴文字狱,不仅把新中国成立以来搜集的1300多个传统剧目全部毁尽殄绝,而且把新中国成立以后创作、改编、整理、移植的大批剧目、作品打入"冷宫",判处"死刑",有的被兴师动众,发动"围剿"。林澜同志等创作的、表现"严重的问题在于教育农民"的革命现代戏《风日三迁》；郑文风同志等创作并改编为电影的，歌颂刚直不阿、秉公廉洁的历史人物海瑞的传统剧目《刘明珠》，都被分别视为"反党反社会主义的大毒草"，口诛笔伐，随心所欲地欲置作者和作品于死地。

党的十一届三中全会以后，从中央到地方都按照实事求是、有错必纠的原则，先后为"文化大革命"中的各种冤假错案平反。剧院干部、群众决心按照党的十一届三中全会精神，顾大局，向前看，坚决把工作的重点迅速转移到社会主义现代化建设上来，解放思想，鼓足干劲，跟上形势，繁荣创作，为完成新时期赋予的光荣使命而奋斗。

粉碎"四人帮"后，一批表演艺术家重新焕发了艺术青春。1978年，广东潮剧院以及各县市剧团纷纷恢复建制，禁锢了10年的古装戏也开始恢复演出。在"正本清源、拨乱反正"思想的指导下，潮剧艺术又出现了勃勃的生机。随着改革开放，经济建设蓬勃发展，潮剧肩负文化交流、敦睦亲谊、联络亲情的任务，交流演出比前更多、更频繁。

在此期间，姚璇秋恢复主演了《荔镜记》（上下集）、《辞郎洲》等一批优秀传统戏，在改编或新编的戏里又成功创造了新的角色。在新排的《井边会》扮李三娘、《梅亭雪》扮苏三、《春草闯堂》扮李半月、《袁崇焕》扮叶夫人、《穆桂英捧印》扮穆桂英，还有现代戏《彭湃》扮蔡素屏。姚璇秋塑造了众多而个性鲜明、血肉饱满的妇女舞台形象。她的艺术才华再次得到展现。

1979年10月至1980年春、1981年12月至1982年春、1984年1月至夏初，先后三次以中国广东潮剧团的名义访问泰国并到新加坡和中国香港做商业性演出，每次赴泰都得到泰国王室王储殿下、公主或御代表、政府总理的亲切接见、宴请和欢迎。潮剧在东南亚的演出，"疯魔"了旅泰、新的华人华侨以及港澳同胞，演出场次不断增加。马来西亚、印尼侨胞不顾舟车劳顿前来观赏，有的还乘坐飞机赶场。当地接待礼遇的隆重、观众感情的热烈，都非常感人。此外，由于海外潮籍同胞乡情浓郁，对潮剧艺术的酷爱，许多潮汕同乡会等团体纷纷邀请剧团前往演出。潮剧院两个演出团，潮州、普宁、潮阳、揭阳剧团等都曾分别应邀前往演出。在欧洲、北美的潮籍华人，对乡音艺术的渴望日增，姚璇秋于1989年5月应法国巴黎潮州会馆之邀，组队前往演出并与当地潮乐社团交流，切磋技艺。1993年春，在汕头市举办国际潮剧节，欧、美、泰、新和中国的港、台与广东、福建的潮剧同人共庆节日，同展英姿。姚璇秋在开幕式演唱《京城会》。在"振兴潮剧"声中，姚璇秋说：希望有更多的新星闪耀，有更多的好戏出台、出人、出戏，是潮剧观众的共同希望。

"沉舟侧畔千帆过，病树前头万木春。"新时代，给了姚璇秋新的希望。

《春草闯堂》剧照

| 第八章 |
相濡以沫享天伦

1. 组建幸福小家庭

1972年，姚璇秋结婚了，伴侣是广东省话剧院舞台灯光设计师曾青。

曾青是广州人，但是却与潮剧颇有缘分。1960年，潮剧接受国家委派，准备到柬埔寨演出，为了提高潮剧舞台灯光的水平，专门从广东省话剧团请来了一位灯光设计师，他就是曾青。

舞台灯光是舞台美术造型的重要手段。中国戏曲一直随着时代的发展而不断成熟，在电灯出现之前，舞台的灯光主要还是依靠传统的灯烛，电灯发明后，随之传入中国并被戏曲舞台吸收，丰富了戏曲的表演。可以根据导演的构思、布景气氛设计及剧情的需要，运用舞台灯光设备，比如照明灯、特技效果灯、幻灯等，再结合控制系统、技术手段等，创造出舞台环境的空间感、时间感，达到渲染舞台气氛、突出中心人物的目的。1960年，潮剧受国家的委派要到柬埔寨演出，广东省文化局从全省文化系统抽调人员，充实潮剧出访队伍。曾青是广东省话剧团的青年优秀灯光师，被抽调到中国潮剧团，负责潮剧舞台演出的舞美灯光。

1960年，曾青随中国潮剧团出访柬埔寨，他就根据当地的剧场情况，对原有的灯光设置进行调整，潮剧的演出配备有中文字幕，此次出访柬埔寨，还专门请人将唱词与念白翻译成柬文，由于柬文的书写习惯跟中文不同，曾青根据柬文的书写习惯，临时改造了柬文的字母幻灯机，使得柬文字幕在演出中起到了很好的作用，加强了潮剧的演出效果。

曾青属于实干型的，话语也不多，而且做事情有头也有尾，对自己范围内的工作负责到底，这给姚璇秋留下了深刻的印象。技术人员的工作在后台，演员则是台前直接与观众面对面。演员舞台上最靓丽的一面，背后有着大批的幕后工作者在支持。姚璇秋深知这一点，所以对于任何一个后台工作人员，无论服装、道具灯光乃至普通的搬运工人，她都非常敬重。剧团外出演出搭台，有时候姚璇秋都会参与做些零碎的工作，整个剧团非常团结，呈现出一片欣欣向荣的景象。即使后来姚璇秋成了潮剧耀眼的明星，她也从来没有任何架子，与演出人员和睦相处。曾青早就知道姚璇秋是剧团的当家旦角，姚璇秋的朴实与平易也让他十分敬重。有时候在调试灯光系统的时候，剧团同事一边聊天一边冲着工夫茶，因为语言不通，再加上手头事情在做，曾青经常是一个人闷头干活。每当这种情况，姚璇秋会主动端上一杯热茶："师傅，来请喝杯茶。"经过一些交往，彼此间也有了一些交流。没有人想到，柬埔寨之行，无意中为姚璇秋与曾青牵起了红线。

曾青出生于一个军医家庭，家里人原本期待他子承父业，继续当一个医生，但是曾青却喜欢技术的应用。此时距离电灯的发明刚好100年，100年来的发展，灯光在生活中的应用已经相当普遍，曾青迷上了用灯光营造的舞台空间，醉心于光与影的调配。与姚璇秋认识的时候，他已经从事舞台灯光设计多年。曾青非常聪明，他曾经对舞台灯光进行过大胆的改革，经过他的手设计制造的一种微型射灯，体积小、亮度强，舞台效果好，这种新型的射灯曾经受到广东省文化厅舞台器材公司的推广。到了20世纪70年代的时候，随着电脑技术的发展，曾青尝试将舞台灯光控制与电脑技术结合起来，使得舞台灯光的控制摆脱了繁重的人工体力操作,大大提高了灯光的技术水平。

潮剧从柬埔寨载誉归来,当中有曾青的一份功劳。后来潮剧演出,经常邀请曾青帮忙。1965年,潮剧《万山红》参加中南会演的时候,为了凸显灯光效果,也专门将曾青邀请过来。曾青根据剧情与人物特点精心设置了灯光效果。剧中,姚璇秋扮演的王凤来演唱"一道喜讯北京来"这一段,姚璇秋一出台,顿时满台灯彩,台下掌声雷动。这一灯光的运用,既体现了剧情人物的情绪,也凸显了主演,舞台视觉效果强烈,观众坐在台下,从明亮的灯光都能够感受到王凤来内心的喜悦。

曾青与姚璇秋两人心中有意,奈何两人一人在汕头、一人在广州,因此迟迟未道破,甚至一度两人心灰意冷,觉得有缘无分,难以在一起。此时的姚璇秋大红大紫,是潮剧舞台的重要台柱,如果结婚,势必影响到潮剧的演出,同时,作为女人,如果结了婚,有了家庭、有了孩子,会有更多的顾虑,再加上婚后体态有可能会走形,这些都不利于姚璇秋潮剧事业的发展。

人在舞台上,时间过得特别快。姚璇秋从未想过结婚的事,她从小孤苦伶仃,在战乱与饥荒的年代朝不保夕,从未享受过圆满家庭的温馨。长大后,进入剧团,融入集体,随着剧团四处演出,仿佛水上浮萍,身难自主。也许一个人孤零零过惯了,此时要组建家庭反而有诸多的顾虑。从柬埔寨回来,六年后"文化大革命"爆发,姚璇秋深受其害,更加没有心思组建家庭,因此终身大事一拖再拖。一直到了1972年,此时已经到了"文革"的中后期,姚璇秋开始被"限制性使用",不用再经常参加劳动改造,被召回剧团,在后台帮忙打杂,偶尔有一些革命现代戏也开始安排她上台。这一年姚璇秋已经37岁了,在当时的环境中,同龄的姐妹有的孩子已经十几岁了,姚璇秋不知不觉成了一个老姑娘。姚璇秋有时对着同事的孩子也感觉有点惭愧，偶尔也想起自己的婚姻大事，想起远在羊城的曾青心中无限感慨。后来经过有心人的撮合，姚璇秋与曾青终于走到一起，建立了家庭。

2. 离多聚少的家庭生活

姚璇秋与曾青成亲后，相亲、相敬、相爱，小日子过得甜蜜。遗憾的是两人分居两地，常常是离多聚少。其时从汕头到广州仅有一条省道，曲折坎坷，通常从汕头出发，到了海陆丰要大半天，必须停下留宿一晚，第二天继续前往省城，基本上来一趟广州需要一天半的时间，半个多世纪以来，姚璇秋为了事业与家庭，常常奔波在广州与汕头之间。随着社会的发展，高速公路开通，缩短了两地之间来往的时间。2013年12月28日，从广州到潮汕的高铁开通，将两地来往的时间缩短到三个多小时，可惜此时曾青已经去世多年了。

曾青非常理解姚璇秋的工作，对这种聚少离多的生活也逐渐适应。有时，他也从广州来汕头与姚璇秋一起生活。当时广东潮剧院曾经想将曾青调到汕头，但是曾青习惯了广州的生活，最终还是没有来汕头。

婚后第二年，姚璇秋与曾青的孩子出生。曾青高兴得手舞足蹈，在孩子还没有出生的时候，他就已经为孩子起好了名字。他取了姚璇秋的"姚"字一半"兆"，又取了自己名字曾青的"青"字一半"月"组成了"兆月"作为孩子的名字。夫妻聚少离多，曾青希望通过孩子的名字，寓意两人永远在一起，不管是男孩还是女孩，都是使用这个名字。后来孩子出世，是个男孩，名字不改。

姚璇秋远嫁到广州，但是潮剧事业在潮汕，她经常要两地奔波，非常辛苦。家中事务都是曾青负责，孩子出生后，直接交给曾青带。晚年的姚璇秋回忆起这事，十分愧疚："孩子出生后，我只带了八个月，后来因为工作，一直都是老伴在带。但是，一边是潮剧，一边是家庭，没办法，戏比天大啊！"每次提及家庭，姚璇秋都十分感慨，认为自己全心全意都扑在潮剧事业，对家庭疏于照顾。她对曾青充满了感激与感恩："是他帮我稳住了家庭大后方，我才能够得以全力为潮剧付出。世人看到我姚璇秋光辉灿烂，殊不知这些光辉灿烂来自我身后一大班同事、亲人的支撑。人们感谢我为潮剧做出贡献，我感谢我的同事与亲人为我做出的各种奉献！"

每年节假日，曾青都会带着孩子回潮汕团聚，而最开心的是潮剧团来广州，姚璇秋也可以顺理成章地回家。但是这样的机会终究稀少，夫妻两人大部分时间处于两地分居之中。因为分开，反而促进了思念，珍惜每一次相聚。每

一家三口，右起曾青、姚璇秋、曾兆月

年的七月初七，是中国农历的七夕，传说天上的牛郎与织女每年在这一天要相聚，姚璇秋心想，相比起与牛郎织女的相会，自己跟老曾更应该珍惜在一起的时光。

孩子出世后，姚璇秋无暇照顾，一开始是请了保姆帮忙照顾，后来孩子慢慢地长大了，曾青便将他带到话剧团，让他跟在自己身后。孩子思念妈妈，学会了给妈妈写信。姚璇秋接到孩子寄来的信件，又是高兴又是伤心。这些信件她都一直保留着。每逢剧团有休息的时间，她都归心似箭，身如一块铁，广州的家就如一块巨大的磁场。偶尔出国，看到玩具，便给孩子买回来。晚年的姚璇秋定居广州，膝下的孙女绕膝，她帮孙女遥控一个电子玩具，儿子曾兆月突然对她说："妈妈，你还记得有一次出国的时候，回来帮我带了一只玩具狗吗？那只狗只是个造型，但是感觉真的好漂亮，我玩得好开心。现在的科技发展得真厉害，小孩子的玩具狗充电后可以用遥控来操纵。"姚璇秋想了很久，一直想不起来。此生献身潮剧舞台，戏里的许多唱词到了老年，她都能够随口哼出来，但是对于给孩子买玩具的事，她却记忆模糊。应该是买过很多次东西，但是每次买过就忘记了，但是想不到她每次给孩子所买的玩具，孩子却一直记得、珍惜。她的心里不由得感到欣慰，同时也掠过一丝愧疚。

姚璇秋离家到剧团，都要很长一段时间才能回家，作为技术男，曾青较早能够使用电脑，他将姚璇秋演过的录像片段剪辑出来，在电脑里巡回播放。孩子想妈妈的时候，就将视频播给孩子看。这样，尽管姚璇秋人在汕头，但是广州的家里，每天都有她的声音在回荡。

有时候，孩子跟丈夫也会来看她的演出。每逢此时，也是姚璇秋最开心的时候。有一次，曾青带孩子来看姚璇秋演出的《沙家浜》。姚璇秋饰演女主角阿庆嫂，剧中阿庆嫂美丽机智，与敌人巧计周旋，敌人突然响起了枪声，坐在台下的小兆月大哭起来："妈妈！妈妈……"曾青连忙哄着孩子："妈妈没事，妈妈没事，孩子，这是做戏呢！"但是孩子哪里知道戏里的虚拟，他明明看见舞台上敌人开了枪，因此很担心妈妈。戏一谢幕，曾青连忙带着孩子来到后台，姚璇秋正准备卸妆，曾青笑着对孩子说："你看，妈妈不是好好的！"孩子破涕为笑，转忧为喜，扑进妈妈怀里，紧紧抱着妈妈。姚璇秋听说孩子为了自己的角色的安危担心，感到欣慰，母子连心，果然如此！

孩子从小对妈妈充满了敬仰，妈妈美丽、妈妈多才、妈妈厉害……长大后，每次谈及母亲，曾兆月对妈妈依然充满了仰望，也因为对妈妈的仰望，所以他支持妈妈的事业。每次妈妈要外出，他都坚强地忍着泪水，安静地道别。只有妈妈坐上了回汕头的汽车，他的泪水才又流了下来。

1999年，姚璇秋从事潮剧表演已经50年了，大半个世纪在舞台上无私奉献，广东潮剧院为姚璇秋举行了一场专场演出，专门从广州邀请曾青作为专场的灯光师。曾青深知此次演出的重要性，用最美丽的华彩照亮老伴的从艺专场演出。此生为夫妻，曾青一直如舞台上的灯光，默默地为姚璇秋照亮。

2000年，姚璇秋退休了。曾青对姚璇秋说："第一件事，将你的户口迁来广州。"姚璇秋听从老伴的吩咐，将户口从汕头迁出，曾青将其户口落在广州的家。拿着户口本，曾青突然掉下泪来："我们一家三口的户口终于团圆了！"在此之前，姚璇秋的户口一直在汕头，她这才明白曾青要她将户口迁来广州的原因。想起此生，随着剧团颠沛流离，到了退休，才最终将根扎在广州，她不胜唏嘘，两行清泪不由得流了出来。她紧紧地牵着老伴的手，用力握住，此后将永远相随，不再分开！

3. 退休后定居广州

尽管退休后定居广州，但是潮剧很多事情还是需要她。比如在每次的出国演出中，海外乡亲一定要姚璇秋也跟着出来，剧院再三解释姚璇秋已经退休，但是观众依然不同意。每次出去，姚璇秋基本不再参与大戏的演出，偶尔演唱一些小选段，比如《辞郎洲·送郎》是演得最多的，每次演出，她站在台内一声"将军行起……"，台下的观众一听到她的声音，掌声如雷，响彻全场。姚璇秋是属于潮剧的，她怎么能退休呢！在观众眼里，潮剧就是姚璇秋，没有姚璇秋，潮剧还有什么味道？！

作为潮剧的代表性人物，尽管姚璇秋晚年定居广州，广州很多潮人的活动也希望她能出场。退休后，姚璇秋安居广州，陪曾青一起去公园活动，或是逛街、购物、做饭等，尽情享受与老伴的相处时光。嫁来广州这么多年，只有等到退休后，才慢慢地对这座城市熟悉起来。孩子一口流利的粤语与普通话，曾青主要讲粤语，姚璇秋讲潮州话与普通话，也在努力地学粤语。有时候一开口就是普通话与粤语夹杂在一起，这种粤普结合的语言还带着浓重的潮汕口音，很多人都难以听懂，但是曾兆月能听懂。因为姚璇秋的陪伴比较少，曾兆月没有太多的机会学潮州话，但是妈妈一开口他就知道妈妈说什么，也许这也是母子连心的另外一种体现吧。

舞台上的姚璇秋声色艺俱佳，舞台下，她洗净脂粉，尽可能让自己回归为一个家庭主妇，上街买菜，入厨做饭，尽可能亲力亲为，弥补曾经对家人照顾的不足。

姚璇秋退休后，广州还有许多相关的活动需要她出席。曾青很不放心，总是担心她找不到地方。每次接到会议通知，曾青必定要提前一天带姚璇秋到开会的地方，告诉她坐车的路线。他经常将乘车的线路写在邀请函上，在哪里上车、到哪里下车、中间需要怎么转线，写得清清楚楚。有时候客人到家里来访，曾青也尽可能回避，不参与姚璇秋的访问活动，默默地做她背后的依靠。

晚年的曾青得了糖尿病，姚璇秋陪在身边尽心照顾。其间，姚璇秋推掉一切的社会应酬，全心全意照顾丈夫。不过，碰到潮剧方面的活动，曾青却不许她推卸："你是属于潮剧的，潮剧需要你，你必须出席。"

曾青得病后，行动不便，只能稳坐椅上。他去不了其他地方，每天最喜欢做的事就是看花。姚璇秋见他喜欢花草，每天去市场的时候，经常给他买回

姚璇秋近照

一盆花，这些花各种各样，时间一久，摆满房间。其时，姚璇秋住在东山口的广东省话剧院家属大院，70多岁的她却还经常要爬五楼的楼梯，每天端着一盆花从市场回到家里。曾青希望每盆花都要有花蕾，他让姚璇秋将花摆放在客厅里，然后就静静坐在花的旁边看花蕾，每当看到花蕾在悄然绽放的一瞬间，他就舒开满脸的皱纹笑了。他告诉姚璇秋，花开是有声音的，只要你认真去观察。

2010年，广东省委省政府为表彰在文艺创作上具有杰出贡献的艺术家，举行首届广东文艺终身成就奖的评选。这个奖项规定非常严格，对象是具有广东省户籍或在广东省文艺单位工作满10年以上、参加文艺工作年限60年（作家50年，以首部公开发表的文学作品为准）以上的艺术家，姚璇秋以及王为一、红

姚璇秋荣获首届广东文艺奖

线女、杨之光、陈翘、陈国凯、张永枚、张良、郑秋枫、金敬迈、罗家宝、梁伦、梁信、梁素珍、潘鹤等15位德高望重的老艺术家获首届广东文艺终身成就奖殊荣。2010年12月22日下午,由广东省委宣传部、省文化厅、省文联、省作协联合主办的广东省首届文艺终身成就奖颁奖典礼在省委礼堂举行,姚璇秋应邀出席。她安顿好曾青,在桌子上放了饮料食品,让曾青肚子饿了的时候可以拿着吃。

领奖当天,姚璇秋在广州的学生郑凤娜开车过来接她出席了广东文艺终身成就奖,颁奖会上,姚璇秋健步如飞,精神抖擞地从主持人手中接过了奖杯并发表了感言。主持人称赞姚璇秋漂亮,姚璇秋认真地说:"我现在还不算漂亮,我要是穿上戏服,上了装,那才是真正的漂亮。"她在感言中说:"我今天能够站在这里,拿到这个大奖,感到高兴而又光荣,感谢在党的领导下,在各级政府有关部门的关心与爱护下,没有潮剧就没有我姚璇秋!"

当天,颁奖典礼结束之后,郑凤娜将姚璇秋送到楼下:"老师,奖杯很重,我帮你拿上去!"

"不用了,你今天跟着我辛苦了一天,赶紧回去吧。"姚璇秋说着自己拎着奖杯上了楼。门一打开,一阵恶臭迎面扑来,她大吃一惊,只见家里一片混乱,曾青倒在地上,屎尿拉了一地。原来在出去的这一阵时间,曾青屎尿急,挣扎着想要去上厕所,不料却力不从心,倒在地上,因为中过风的原因,没能起来,导致两便失禁,拉了一地。

姚璇秋赶紧扶起曾青:"我打电话叫凤娜上来帮忙!"曾青拉住她,在她耳边轻声说:"不要!不要麻烦别人!"姚璇秋点了点头,连扶带拖将曾青扶进浴室清洗干净,回头又清理了地面脏物,一番收拾,累得直喘气。但是看到

张怡凰（右）是姚璇秋的弟子之中影响力最大的一位

曾青安静地在床上睡觉，她这才安了心。

2011年11月22日，潮剧《雅娘》到广州演出，这个戏是姚璇秋的弟子张怡凰主演，该剧代表潮剧参加第十一届广东省艺术节，张怡凰专程送了邀请函过来给姚璇秋。其时曾青病危入院，姚璇秋在医院帮忙护理，原本没有打算去看戏。当天下午五点多，曾青突然对姚璇秋说："今天潮剧来广州演出，你早点回家，然后去看吧。"

"你这个样子，我怎么还有心情去看戏。"姚璇秋心事重重地说。

"我没事，你安心去看吧！你不去看的话，我心里会难受。"曾青躺在病床静静地说。

姚璇秋听罢,含泪回家收拾,当晚平静地观看了《雅娘》,观看演出之后又接受了媒体的采访,对着镜头,充分肯定了剧本的创作以及演员的演绎。然而,没有人知道,姚璇秋平静的表面,压制着内心的万丈狂澜。

2011年10月,曾青病危住进了中山大学附属第一医院ICU,医生下达了病危通知书,要家人做好心理准备。当天下午,姚璇秋的心激烈地跳,再也控制不住自己,泪水唰唰地流,仿佛预感到什么。当天中午,儿子曾兆月扶着她到医院楼下饭店吃饭,不知如何安慰她,有点手足无措一连点了几个菜,姚璇秋没有任何胃口,坐在那里一动不动的,内心非常难受。直到最后,服务员端了一条清蒸桂花鱼上来,姚璇秋突然拿起筷子,颤抖着去夹鱼眼睛。曾兆月欣喜地说:"妈妈,我帮你夹!你喜欢吃鱼眼珠啊!"

姚璇秋点了点头,有点落寞地说:"每次跟你父亲吃饭,他都会叫一条鱼,然后给我夹鱼眼珠,说吃了鱼眼珠对眼睛有益。你点了这么多菜,我一点都吃不下,倒是这条鱼勾起我许多往事……"

2011年11月,曾青去世,享年82岁。

| 第九章 |

南国艺坛常青树

1. 一辈子为人民唱戏

潮剧作为一个古老的剧种，广泛流行于潮汕乡村，深受基层群众的欢迎。走进潮汕大地，一年12个月，几乎每个月都有潮剧演出。"凤城二月好春光，社鼓逢逢报赛忙""打起锣鼓一百三，戏班送戏到门脚""望到颈长长，落雨竹笠当，棚脚炒乌豆，脚腿企到酸"……这些广泛流传的俗语反映的是旧时潮剧扎根民间，深受人民大众欢迎的生动一幕。

姚璇秋进入剧团之后，剧团领导告诉她：新时代演戏也是为人民服务。姚璇秋紧紧记住这一点，扎根人民群众，一辈子只做一件事：演好戏。广东潮剧院成立之前，剧团是没有固定团址的，姚璇秋第一次进剧团是被通知到汕头的演出地点会面。一进剧团，犹如浮萍漂荡，随着剧团到基层四处演出。

新中国成立到改革开放前，潮剧是潮汕大地重要的文艺形式。潮汕大地，几乎每个小镇都有一家剧院，没有剧院的圩场会搭建戏棚，每到一个演出点会连续演一个星期，每到演出的时候，人山人海，人们争看潮剧。一年三百六十五日，但是剧团要演出400多场戏，基本上到了年中，剧团就会将来年的演出流程列出来，什么日期到什么地方演什么剧目，基本上风雨无阻。流程表也是剧团的地图线路，整个剧团每年的行程就围绕这张流程表，姚璇秋几乎都身处这种环境之中。晚年的她赋闲在家，但是偶尔也会有传承工作以及相关的会议活动要出席，她就养成一个做日程表的习惯，而且对日期的事件非常敏感，什么时间要做什么事情，需要做什么准备，她脑海里记得清清楚楚，这些都是得益于剧团生活形成的规范。

1956年广东省设立汕头专区，行署驻汕头市，管辖范围计有潮安、饶平、潮阳、普宁、澄海、南澳、揭阳、惠来、梅县、丰顺、大埔、五华、兴宁、平远、蕉岭等15县，姚璇秋随着剧团，足迹行遍整个汕头专区，因为福建南部也流行潮剧，因此有时候她还要出省到福建去演出。姚璇秋进入剧团的第一个戏就是在丰顺县的汤坑进行彩排并与农村的群众见面。

乡下的演出条件非常艰辛，住宿的地方大多是当地的祠堂、宫庙乃至学校教室，有时候也会搭建简易的临时宿舍。姚璇秋对这些并不在意，每天除了排练就是上台，宿舍只是她休息的地方，基本上回到宿舍身体沾到床板就睡着了。

只要锣鼓响起，她便粉墨登场，为人民大众演绎舞台故事，用戏曲告诉人们生活真理，鼓舞人民向往生活的真善美。台上，通过《苏六娘》与《陈三五娘》两个戏，姚璇秋成功地塑造了苏六娘和黄五娘两个古代少女的形象，告诉新时代的青年男女，要追求婚姻自由，不能任由家长盲目主婚；《江姐》演绎女革命者坚贞的革命事迹，告诉人们，革命的胜利是无数革命先烈用热血与生命换来的；《辞郎洲》向人们展示陈璧娘的家国情怀，鼓舞爱国心；《梅亭雪》诉说着苏三与王金龙对爱情的坚贞……台下人山人海，有人为之鼓掌，有人为之落泪。姚璇秋不是一位老师，但是她用舞台演绎人世间的至情至爱，为人民指明了生活的追求目标，用潮剧这种艺术滋润人民的文化生活。

演出之余，姚璇秋也会跟当地群众交流，听他们讲述乡间的逸闻趣事。潮剧的很多题材都是取材于本地，民间是一个艺术宝库。姚璇秋在艺术化演绎本地故事的同时，也不断地向人民群众学习：听他们讲故事、跟群众交流、观察群众的日常行动，姚璇秋认为这些对于演员生动塑造角色是非常有帮助的。

1964年7月，姚璇秋按照组织的委派，来到了揭阳县一个叫港后的村子，住进当地一家林姓的群众家，与当地群众"同吃、同住、同劳动"。

姚璇秋被要求使用化名，她用了母亲的姓——蔡，同时感慨人生如浮萍，因此以蔡萍之名来到港后村，住到一户林姓之家。林家的家庭成员有奶奶、儿子、儿媳、女儿，姚璇秋与剧团的同事陈丽华被安排在这一户人家，每天跟着林家一起吃饭、一起生活、一起劳动。

林家的房子不大，位于港后村林氏大宗祠旁边的一条小巷，林家老奶奶住在一间小房子，姚璇秋与陈丽华在房间里再搭建一个小床铺，在此开始了长达10个月的农村生活。

离开了剧团，不用整天演戏，姚璇秋全身心投入到农村的生活中，认真地做一个农家女子，这一年她29岁，跟着林家下田、除草、收割，清秀的姑娘，挽起裤脚，光着脚丫，挑着农家肥去为作物施肥，全然没有半点舞台小姐的柔弱模样。有时，她也要当一个记录员，帮忙做"清账目、清仓库、清财物、清工分"的记录工作。

"四清"工作期间，姚璇秋与当地群众亲密交流，人们隐隐感觉这个俊俏姑娘的言行举止与众不同，都知道她是来自潮剧团，大概是一个演员，至于其他的身份都在猜测。临回剧团前夕，根据上级的安排，专门为港后村的父老乡亲演《江姐》，演出前剧团向港后村父老公开了姚璇秋的真实姓名，顿时整个村都轰动了，谁也没有想到平日勤劳工作、和睦待人的姑娘竟然是上过北京、去过柬埔寨演出的著名潮剧演员姚璇秋。

"这里也是你的家，有空你就多来看看！"林家老奶奶亲切地对姚璇秋说。晚年的姚璇秋在回忆起这段难忘经历的时候，印象尤为深刻。但是此后因为工作原因，姚璇秋再没有机会回到港后村，这段下乡的经历让姚璇秋近距离地接触人民大众，深入了解农村生活，对她后来塑造农村妇女形象起到非常重要的作用。

1965年，姚璇秋在现代戏《万山红》中饰演王凤来。《万山红》讲的是1955年全国农业合作化高潮前夕，在万峰山区的万山村里，正进行着一场尖锐的两条道路斗争的故事。剧中，富裕中农王阿犀，仗着自己的经济力量，组织假互助组，投机倒把，放债买地，气焰十分嚣张；而贫农春嫂一家，由于土地改革后丧失了主要劳动力，生活困难。在这出戏中，姚璇秋饰演万山村村长、共产党员王凤来。她在县里参加办社学习班后，把党和毛主席关于农业合作化的指示带回村，发动群众积极办社。当他们的农业社要成立的时候，阿犀在圩场上投机倒把的行为，严重地影响了建社工作；同时，他放债买地的问题也暴露了。万山村的贫农、下中农在王凤来的带领下，与阿犀进行了针锋相对的斗争。在斗争中，人们深刻地认识到要免于两极分化，要使农村人民共同富裕起来，一定要走合作化的道路。最终，万山村的农业生产合作社成立了。在党和毛主席的领导下，农民们阔步走上社会主义的光明大道。由于有了深入的农村生活经历，姚璇秋在饰演这位女村长的时候，能够准确地把握农村女干部的形象以及作为干部如何与群众进行有效的交流。1965年，《万山红》参加在广州举行的中南区戏剧观摩演出。

足迹踏遍潮汕大地，扎根群众，用潮剧为人民服务，是姚璇秋的简单信念，而正是这个简单的信念，让姚璇秋坚持了一辈子。随着潮剧的对外交流，潮剧成了海内、海外潮汕人的文化纽带，而姚璇秋也成了潮剧对外交流的文化大使。

2. 甘当人梯传薪火

　　1999年，姚璇秋从艺刚好50周年。50年来，姚璇秋把毕生的精力义无反顾地投入潮剧事业中，与这个古老的剧种共同进步，她与同辈艺人在继承前辈艺术家传统精粹的基础上，呕心沥血，广泛吸收其他戏种的艺术营养，刻苦钻研，逐渐形成了自己独特的艺术魅力。由她主演的《扫窗会》《苏六娘》《荔镜记》《辞郎洲》《梅亭雪》《井边会》以及现代戏《江姐》《革命母亲李梨英》《万山红》《龙江颂》等剧，轰动京华，蜚声海外，风靡了南粤大地，影响了整整几代人。这一年，广东省文化厅、广东省戏剧家协会、中共汕头市委

姚璇秋与萧南英示范《陈三五娘》中片段

宣传部、广东潮剧院联合主办，深圳市农产品股份有限公司协办的"姚璇秋从艺50年纪念活动"在汕头市潮剧艺术中心慧如剧场隆重举行。

晚会剧目以《童伶学戏》作为序引，然后依次是姚璇秋主演过的《扫窗会》《苏六娘》《荔镜记》《江姐》《梅亭雪》《辞郎洲》等剧目精彩片段串联而成，这六个剧目是从姚璇秋从艺50年来不同历史阶段中具有一定代表性、在观众中广为流传而脍炙人口的剧目中精选出来的。姚璇秋的同辈艺友、潮剧名家张长城、朱楚珍、谢素贞以及陈瑜联袂登台助阵。姚璇秋的两个弟子、潮剧新秀吴玲儿、张怡凰也在姚璇秋的悉心指导下，搬演了其中的几折，充分展示姚璇秋艺术生命的延续和潮剧事业的薪传。

其中，《江姐》是姚璇秋演现代戏最为成功的剧目之一。晚会选取"江姐

广东潮剧院两位梅花奖获得者张怡凰（左）、林燕云（右）向姚璇秋老师献花

上山"以及"初会双枪老太婆"的一段戏。这一年，姚璇秋已经64岁，但是演出依然声情并茂，演到情感动人处，台下观众无不潸然落泪。《扫窗会》作为姚璇秋进入潮剧大门的启蒙戏，也在这个晚会得以体现，尤其剧中王金真下蹲矮步前进，一边扫一边唱，这个高难度的片段，姚璇秋再次演绎，风采不减当年。在《辞郎洲》一剧中，姚璇秋糅合青衣、刀马旦表演行当来扮演陈璧娘，再次展现一个"柔情似水，烈骨如霜"的巾帼英雄形象。几个剧目的片段，不同年代、身份、性格的人物，显示了姚璇秋作为潮剧名家高超的演技和塑造人物的才华。

2000年，姚璇秋正式办理了退休手续。为了潮剧艺术能够薪火相传，2001年9月28日，姚璇秋在梨香楼举行收徒仪式，张怡凰、林碧芳、李莉三位潮剧新秀拜入姚璇秋门下。

张怡凰与姚璇秋的师生缘早就结下，早在1999年，张怡凰要出版第一个个人专辑的时候，其中要翻唱姚璇秋演唱过的几个唱段，尤其是《江姐》中《松涛松涛我的亲人》这个选段，姚璇秋亲自为张怡凰讲解，把江姐上山经过古城头并见到双枪老太婆的这个片段传授给张怡凰。林碧芳是福建人，1994年她考入福建省云霄县青年潮剧团之后，先后在福建省云霄县潮剧团、福建省云霄县明新潮剧团待过。1999年，南京市京剧院刘韵亭老师连续给时任广东潮剧院二团团长方展荣先生写了两封信，特别介绍推荐林碧芳的艺术情况，使林碧芳顺利进入广东潮剧院二团。通过一段时间的学习和观察，方展荣发现林碧芳极其聪明、有灵性，声色艺各方面都很有潜力，值得重视和培养。根据林碧芳的表演特点，分别安排了她主演《铁弓缘》《穆桂英探谷》《四告状》《陈三五娘》《春香传》《江姐》《魏宫大面》等戏。恰逢《江姐》的复排，邀请了姚璇秋作为艺术指导，因缘际会，最后剧团推荐林碧芳拜入姚璇秋门下。

李莉是1996年考入汕头戏曲学校表演专业，五年的戏校时光，她受到严格规范的学习训练，主攻青衣，有着扎实的基本功。2001年，李莉毕业后来到广东潮剧院二团，很快她便被选送到上海师范大学表演艺术学院进修。进修回来，在剧团的推荐下，也拜入姚璇秋门下。2002年，22岁的李莉为了学习更多潮剧基本功，一个人来到广州，向已经退休、在广州居住的姚璇秋老师学习。李莉在老师家里连续住了十几天，跟随老师起早摸黑学习潮剧折子戏《扫窗会》。《扫窗会》是姚璇秋进入潮剧大门的基础戏，姚璇秋通过这个戏，连续十几天的高强度训练让李莉在短时间内将"王金真"这一角色学了起来。

这是姚璇秋第一次对外隆重公开授徒，而早在"文革"后，针对当时潮剧人才青黄不接的情况，姚璇秋就已经开始自觉授徒，当时第一位徒弟就是吴玲儿。

1978年，吴玲儿从广东汕头戏曲学校毕业后来到潮剧院一团，适逢"文革"结束，潮剧开始恢复古装戏的演出。当时潮剧团经常接受出访的任务，上演剧目中就有《陈三五娘》，姚璇秋将五娘这个角色传授给了吴玲儿，使吴玲儿成为新中国之后第二代"黄五娘"。

吴玲儿后来在一篇名为《璇秋姨教演五娘》文章中回忆道："姚璇秋老师从我的具体条件出发，首先开教的是闺门旦的台步'走圆场'，从慢到快，从快到慢，又变为碎步、磨步、蝶步、云步、踏步等，整整跑了好几天，我周身肌肉酸痛难忍，上下楼梯都成问题。姚老师发现了，便对我说：'我小时候就是这样练起来的，演员基本功中最主要的是跑圆场，特别是闺门旦一行更是如此，不能不看。黄五娘出身富户，受过良好教养，知书达理，有一颗善良的

> 姚璇秋同志是一位著名的表演艺术家，是建国后在党的培养下成长的新一代潮剧演员的杰出代表。她的艺术成就代表着剧种前进的步伐。
> ——郭瑜

人民的艺术家——姚璇秋

心，她的一举一动都要稳重端庄、深藏不露，因此练习这一行，必须严格按规定苦练，否则就难以在舞台上表现一个行不动裙、食不出声、笑不露齿的千金小姐。'秋姨对后一代的培养，既严格认真，又耐心热情，从不发脾气，日常也平易近人，所以剧团的人都尊重她，总爱称她为秋姨。我跟在秋姨身边一招一式地模仿，自己总觉得配合不默契，看到秋姨示范的舞姿是那样优美、那样得心应手。我却起了手来忘了脚，顾及脚来忘了身，身子正了又丢了眼神，身不由己，上下不听使唤。秋姨说：'万事开头难，慢慢就习惯熟悉了。'秋姨教授严格，不论是一字一句、一腔一调，还是一组扇功、一个眼神，都要一来再来，连续几十次，甚至几百遍，直到秋姨满意为止。戏中有个叫句'苦啊——'，一连喊了几个月，练得我食不知味，疲劳不堪，每次练功不管北风飒飒、细雨霏霏，还是烈日酷暑。秋姨照样带我练功，有时我起不了床，秋姨就像慈娘似的唤醒我，轻声细语对我说：演员要冬练三九夏学三伏，潮剧的希望靠你们了，为了这份事业一定要苦练，不吃苦的演员是要后悔的。"

姚璇秋不但将黄五娘这个角色传授给吴玲儿，在新加坡、泰国等地演出的时候，她还主动将演出舞台让了出来，使年轻人有了表演的机会。当时，泰国的观众有的不买账，一齐抗议："我们要看的是姚璇秋！"面对观众如此的支持，姚璇秋也站了出来："吴玲儿是我教的，我会的她也会，看她也是看我。姚璇秋是会老的，潮剧需要新一代的接班人，希望大家多多支持，我们的潮剧才能更好地传承下去。"

40多年来，姚璇秋的弟子满梨园，其中有正式举行拜师仪式或跟姚璇秋系统学过的，计有：吴玲儿、张怡凰、林碧芳、李莉、詹春湘、蔡绚娜、余琼莹、王怡生、黄芝香、李丹丽以及新加坡的李诗瑶、马来西亚金玉楼春潮剧团的吴慧玲、美籍华人郑凤娜等，均为其门下弟子。姚璇秋众多的弟子中，张怡凰已经成长为目前潮剧界影响力最大的一位，现为广东潮剧院副院长、国家一级演员，第23届中国戏剧梅花奖得主。

2001年9月28日，张怡凰开始正式拜姚璇秋老师为师，在此之前，姚璇秋也曾多次给予她指导。早在1999年"姚璇秋从艺50周年文艺专场"演出的时候，姚璇秋就向张怡凰传授了《陈三五娘》之"花园"一场，创造机会让她在专场晚会上展示。2006年，经中华人民共和国国务院批准，由文化部确定并公布，潮剧与昆曲、梨园戏、莆仙戏等古老剧种同时被列入第一批国家级非物质文化遗产名录，为使中国的非物质文化遗产保护工作规范化，国务院发布《关于加强文化遗产保护的通知》，并制定"国家＋省＋市＋县"共四级保护体系,要求各地方和各有关部门贯彻"保护为主、抢救第一、合理利用、传承发展"的工作方针,切实做好非物质文化遗产的保护、管理和合理利用工作。古老的潮剧,在新时代进入了一个新的发展历程。2008年,为了推动潮剧的传承与保护,姚璇秋被国家文化部确定为潮剧的代表性传承人。这一年,广东省潮剧发展与改革基金会成立,姚璇秋获艺术终身成就奖。在广东省潮剧发展与改革基金会的支持下,潮剧传统艺术保护和传承工作目前正有序进行,《扫窗会》等六个剧目被确定为首批保护和传承剧目。姚璇秋把《扫窗会》这个折子戏也传承给张怡凰、李莉等人。2005年,张怡凰参选梅花奖时,姚璇秋又向她传授了《江姐》中的《上山》这一折。这一折现代戏,让张怡凰大开眼界,深刻体会到老师宽广的戏路。

张怡凰回忆说:"老师之前演出的苏六娘、黄五娘、陈璧娘等古装女子,她们或是矜持温婉,或是柔情似水,或是烈骨如霜,这些形象都已经深入人心,但是在《江姐》一剧中,她所扮演的女革命者气质,可以说将她之前的'阿娘'气息丢得一干二净。演谁像谁,这让我体会到一个演员的戏路要广、可塑性要强。在传授《江姐上山》的时候,老师还给我讲《红岩》的故事,同时将歌剧《江姐》以及其他兄弟剧种对江姐的演绎技巧说给我听。这次老师的传授涉及导演的范围,她此举是要我博闻广见,了解特定环境下人物的特定感情。江姐是个什么人?江姐要去干什么?江姐碰到什么事情?江姐的情感应该怎样抒发?《江姐上山》虽然只是一场,但是剧中江姐的情感变化非常明显,应该说这是一场细腻的情感戏。一上场,江姐的盼亲人,无限期盼,充满柔情,后来在古城下发现自己期盼的丈夫已经被杀害,她心中悲痛难抑,但是当时所处的环境,不容许她痛哭。作为一名革命者,她很快将对丈夫的悲痛转化为对敌人的仇恨。这样的处理，人物不但有血有肉，而且压抑的情感更加容易引起观众的共鸣。后来我在排演《东吴郡主》的时候，也注意到这一点，东吴郡主是个贵妇，她的丈夫死了，作为妻子，她去祭奠，既是祭奠自己的丈夫，又在祭奠自己破灭的理想，因此我在剧中安排了一场淋漓尽致的痛哭。"张怡凰感恩地说："能够跟老师学艺，是我的一种幸运，通过几个古装戏的传授，让我打好了严谨、规范的古装表演程式基础。跟老师二十几年来的师生关系可以用'亦师亦母'来形容，她既有师父般严格的要求，又有慈母般亲切的关怀，让我一生受益匪浅。老师经常教导我，做戏如做人，但是做好戏，必须先学做好人，做人的道理懂了，戏理也就通了。老师是潮剧艺术的一面旗帜，她60多年来的演艺生涯，为潮剧艺术的发展与传承做出了杰出的贡献，作为年轻一辈的接班人，我们要向老师学习，加强自身的艺术与道德修养，为繁荣潮剧艺术做出自己应有的努力！"

3. 桃李芬芳硕果累

姚璇秋入门学的是青衣，她的首本好戏《扫窗会》饰演的角色王金真就属于青衣行当。姚璇秋进入剧团已经18岁了。中国戏曲的演员，大多必须从小就开始打基础、练功，姚璇秋在此之前并没有真正学过戏，对于戏曲表演的基础几乎是空白的。剧团的先生们经过研究，沿用潮剧以戏带功的传统培养方式，选用《扫窗会》这个戏来培养姚璇秋。《扫窗会》是个折子戏，不到一个钟头，但是集中了潮剧的唱、念、做、表，戏份儿很重。姚璇秋正是通过这个戏，综合性地打下了表演与唱腔的基础。

在这个戏里，姚璇秋塑造了一个秋夜寻夫的古代妇人王金真。剧中，王金真沦落相府为佣，其夫高文举却被强招为相府乘龙佳婿，为了寻找丈夫，在一个秋夜，王金真借扫窗名义靠近丈夫的书房。黑夜里，一路上有秋虫鸣叫，秋风拂树萧飒，一声一响、一举一动都对王金真产生影响。在老师的指导下，姚璇秋用细腻的做工来诠释王金真的各种心情。在这个戏里，王金真身着潮剧传统乌衫，手执扫把，边扫边寻，一路愁绪万端，凄楚而来。1953年，《扫窗会》一剧，上省城参赛获得高度肯定；1957年到北京中南海怀仁堂为毛泽东等中央领袖演出，又再到跨省巡演，中国戏曲界的名家观摩，备受称赞。昆曲名家张传芳对姚璇秋的台步和青衣矮步大加称赞，而京剧表演艺术家梅兰芳则对姚璇秋的唱腔比较欣赏，认为姚璇秋行腔声情并茂。在《扫窗会》中有一段"曾把菱花来照"的唱段,这是潮剧传统曲牌体的唱腔,姚璇秋以情入曲,以曲传情,唱来委婉、深情、细腻,历来备受称道,现在已经成为潮剧经典唱段。在姚璇秋演出的诸多剧目之中,单凭《扫窗会》的王金真一角,无论做工或者唱功,都奠定了姚璇秋作为潮剧青衣名旦的地位。

除了青衣,姚璇秋的闺门旦也非常出彩,她扮演的苏六娘、黄五娘这两个扬名海内外的角色就是闺门旦。但姚璇秋不是一味地照搬舞台闺门旦的程式,而是结合不同人物的身份来诠释人物形象,比如同属闺门旦,苏六娘是普通潮汕百姓女子,无论着装、扮相、言行举止都是小家碧玉,而黄五娘则是家境富有、具有一定社会地位的潮州城西员外黄九郎的千金,平时大门不出,二门不迈,因此元宵夜难得的一次外出观灯,她在欣喜之余还略显矜持娇贵。明白角色身份的不同,姚璇秋演绎起来自然形象各异。

姚璇秋表演技术的卓越,还在于不拘泥程式,她在潮剧《辞郎洲》之中扮演的陈璧娘,则完全突破了行当的表演程式。在《辞郎洲》中,姚璇秋结合陈璧娘在剧情中的不同身份,一共糅合了青衣、刀马旦等几种表演行当。其中,《劝郎》《送郎》等折,陈璧娘的身份是潮州都统张达夫人,是一个送别丈夫出征的妻子,她深明大义,柔情款款,姚璇秋用的是青衣的程式来诠释,显得雍容大方。而在《哭郎》《骂贼》《殉国》等折之中,因为家仇,因为国恨,处在这样的复杂情感世界里,姚璇秋融合了青衣与刀马旦,演绎了陈璧娘面对丈夫去世的悲哀、面对国贼的仇恨、面对潮州父老的挚爱,彰显了其"柔情似水,烈骨如霜"的个性,更加丰满地表现了陈璧娘的人物形象。值得一提的是,在"哭郎"一场之中,"崖山遗恨恨无涯,家国罹难万民哀。当初劝郎身许国,今旦呼郎待妾来。劝郎辞郎郎永诀,殉国殉郎妾应该",短短六句唱词，姚璇秋身着武旦行头，以无限哀伤的腔调演唱这个唱段，显示了民族女英雄内心细腻的情感世界。当年《辞郎洲》一剧在香港演出的时候，香港著名影星夏梦现场观看，看至此，尽管语言不通，但是夏梦也止不住泪水盈眶，可见姚璇秋表演的魅力。

把握不同时代背景、不同人物身份、不同人物性格进行演绎，是姚璇秋几十年舞台表演的一贯原则。而对于戏里戏外的把握，姚璇秋也是有自己的原则。她曾经说过，演戏时候要七分投入、三分把握。她不建议演员全身心入戏。姚璇秋说："有一句话叫作'演人不演行'，因为你不完全是角色，你只是来演绎他。因此演员无论是情感或者做工，都必须有所控制。具体如何控制，我认为应该七三分，七分感情去投入演绎，三分感情来控制这个角色，舞台的表演应点到为止，否则就失控了。"

作为新中国成立后党和国家培养的第一代潮剧演员优秀代表，姚璇秋参与、见证了潮剧70多年来的发展与变化，从艺72年来，在舞台上塑造了很多不同年龄、不同身份的妇女形象，其中有潮汕民间女子黄五娘与苏六娘、民族女英雄陈璧娘、女革命者江姐、相府千金李半月等，这些角色身份不同、地位不同、历史年代不同、性格不同，姚璇秋紧紧抓住人物形象的特点，倾情演绎，在舞台上呈现的人物形象千人千面，各有所异，所演的剧目与角色都成了潮剧的经典。姚璇秋一直遵循自己的演艺原则，从艺72年来，她在潮剧舞台上塑造了一批经典的人物形象，通过两次跨省以及多次海外的巡演，为潮剧的传播发展做出了巨大的贡献。她的艺术成就，代表了潮剧的发展方向。

2006年潮剧入选国家第一批国家级非物质文化遗产名录，2008年姚璇秋被国家文化部确定为潮剧的代表性传承人。2014年3月全国两会期间，习近平总书记参加广东代表团讨论时提到，他喜欢听潮剧，并且知道姚璇秋。让姚璇秋的名字再次在海内外潮人之中响起。2014年9月28日晚，继1999年姚璇秋从艺50周年之后，由汕头市委宣传部、市文广新局主办，广东潮剧院承办的"苍劲梅花溢芳香——庆祝姚璇秋从艺65周年演出晚会"在这里隆重举行。由广东潮剧院青年演员蚁燕丹、詹春湘、林外贸、陈伟强等演唱的晚会主题歌《娇姿独秀傲严寒》拉开了晚会的序幕。姚璇秋的学生吴玲儿、张怡凰、余琼莹、吴慧玲、郑凤娜以及广东潮剧院演员刘小丽、吴奕敏、戴淑刁、王美芳等纷纷登台，表演了潮剧《扫窗会》《陈三五娘》《辞郎洲》《苏六娘》《梅亭雪》《江姐》《万山红》等剧目选段。这些节目均精选自姚璇秋从艺以来表演过的经典剧目，由新一代演员传承，在舞台上再现了姚璇秋表演艺术的风采。一曲曲耳熟能详的精彩唱段，令众多姚璇秋的戏迷如痴如醉，台下响起阵阵经久不息的掌声。

2016年，文化部官方网站公布中华优秀传统艺术传承发展计划戏曲专项扶持项目"名家传戏——当代戏曲名家收徒传艺"工程入选名单，广东省有四位名家上榜，其中就包括姚璇秋，她也是目前潮剧唯一上榜的代表。为原汁原味传承经典，广东潮剧院组织开展《扫窗会》传承培训学习，由姚璇秋亲自传授，国家一级演员林初发、姚璇秋学生李莉协助辅导，院属各团选派青年演职员参加传戏。

2016年，为加大潮剧潮乐艺术的保护传承力度，在院团体制改革中，广东潮剧院划转为汕头市潮剧研究传承中心并以姚璇秋的名字成立了姚璇秋艺术传习所。近年来，随着政府对潮剧的重视，潮剧的传承和发展后劲很足。

退休后20年来，姚璇秋老师无数次往返于广州与汕头之间，为潮剧的传承与发展不遗余力。《扫窗会》《陈三五娘》《梅亭雪》《续荔镜记》《辞郎洲·送郎》等潮剧经典剧目在她的辛苦教导下，后继有人。

除了艺术精湛，姚璇秋老师的德行也备受大家称赞。除了自觉传承，为新一代演员让位之外，她的日常也非常节俭，平时都是素颜出行，所着均为干净、整洁、朴素的普通衣服。她定居在广州，广州曾经有房地产开发商来找她做广告代言人，报酬是所代言小区的一套房。姚老师一口拒绝，她对房地产开发商说："你来找我做楼盘的代言人，无非是看中我的知名度与影响力，但是我的知名度与影响力是潮剧给我的，我不能拿来换取经济利益。"此后，相关商演，姚璇秋老师一律谢绝，但是她却乐于活跃在深入生活接触群众的人民舞台上，此外民间票友、潮乐社有活动，只要时间允许，她都会出席支持并对票友的唱腔与身段进行指导。

广州电视台的记者曾经问过姚璇秋老师："您现在已经退休多年，但是近年来却一直为着潮剧的事业到处奔波不息。我想问一下，什么时候您才可以真正做到对这个剧种不再过问？"姚璇秋平静地说："我见过旧时戏班的残酷无情，亲身经历了新中国成立后剧团在党的领导下建立现代化演剧机制的温暖。我入剧团的时候，剧团领导告诉我，现在时代不同了，演员不再受歧视，演戏也是为人民服务。1956年，我加入中国共产党，在入党的那一天，我就下定决心这辈子要为潮剧事业奋斗终身，半个多世纪过去了，经历了岁月的风风雨雨，我对潮剧的初心不改。年轻时候，我就已经拿过各种荣誉，现在到了晚年，这些荣誉对于我个人来说原本是虚名，但是这些荣誉不仅仅是我个人的，也是潮剧这个剧种的，我不过是代表潮剧去拿回来的，一切荣誉归潮剧！我爱这个剧种，只要潮剧需要我，我随时都会站出来，为潮剧鼓与呼。如果问我什么时候可以不再过问，应该是我动不了的那一天！"

4. 入选2020中国非遗年度人物

"潮州文化是岭南文化的一部分,岭南文化又是我们中华文化的重要组成部分,这都是我们中华文化的瑰宝,刚才我看了一些工艺大师做的潮绣,还有木雕,都很好。潮剧也不错,潮剧方面我还是一睹芳颜的,42年前我来的时候,当时看的电影潮剧,好像有一个名角叫姚璇秋是不是,40多年我记得这个事,非常好!"2020年10月12日,习近平总书记视察潮州,在潮州牌坊街

姚璇秋(左四)入选2020中国非遗年度人物

发表即兴讲话,讲话中在点赞潮州系列文化的同时特别提到了潮剧以及潮剧名角姚璇秋。习近平总书记的这一席讲话,整个潮人群体为之轰动,大家都以姚璇秋为骄傲,从中央到地方各级的媒体,接连不断地采访姚璇秋老师,相关的活动也诚恳地邀请姚老师出席。年近九旬的姚璇秋老师迎来了晚年一个繁忙的时期。

2021年2月26日,2020"中国非遗年度人物"推选宣传活动结果正式公布。由广东省文化和旅游厅选拔推荐的、来自广东的国家级非物质文化遗产代表性项目潮剧国家级代表性传承人姚璇秋等10人获选为2020"中国非遗年度人物"。姚璇秋也是广东省获得该殊荣的第一人。2020"中国非遗年度人物"推

姚璇秋赴京参加2020中国非遗年度人物颁奖仪式。右二为广东潮剧院常委书记、院长黄奕瑄

姚璇秋荣获2020中国非遗年度人物

选宣传活动由文化和旅游部非遗司指导，《光明日报》主办，光明网、《光明日报·文化强国》《光明日报》协同推广平台承办，至今已成功举办了四届。活动旨在盘点过去一年中为非遗保护传承事业做出突出贡献的标志性人物，梳理一年中非遗领域的重大事件，记录非遗传承发展的生动实践。经过《光明日报》非遗传播专家委员会的严格评议，综合网友投票，2020"中国非遗年度人物"从100位候选人中确定了30位提名候选人，涵盖非遗传承人、策展人、企业家、艺术家、管理者、研究者、媒体人、传播者、教育者四大类别，并最终产生10位能代表当前我国非遗保护发展成绩的标志性人物。值得一提的是，2020年举行的第四届"中国非遗年度人物"，姚璇秋代表潮剧项目入选，填补了这个奖项在汕头市乃至广东省的空白。

2020"中国非遗年度人物"揭晓活动2月26日在北京新世界酒店举行。汕头市政府对此高度重视,汕头市文广新局副局长陈耿男以及广东潮剧院党委书记、院长黄奕瑄亲自带队陪同姚璇秋老师进京接受颁奖,姚璇秋老师代表潮剧在北京接受中央媒体采访,介绍潮剧的发展、传承以及保护概况。

文化和旅游部党组成员王晓峰出席了这次活动,他在致辞中指出,举办"中国非遗年度人物"推选宣传活动,有利于发挥非遗年度人物的典型示范和引领作用,对于培育和践行社会主义核心价值观,在非遗领域倡导"忠诚、执着、朴实"的意志品格,弘扬"择一业,终一生"的匠人精神和在平凡岗位上默默奋斗、奉献的精神,激发社会公众对非遗的关注和热爱,具有十分重要的意义。

"含咬吞吐,多样妙手,秀口吟唱中她树起了传统潮剧的发展大旗;大家名角,蜚声海外,言传身教下她播撒了戏剧传承的星星火种。"这是姚璇秋获得2020"中国非遗年度人物"的授奖词。在颁授环节中,主持人在台上问姚璇秋:"习近平总书记在潮汕地区考察的时候,专门提到了以潮剧为代表的潮汕非物质文化遗产是中华文化的瑰宝。您作为我们潮剧的代表性人物,我想问问您,我们潮剧有580多年的历史,但现在依然受到很多年轻人的喜欢,为什么潮剧这么潮啊?"姚璇秋平静地回答说:"因为潮剧是姓潮的,它是用地方方言来演唱,演的都是潮汕人的故事,深受海内外潮汕人的热爱,是海内外潮汕乡亲维系乡情的重要纽带,经过习近平总书记点赞以后,更加人人爱听、人人学唱。"

一时间,姚璇秋的名字与潮剧一起,再次传遍海内外。

5. 推动中戏首设潮剧本科班

晚年的姚璇秋凭借其在潮剧70多年的耕耘，声名远播，功勋卓著，为潮剧捧回许多的荣誉。除了要回潮汕三市配合做好潮剧的宣传推广之外，2021年姚璇秋在短短两个月内还两次上北京分别接受中国非遗年度人物、中国戏曲学院荣誉教授的颁奖与聘任。

2020年，中国戏曲学院表演系蒋洪广主任（左二）、副书记李艳华（左三）到广东潮剧院访问，广东潮剧院院长黄奕瑄（左一）介绍姚璇秋老师艺术历程，为中国戏曲学院开办首个潮剧本科班打下了基础

2020年10月23日，中共中央总书记、国家主席、中央军委主席习近平给中国戏曲学院师生回信，对他们传承发展好戏曲艺术提出殷切期望。习近平在回信中说："你们老中青少四代师生的来信，反映中国戏曲学院办学取得的可喜成果，戏曲艺术薪火相传，我感到很欣慰，向你们以及全校师生员工致以诚挚的问候。"习近平强调，戏曲是中华文化的瑰宝，繁荣发展戏曲事业关键在人。希望中国戏曲学院以建校70周年为新起点，全面贯彻党的教育方针，落实立德树人根本任务，引导广大师生坚定文化自信，弘扬优良传统，坚持守正创新，在教学相长中探寻艺术真谛，在服务人民中砥砺从艺初心，为传承中华优秀传统文化、建设社会主义文化强国做出新的更大的贡献。

中国戏曲学院在贯彻学习习近平总书记回信精神的时候，关注到习近平总书记2021年10月12日到广东视察的时候，提及了潮剧与潮剧表演艺术家姚璇

姚璇秋应邀参观中国戏曲学院

秋,远在南国的地方剧种潮剧受到了中国戏曲学院的关注。11月16日,中国戏曲学院表演系副主任蒋洪广与表演系党委副书记李艳华专程南下广东,到广东潮剧院拜访姚璇秋,在这一次来访中,广东潮剧院院长黄奕瑄详细介绍了潮剧传承与发展现状,鉴于当前潮剧在汕头仅有一所中专戏曲学校,黄奕瑄希望中国戏曲学院能够帮助潮剧培养一些高学历的人才,助力潮剧的发展。这个建议得到了中国戏曲学院的重视,推动了汕头市政府与中国戏曲学院战略合作协议的签订。

根据2021年4月18日在京签订的汕头市政府与中国戏曲学院战略合作协议,中国戏曲学院与广东潮剧院、汕头文化艺术学校,合办中国戏曲学院首个

姚璇秋到中国戏曲学院为学生授课后合影

全日制潮剧本科班，经过严格的考试，潮剧一共有28名学子迈入国戏校门，这标志着潮剧正式纳入国戏的招生范围。

中国戏曲学院是中国戏曲艺术人才的摇篮，也是中国戏曲教育的最高学府，建院70多年来，形成教学、实践、科研、创作四位一体的人才培养模式，为中国戏曲事业做出重要贡献。广东潮剧院是潮剧的代表性院团，具有示范、培养、研究的性质和职能，是国内外有一定影响的专业艺术表演团体。汕头文化艺术学校是潮剧艺术学历教育机构，是潮剧人才培养的最高学府，是首批全国职业院校民族文化传承与创新示范专业点，建校60多年来已培养输送了4000多名文艺人才。此次缔结战略合作关系，为潮剧艺术人才的培养提供广阔的平台，促进潮剧艺术教育模式创新。中国戏曲学院与广东潮剧院、汕头文化艺术学校采取"协同合作，协同培育"新思路、"学校+基地"新模式，合办中国戏曲学院首个全日制潮剧本科班，将设立"中国戏曲学院教学实践基地"，为打造粤东戏曲人才高地奠定坚实基础。中国戏曲学院于2021年开设的首个潮剧全日制本科班，28名学生之中，其中表演专业24名、潮剧器乐专业4名。收到中国戏曲学院录取通知书的当天，潮剧学子们带着通知书回到汕头文化艺术学校与姚璇秋相聚。在学校里，姚璇秋对他们进行了一次简短的指导训练，并寄语学子们应珍惜来之不易的学习机会，不断提升艺术素养，弘扬潮剧艺术，学成归来后为潮剧事业发展贡献力量。"恰逢盛世，潮剧再迎新发展，你们走出去，也要记得走回来，学到的知识要学会融与化，用来丰富潮剧的表演，推动潮剧的发展，未来属于你们，希望你们为潮剧未来的发展做出应有的贡献！"

2021年8月31日上午，28名潮剧学员带着中国戏曲学院录取通知书，背起行囊乘坐飞机前往北京，开启求学新征程。

附录

1. 姚璇秋演艺经历访谈

2014年，广东省潮剧发展与改革基金会在广州举办"璇韵秋声——姚璇秋潮剧艺术品鉴会"，黄剑丰对姚璇秋老师做了专访。内容涉及姚璇秋的从艺经历、演戏心得、舞台感悟以及对潮剧传承发展的看法等，以下文字是作者与姚璇秋的访谈录，收入本书时，又补充了部分内容。

黄剑丰： 尊敬的各位领导、各位来宾、各位乡亲、各位朋友，大家下午好！欢迎参加由广东省潮剧发展与改革基金会主办的"璇韵秋声——姚璇秋潮剧艺术品鉴会"！

在广州，聚集着众多的潮剧票友，每一年家乡的潮剧团都会到广州来，为广州的潮籍乡亲带来高水准的演出。每次演出一般都是三四晚，一年至少上来三四次，所以广州潮籍乡亲都很有福气，因为平均一个月在广州看一次潮剧是非常正常的事。

潮剧在广州这么繁荣活跃，有没有办法让大家聚集起来呢？经过多年的摸索，广州市潮艺文化传播有限公司成立了一个票友会。票友会在成立的时候，潮剧著名表演艺术家姚璇秋应邀为票友会揭牌。我们是有福气的，因为姚璇秋老师就定居在广州，同时她老人家也时刻关注着我们的潮剧活动。记得去年年底我们在为环球潮人潮剧票友会揭牌的时候，就商定了这次聚会，今天终于如愿举行。感谢姚璇秋老师，感谢各位票友，感谢此次承办方——广州市潮艺文化传播有限公司！我先自我介绍一下，我是今天的主持黄剑丰！

请问姚老师，您是如何与潮剧结缘的？

姚璇秋：关于我入剧团前的经历，之前已经说过很多，这里我想粗略谈下就好。父母生到我是排第八，抗战那年我父母就去世了，姐姐们都外嫁，两位哥哥因为家庭经济原因都读不了书，送去救济院，刚好救济院办戏班，请著名的潮剧教戏先生林如烈来教，我经常去看他们教戏、排戏，所以从小就被潮剧艺术所感染，觉得潮剧的唱腔非常好听。当时，澄海的潮剧氛围非常好，潮剧最著名的六大班经常来我家乡演出，我也经常去看半夜戏，下半夜戏的票价很便宜，戏剧高潮都集中在下半场，很多的"曲肉"，真是又好看又好听。我记得那个时候对潮剧非常狂热，但是仅局限于喜爱，从来没有想过要进剧团。因为我要做工贴补家用。对于潮剧，解放初期我只是业余在唱。

黄剑丰：从严格意义上来讲，姚老师其实也是从一个潮剧票友开始的。我看今天现场来了这么多业余票友，假如大家也会坚持的话，再假如回到当时的那种潮剧氛围，说不定也会再出一个"姚璇秋"！

姚璇秋：这完全有可能，只要他们喜欢，碰到专业老师进行指点与辅导就有可能。其实很多剧种的演员都这样，都是从票友开始，票友通过学会唱之后跟着学习，然后再去正规的剧团！这样的例子不少。

我当时很喜欢潮剧，但是也很害怕戏班，因为童伶制时期演员生活遭遇太可怕了，生活环境极端恶劣，经常要演天光戏，唱错还经常会挨打，没有基本的自尊，太残酷了！当时戏班下乡到澄海演出时候，有时候演员就住在我们姚氏祠堂。他们的境况我都看在眼里。

黄剑丰：姚老师刚才说的戏班经常打人，有必要解释一下，那是解放前童伶制的戏班才会有的。解放后,潮剧废除了童伶制,获得了新的发展。姚老师是怎样来到剧团的?

姚璇秋: 在入剧团之前我是先学外江戏的,当时有位外江戏的演员叫李隐文,是我哥哥的朋友,他教过我一段《三娘教子》,我用外江戏的唱腔打开了声腔,然后继续学潮剧,很多人都说我唱得好听。解放后,我曾应邀到广播站唱工农兵流行潮曲,当时正顺剧团的领导听了我的演唱,就派人来了解我的情况,邀请我进戏班。我说戏班演员的处境太恐怖,不管生活多惨我都不会去戏班。戏班领导说现在是新社会,烧了卖身契,废除了童伶制,戏班不会再打人了,而且演员唱潮剧是艺术事业,过去做戏被称为戏子,现在是文艺工作者,唱戏也是为人民服务。所以我就来剧团了,原本打算是用三个月的时间试试看,试试看什么是为人民服务。入戏班之后,我开始学《扫窗会》。

来到正顺剧团三个月后就跟着剧团去部队、农村、学校、工厂演出,他们说这些都是为人民服务。很开心,进剧团之后,不但没打骂,不演天光戏,还有点零用钱,在剧团感觉日子非常容易过。

黄剑丰: 您确切记得当时进团是哪一年吗?

姚璇秋: 就是1953年。过了春节就来,当时还在剧团过春节。本来是1952年就来的,但是临时出了点事,拖延了。我在正顺剧团三年,三年学了五台戏,四台大戏和一折《扫窗会》,此外还有《中秋月》的一个片段。然后成立广东潮剧团之后我就过来剧院。我演的戏不算多,最经典就是人家经常唱过的这些,《苏六娘》《陈三五娘》《辞郎洲》,现代戏《江姐》《革命母亲李梨英》等。

黄剑丰: 您觉得学戏辛苦吗?

姚璇秋： 以前学戏是非常辛苦的，我识字不多，先生怎么教我就怎么唱。先生非常厉害，教我们，潮州话每个字的音区在哪里要先找清楚。比如《扫窗会》中的那句"正是愁人来听到寒蛩语"的"语"字，在找准发音区位之后，最重要就是要带着人物的心情唱出来。老师引导我入戏，阐述王金真唱这个字的心情。那个时候王金真是要来找她的丈夫高文举的。到后花园要继续找丈夫的书房，一路而来想着她自己境况的时候，突然听见寒蛩在叫，寒蛩是什么我也不知道，但这不要紧，只知道就是一种虫，在花园里面唧唧地叫。那王金真一路思绪万千："我一定要找到丈夫，问个为什么，你为什么要欺负我，为什么要休掉我。"了解这些剧中人物的内心，有利于角色的塑造。

《扫窗会》这个戏唱段很多，是剧团专门用来培养青衣行当的，我一进戏班就先攻这个唱。当时学戏使用的是工尺谱，大家都要熟读剧本，一人一本，剧本叫作己本，就是只有自己角色的剧本，老师一对一，一字一句来教，只有老师有全本的剧本。

黄剑丰： 当时是谁教您学戏的？

姚璇秋： 当时教戏的有三位：杨其国、黄蜜、陆金龙三人。杨其国教全面并主抓唱念，黄蜜教身段，他的青衣动作很美，一举一动含蓄又优美。陆金龙教基本功。杨其国先生要求唱曲吐字要清晰、口型要美，要运用丹田气唱，不能只唱嘴皮。

黄剑丰： 您演《扫窗会》的搭档是翁銮金，他是童伶出身，而你没有经历童伶，在配戏过程之中是否有难以磨合的地方？

姚璇秋： 有的。童伶长大后能留在戏班的很少，翁銮金因为声音很好，长大后留在剧团，但是已经不能唱小生，改为老生。解放后废除童伶制，他跟我搭配《扫窗会》的时候，他又演回了小生，曾经有人在台下说，你不要跟他在一起演，他那么大了还来演小生，真丢人。说明当时群众对童伶制的改革，某些方面还不是太接受，但这需要时间的验证。此外，以前童伶的时候，唱腔的调门很高，改为大小生来演唱，必须降低一个调，这样一来，我的唱腔也必须降调，开始磨合得很辛苦，唱曲的时候，气要往下走，很闷促，后来慢慢适应之后，反而觉得轻松。总之，童伶制取消之后，改为大小生演出，不但演员唱腔要降调，整台戏的音乐锣鼓都要改。一直到现在，潮剧小生唱腔还是存在调门高的问题，导致潮剧要出优秀的男小生很不容易。

黄剑丰：您演了很多传统戏曲的人物，都成为经典；在现代戏方面，例如《江姐》等戏，塑造的角色也非常出彩。请问演现代戏的时候，古老的戏曲程式如何用来表现现代戏？

姚璇秋：现代戏无论唱腔或者舞台动作，都与古典戏曲有所不同，但是拥有扎实的古典戏曲基础同样有利于现代戏的演绎。首先剧本要熟悉，无论作曲、导演、演员都要熟读剧本，剧本熟透之后，对剧情了然在胸。江姐是个有特别身份的现代人物，她与普通人不同，她是能控制自己情绪的，她遭遇这场失去亲人大变的同时，很快就抑制悲痛，在表演上应该表现出来。这些信息都必须从熟读剧本之中了解。戏曲舞台的程式化动作在演绎现代戏的时候不能照搬，否则会显得僵硬不自然。现代戏没有长袍、长袖等戏服来遮掩，一些动作必须生活化，而这些生活化的动作来自舞台程式化动作的活用。例如江姐在城楼前看到丈夫的头颅，有一个要晕倒的动作，如果用传统戏曲的程式来表现会显得过度，演员只需稍微弯腰，身体微微后倾，顺其自然来表现就可以。此外，现代戏唱腔音乐与古典戏曲也不同，现代戏少用整个的传统曲牌，而是根据剧情需要，在作曲方面选取各种曲牌的精华加以创作，因此演员在演唱方面也不能一味按照古典戏曲的风格来演唱，而应该结合实际，呈现生活的真实。

黄剑丰：实行童伶制的时候，演员是不是都是男的？有没有女童伶呢？

姚璇秋：以前都是男童伶比女童伶多，一个戏班要是有一两个女童伶的话，会有很多人前来围观。童伶制废除之后，曾经一度找不到演员接替，再加上男女平等观念的提倡，戏班到处招收女孩子。女孩子的声音比较清脆，长大以后，声音比较接近童伶的音色，可以继续唱戏。

黄剑丰：《苏六娘》和《陈三五娘》这两出戏，《苏六娘》在潮汕地区的唱段是非常流行的，但是流行最广的应该是《陈三五娘》。目前搜集到的消息，《陈三五娘》不只在潮汕地区流行，台湾、福建都流行，不但潮剧有，梨园戏、高甲戏、芗剧、歌仔戏都有这个题材，证明这个题材的流行是非常久远的。那么，姚老师当时在演五娘这个角色的时候有什么心得？

姚璇秋：《陈三五娘》这个剧目未完整演出的时候，潮剧我们原来还有一段更古老的，叫《大难陈三》，为什么叫《大难陈三》呢？女主人公黄五娘在潮州实有其人，男主人公陈三在福建泉州也是真人真事。福建那边他们做得非常正派的，站在男主角的立场，说是陈三去观灯，潮州的女孩子黄五娘来勾引他。我们潮州这边就不服，说不是，是一起在观灯的时候陈三主动去勾引五娘的。所以陈三就掉了把扇给五娘，五娘在观看灯屏之后捡到这把扇，觉得陈三是一个有才学的秀才，他的才华就在这把扇里面写出来的。之后，五娘在广场的时候就遇到林大，林大是个好色之徒，看到五娘后被她的美色倾倒，要去勾引她。有了这样一个对比，五娘在陈三与林大两人之间的选择肯定就要这个陈三，一定不会去选择林大。《大难陈三》讲的就是五娘对混入黄家为奴的陈三进行刁难盘问，突出女方的矜持。

《大难陈三》这个戏跟福建的《陈三五娘》是有渊源的，他们先拍了电影，我们还没看到。后来是中央文化部有人来看到我和钦裕兄在演《大难陈三》，文化部的人就说这个戏的题材福建也有，建议我们去福建看，看这部戏他们是怎么演的。我们去了福建之后，福建梨园戏剧团方面非常热情，毫无保留演给我们看，在梨园戏《陈三五娘》之中，其中"留伞"这一场有很多优美的舞蹈动作都被我们学来。此外，整出戏的场面的处理一些好的元素也被我们吸收到潮剧中来。就这样，我们在原本一小折的基础上加上对梨园戏《陈三五娘》的学习，拓展、编成大家现在见到的这个剧本。这个剧本跟福建是有共通之处的，情节也是真人真事。我们这边是女人视角，他们那边是男人视角。《陈三五娘》编成潮剧之后，我们的作曲非常有特色，而且电影版本与舞台版本还不一样。舞台有舞台的特点，电影有电影的特点，我们这个戏对于剧中人物心理的挖掘是非常深刻的，拍成电影之后，还利用电影将一些舞台不能表现的东西补上去。

"掷荔"是这出戏之中重要的一场，电影版本之中，黄五娘面对楼下的陈三，她拿着这颗荔枝要掷那个神态啊，是要掷又不敢掷，为什么要这样呢？就是在刻画五娘的性格：她不是一个随随便便的人，她也是一个大家闺秀，有她自己的文化素养和道德底线在里面。但是到最后知道良机一旦错失将后悔终生，她顿时有了主意，一旦有了主意，她是非常坚决地掷下去，将这段姻缘定下来。

黄剑丰：姚老师在刻画五娘这个角色时实际她不是在单纯刻画黄五娘，她是在为我们潮州女人树立一个淑女形象。刚才姚老师也有介绍过，就是说在表现这个《陈三五娘》的题材过程之中，福建跟潮州的表现是不同的，福建是站在他们男方的，说是潮州女人来勾引他们的福建男人，我们这边就说应该是福建男人来勾引潮州女人。所以我们的戏在编排的过程中当时就在观灯的时候设定了这把扇。在掷荔枝的过程中大家也有看到，那种要投又止的形态，将黄五娘这种闺阁少女的性格给刻画出来。

黄剑丰：姚老师从艺至今已经67年了，现在我想问一下，演了这么多戏您有哪个角色或哪个剧目是最喜欢的？

姚璇秋：我从十几岁入剧团到退休直到现在82岁都在从事潮剧相关活动，最新的作品就是前两年演唱的潮韵唐诗宋词《春日》拍成录像，算是我最晚拍的音像作品。我所有能够拿出来上荧幕或拍电影的作品，如《扫窗会》《陈三五娘》《苏六娘》《袁崇焕》《春草闯堂》和《梅亭雪》等这些有拍录像和录制音频的戏都是我下过苦功的。我们那个时代，一个戏的成形不是一两个月或者一年就能够排好的。从剧本创作、唱腔以及舞台动作的设计，都是集体交流讨论，一看到哪里不好即刻就进行修改，然后演员跟着排练，创作一个戏没三年以上是没有成品的。比如我演《袁崇焕》中的夫人这个戏算是最顺利的，时间最短，为什么呢？因为第一轮的演员不是我，是玩贞，玩贞演得非常好，我接这个戏的时候，将她的好给学起来，用来充实我自己的角色，然后我又结合我的实际再创造，跟着导演思路再发展。不管我曾经拿过什么荣耀，只要我一上了舞台，我就努力学习，向导演学习，向全体剧团同事学习，我能够放下这个架子。再如《苏六娘》，原来是丽君演的，演得非常好，去北京的时候安排我来演出，组织安排，我就得服从去演出。丽君的唱和表现的细节都被我学了过来。每个人的创作都有一定的局限性，我们要有胸怀，你不能说你演这个戏就你最棒，我在创造我自己的东西同时，会承认自己有不足的地方，所以经常要去学别人好的地方。同寅姐妹之间，那些演得好、唱得好的我都得虚心学习，所以我一个戏呢，《辞郎洲》排了三年，《江姐》排了两年多，折子戏《扫窗会》就最快，但是日夜专门练，才五十多分钟的戏也要八个月。那些长连戏，特别是《陈三五娘》从正顺剧团排到广东潮剧团，排到去东南亚演出之后要拍电影的时候还在继续修改剧本，这个修改的过程我也跟着同步进行创新，经过不断锤炼，这部戏才有后来大家看到的效果。

前不久新版的《苏六娘》大家都看到了，老版也看到了，有了对照，大家都有评议我就不多说，还是给大家去评议为好。潮剧的革新发展过程之中出现一些问题是难免的，这些问题观众能够接受就去接受，没办法接受他们就会有正确的评议。我演过的戏从现代到古装，从1953年入剧团演到现在基本的线条都没办法改。《袁崇焕》到现在是四代人在演出，我们这个版本发行到现在基本是断绝了，现在要去街上买这个版本是很难买到的，市面都是新版的。新版的技术很好，现在的人也聪明，十几天就能够把这个戏排出来，同时即刻拍摄成碟上市。当时我在排这个戏的时候呢，是没那么容易的，我得跟作者陈英飞先生交流，你看他的台词非常优美，人物的内心挖掘得非常深刻。我过去是有这个好的条件，可以经常跟作者和导演在一起交流，我们下乡也是大家一起下乡的，在排戏的时候都是彼此探讨，我感恩有这么好的时机给我学习，给我发展的机会，大家齐心合作锤炼，所以才有今天大家认同的作品。

黄剑丰： 我听出来了，姚老师说了这么多，我不知道大家听出姚老师的意思没，我问姚老师喜欢哪一个剧目或哪一个角色，她没正面回答我，但是其实她已经回答我了。为什么呢？她其实就是说："所有我演过的戏和所有我演过的角色我都喜欢。"为什么？因为这些她塑造的舞台形象以及演过的剧目，全部是她下过苦功的，她跟整个团队沟通过，剧本作者、导演、作曲等，她都沟通过，每一个剧本每一个角色都是她精心锤炼出来的！所以我听得出姚老师的意思："每一个戏，每一个我演过的剧目我都喜欢。"是不是？

姚璇秋：每一个成形的、能跟观众见面的戏我都是喜欢的。我开始进剧团的时候，梅香头（婢女）我演了几次——最初一边学《扫窗会》一边学台步演梅香头（婢女），跟人去站两边，这个过程是一定要经历的，因为可以增加舞台经验。《杨乃武与小白菜》这个清朝戏我也做，为什么要去演这个戏呢？就是去北京看到魏喜奎唱得非常好，魏喜奎啊，你要知道她就唱这个，哇，清朝戏的大幅唱腔非常好，我们潮剧团的导演说快点拿这个戏，这个戏拿来之后我就演小白菜。一些移植的戏要充分利用我们潮剧的好唱腔、好音乐、好导演、好编剧，通过大家合力，将外来的剧本改编成为能适应我们潮州方言、潮州唱腔的剧本。我从第一次踏到广州之后，以后就国内国外其他剧种我都看了很多，甚至歌剧、话剧、相声一有机会我都去看，目的就是用来弥补自己表演知识的局限。

黄剑丰：姚老师的表演其实融合了许多外来剧种的精华。但是姚老师的吸收融合是有前提的，必须根据潮剧的特色进行改革创新，而不是生搬硬套。

姚璇秋：现在我也开始学一点书法，我最喜欢写"海纳百川"这四个字。戏剧是没国界的，凡是舞台文化艺术你能够看到的、可以学习到的都要努力学习。我就认为我是一个没读过什么书的人，读了三年小学就被人叫来演戏，我后来的文化知识都是在剧团学的，我只有加倍努力弥补不足。幸运的是观众对我非常厚爱，我们的乡亲们和海内外的乡亲都非常喜欢我们的潮剧，对自己剧种非常支持，不是我姚璇秋厉害，我是不厉害的，我甚至觉得自己是最笨的，我排戏要一遍又一遍地来，在排"掷荔"的戏，一位同事说，你排了十七次啊你知道吗？我说不知道啊。

黄剑丰：姚老师的所有作品都是经过千锤百炼出来的，她非常有自信心，每一个角色、每一个剧目都喜欢，我这两年在给姚老师整理资料，包括她的音频资料、视频我全部看过，每一个角色我都看过，每一个角色我都喜欢。这么多版本和这么多角色之中哪一部戏最喜欢呢，我个人最喜欢《辞郎洲》。《辞郎洲》这部戏是潮汕的本土题材，也是经过大力挖掘，然后经过姚老师精心演绎，这部戏也曾经在北京演出过，当时在演出和修改的过程中就吸收了非常多的建议。为什么我会喜欢《辞郎洲》呢？就是我觉得在姚老师演绎的陈璧娘这个形象，她将很多东西融入这个角色之中，陈璧娘这个角色有刀马的成分也有青衣的成分在里面，她是一个综合性的形象。苏六娘纯粹是闺门旦，王金真是纯粹的青衣，但是在陈璧娘这个角色就将这几种行当的东西全部糅进去。所以当时演出之后王起先生用了一句话来概括陈璧娘的形象，叫"柔情似水，烈骨如霜"，王起先生这句话也是对陈璧娘这个角色两种身份的解读。姚老师在演绎陈璧娘的时候一方面是柔情似水，这个时候她是张达的夫人，她对丈夫是柔情款款，对海州百姓也是一片柔情，而当她面对投降的狗官的时候是满腔仇恨。其中有一个唱段叫"崖山遗恨恨无涯"，我看相关的一些报道，当时在香港演出的时候，香港著名的影星夏梦来看我们的潮剧，她不懂潮州话的，但是她听了这四句唱腔之后，她流眼泪了，因为从音乐、从演员的演绎之中，她能够感受到人物内心的那种澎湃的心潮在里面。

黄剑丰：《辞郎洲》中，陈璧娘的双剑，据说是从京剧学来的？

姚璇秋： 对。因为要学这部戏，我就去上海找梅兰芳先生的徒弟魏莲芳先生，专门去学这套双剑，专门学《霸王别姬》中虞姬在舞剑之后自杀那一段，后来这套剑术就给我运用在这里。演《辞郎洲》明确璧娘的身份非常重要，璧娘不是梁红玉，也不是穆桂英，她是一个将军的夫人，她懂文学、会琴棋书画，舞剑她是作为一种健身的东西而已，她不是出征，如果她剑术真的很好就跟着丈夫一起出征了。陈璧娘拿剑只是做行当的表演而不是人物的表演。陈璧娘最后砍三刀那个时候已经是筋疲力尽，砍三刀是没什么力气了，她就是为了要报仇，所以你看我出来的时候，我不是武旦出身，我干劲不是非常厉害的，而是顺着人物的心理状态去出这双剑，无奈遇到仇敌张弘范，一定要报这仇，所以砍这三刀。当时在排练场的时候，这场戏最难排，很多武生武旦出了很多动作，导演说不要，他说选择一些东西，怎么砍、怎么舞他都不要，但要这样，我会殉国就因为砍三刀，出脚出手都不是武旦的东西，是人物的心理动态，所以我做出来不是武的，而是人物的需要。

黄剑丰： 你演绎那么多人物角色，是如何深度去演绎出人物的形象与性格？

姚璇秋： 我们平常有一句话叫作"演人不演行"，舞台上，你演某个人，但你不完全是这个角色，你只是来演绎这个角色而已。因此演员无论在情感还是在做工方面，都应该有所控制。梅兰芳先生当时教导我，舞台演出要七分投入、三分控制。演员付出七分感情投入剧情之中，剩余三分感情用来控制角色。我们戏曲注重虚拟，舞台表演有一系列的程式化动作，必须适当运用这些程式化动作，点到为止，否则会失控。比如梅兰芳演绎杨贵妃流泪，他只是用一只手指在眼角附近轻轻拭过，然后再轻轻一弹，台下的观众就明显感觉到杨贵妃流泪了，而且很悲伤，因为一弹之下，感觉泪珠很大滴。作为演员，在舞台上因为太投入而流泪，是很敬业，但是对于表演来说却是失科。

处理每个人物的时候，我都去顺应剧本和人物的要求去进行处理，包括演唱也好、其他也好，首先要熟读剧本，领会这个戏之后，你的功夫够不够，这是平时练的，但是有一条，唱戏做戏就是我唱就唱，最好要读出来、念出来，所以感情就自然。我就这样处理，但是好与不好这就让观众去评价，因为我也不会写文章，也不会去夸我怎样唱，我也从来没有在报纸发表过我对这个人物怎么刻画等。其实整台演出都是综合艺术，首先剧本，剧本好了之后，导演也要好，作曲好了之后，同台的演员一起演好，这个戏才会好。我的理会就是这样。

黄剑丰：潮剧要传承和发展，必然有一个改革的过程，你认为这个过程之中，哪些是需要坚持的？哪些是需要改进的？

姚璇秋：潮剧的改革发展需要保根基，保根基就是保住潮剧剧种的特色，这是最基本、不能丢的原则。现在有一个不好的现象，就是大制作、大投入，舞台上一上来就是大班人马，根本施展不了舞台表演的东西，还有的学京剧的水袖，两个水袖转成两朵花，那是特定人物才需要，现在很多戏都要用激烈的水袖，很多戏都要有个跳舞场，学了太多别人的东西消化不了反而把自己的东西丢了。我们可以吸收其他剧种优秀的东西来补充、提高我们剧种的艺术，但是这些要合理利用，过了就不好。

黄剑丰：随着时代的发展、生活节奏的加快，潮剧受到多种多样文化艺术形式的冲击，演出市场日益萎缩，潮剧的传承也进入一个艰难的窘境，您认为应该通过什么样的方式来改变这种情况？

姚璇秋：现在受到各种各样的冲击，潮剧跟其他剧种面临的情况是共通的。习近平总书记开文艺座谈会提出要保根基的观点，潮剧的改革发展同样要保根基，潮剧如果没有根基、没有传承就去改革，会没有底线，改革后一定会走样，潮剧一定不会姓潮。剧种的精华一定要保护好再去谈发展，好比千年大树，为什么要修剪？因为会长出新的枝叶，树木是自然新陈代谢，树身就会壮大，戏曲也是这样，要一代培养一代，把剧种最精华的东西拿出来传承。树没有根会死，剧种没有自己特色的东西，发展会走入羊肠小道。

2. 为了潮剧事业的明天

文/姚璇秋

编者按：非物质文化遗产的保护在粤东已渐成关注的热点，作为潮汕文化瑰宝的潮剧，其传承工作也被列入了议事日程，这是潮剧界乃至文化界的大事。潮剧虽已列入国家非物质文化遗产名录，但是大量的工作还需行内行外各界人士长期努力。为此，本报在岁末辞旧迎新之际，应潮剧传统艺术保护传承培训中心的邀请，于近日专访了潮剧著名表演艺术家、广东潮剧院名誉院长、潮剧传统艺术保护传承培训中心主任姚璇秋，一起关注潮剧的传承及发展新动向，一起为潮剧事业的振兴鼓与呼。今天，我们隆重刊出姚璇秋《为了潮剧事业的明天》一文，以飨读者。

2006年，潮剧艺术经国务院批准、文化部确定入选第一批国家级非物质文化遗产名录。潮剧艺术入选为国家级非物质文化遗产，是地方党委和政府历年来对潮剧艺术高度重视和真切扶持的结果，是潮剧界同人经过几十年努力所取得的成果，更是对潮剧先人的告慰。如何保护好潮剧传统艺术这份遗产并使之延绵不断、发扬光大，是我们今天应该做好的课题。

保护振兴潮剧传统艺术，是把它做博物馆式静止、固定不变的保护和展出呢，还是做动态的保护，使之既保住自己的艺术特色又随时代不断发展？这方面广东潮剧院在长期的实践中不但积累了丰富的经验，还取得了丰硕的成果。

如被誉为潮剧经典的《辩本》《扫窗》和《闹钗》就是20世纪50年代由老艺人和新文艺工作者合作发掘、整理而来的。当其时，不单好戏多，好演员也多，无论传统剧目、丑戏、旦戏都具有会演的规模，好戏好演员连台竞技，极大地满足了城乡各界人民的文化需求。到了20世纪60年代中期，还有一大批失传或濒临失传的剧目、表演片段经过挖掘、整理成为演出剧目，其中《告亲夫》《柴房会》等还成为经典剧目。其时，从各级领导到平民百姓，喜爱潮剧者大有人在：潮剧院、团的领导既是有为的组织领导者又是虚心好学的"学生"；老艺人们因为真正当家做主而焕发了艺术的青春，抢救传统、扶持后人自发自愿、倾囊相授；年轻的文艺工作者人人争先向学，传、承、帮、带自动互动。潮剧事业就是这样在党和政府的重视扶持下，在社会各界的关心下，成就了"文革"前繁荣昌盛的金色十年。广东潮剧院各艺术门类人才济济。

"文革"中，潮剧也和其他戏曲剧种一样，受到了严重的摧残，造成了不可挽回的损失。

打倒"四人帮"以后，广东潮剧院恢复了建制，在政府的支持下，潮剧传统艺术的保护、抢救工作首先得到重视，短时间内，潮剧院恢复排演了一批优秀传统剧目，如《闹钗》《刺梁骥》《井边会》《闹开封》《告亲夫》《柴房会》等，还整理了《梅亭雪》《六月雪》等一批传统折子戏。传承工作也同步进行，培育了一代新人，潮剧院再次勃发生机，花繁叶茂。

随着经济体制改革的纵深发展，广东潮剧院近年来进行了两次体制改革，由于缺乏对人才资源的有效保护和合理使用，使许多专业艺术人才退了便休，有的甚至提前退休。人才的闲置和流失，造成专业艺术力量不足，艺术传承缺少母体，亟待抢救的工作无法开展。许多潮剧传统表演技艺，大量倾注着前辈艺人心血的精彩片断、唱腔、唱法、主乐句未能有效传承，便随着身怀技艺者的过往而失传了。

今天，因为"申遗"才把保护潮剧传统艺术这个课题提起，如果国家不把潮剧列入非物质遗产保护名录呢？重拾这个课题，显得格外沉重。

中国有三百几十个地方剧种，每个剧种都以自己的表演特色安身立命。这些特色是经过上百年甚至几百年，由剧种形成产生地域表演者与观赏者共同创造形成的，这就是传统。保护传统和丰富传统是各剧种的本分，也是剧种赖以生存、发展的根本，是一项长期艰苦细致的工作。可是，不知从什么时候开始，潮剧院在相当一段时间，把这项长期艰苦细致的工作变成了突击性的赛事。本来，通过组织比赛鼓励青年学艺是一项有效的措施，开始的时候也收到一定的效果。但是，一旦被某种不健康的因素渗入，事情就变了味。连年来潮剧院赛事不断，每次比赛都产生批量的奖项，仅2006年一年之间，就组织了三项名目不同的大赛，胜出奖项无数。奇怪的是，潮剧的传统技艺未见传承、演练，一批批青年演员就已经在"潮艺大赛"中脱颖而出，以致有应邀前来当评委的外地专家有"看不到潮剧"的惊叹！于是就出现了这样的怪现象："大赛"所设奖项从不落空，剧团却缺乏有票房号召力的演员，行当也不齐全。

2003年，潮剧院虽然也搞过一次"青年演员继承传统剧目展演"，但是由于重"项目"、轻过程，不仅传承工作必须遵循的原则难以落实，连"传承"的时间都无保证，这些问题不可避免地影响了该项工作的质量。非但如此，仓促合成的"剧目展演"还被当作"成果"，制作成音像制品抛向市场，造成谬种误传，妨碍现有的工作。

为奖励而奖励的比赛，不仅未能提高潮剧的品位、丰富潮剧舞台的表演，反而，生吞活剥地"吸收"使潮剧丧失了个性、风格、特色。这种现状体现在某个剧目演出时，当时市委的一位领导观后曾做过"如果不是听见潮汕话，根本就不知道是在看潮剧"的中肯批评。堪忧的是，剧种一旦丧失自身的艺术个性便会丧失优势，没有自身的优势就会失去市场。潮剧舞台上的"大杂烩"既争取不到新观众，还疏离了老观众，因为"听无好曲、甚少好角色"，潮剧的戏迷在声声叹息中渐行渐远，一去几回头。变样意味着没落。事实说明：耐不住寂寞，把长期艰苦细致的工作捆绑上政绩的战车，不利于潮剧传统艺术的保护。

山不言高自高。历史上，潮剧院对潮剧传统艺术保护的成功经验和丰硕成果就是一份沉甸甸的遗产，这份遗产的价值已通过"申遗"得到国家的确认。无视或低估这份遗产的价值不是无知便是糊涂。故意抹杀先人业绩、剽窃先人劳动成果既无耻又可恶！而承担保护潮剧传统艺术的责任却不尽职尽责又何止是不作为！

我在潮剧舞台上生活了一辈子，党和人民给了我许多荣誉。退休之后还让我担任一些没有任何压力的荣誉职衔。古稀之年又被任命为潮剧经典艺术保护传承工作委员会副主任，襄助主任、汕头市文广新局局长并兼任下属培训中心的主任。这次任命虽然没有任命书，不发聘书，也不要求坐班办公，但我切切实实感觉到了这副担子的沉重。保护和发扬潮剧传统艺术，要靠我们身体力行，还要靠相应的政策、制度保证和切实可行的有效措施，更要靠政府的支持；不仅要有一群耐得住寂寞、不做表面文章、实实在在做事的人，更需要社会力量的广泛参与，无论行里行外。为了做好这个课题，为了潮剧事业的明天，我呼吁潮剧界的青年从业者拜师学艺，认真学习研究潮剧传统艺术；老艺人不论返聘还是赋闲收徒传艺，诲人不倦；更希望社会各界人士关注潮剧传统艺术保护工作积极参与。不胜感激。

（载《羊城晚报》，2007年12月28日）

3. 姚璇秋艺术成就研讨会摘编

姚璇秋是1949年后在党的培养下成长的新一代潮剧演员的杰出代表，曾受到毛泽东、刘少奇、周恩来、叶剑英、习仲勋等老一辈党和国家领导人的亲切接见。2020年10月12日，习近平主席在潮州考察时提起姚璇秋，称赞潮剧等潮汕文化艺术是中华文化的瑰宝。姚璇秋是潮剧界的标杆人物，她的艺术成就代表着潮剧剧种发展的方向。

2021年4月18日，由中国戏曲学院、汕头市人民政府主办，中共汕头市委宣传部、中国戏曲学院表演系、广东省艺术研究所、汕头市文化广电旅游体育局、广东潮剧院、汕头文化艺术学校承办的"中国戏曲学院与汕头市人民政府战略合作协议签约仪式暨姚璇秋艺术成就学术研讨会"在北京市成功举办。来自中国戏曲学院、中国艺术研究院、中国戏剧家协会、中山大学、广东省艺术研究所、广东省戏剧家协会等单位的近20位专家，以及中央电视台、《光明日报》、人民网、《中国文化报》《中国艺术报》《南方日报》《广州日报》《羊城晚报》《汕头日报》、汕头电视台等多家媒体参加了会议。"姚璇秋艺术成就学术研讨会"由中国戏曲学院表演系主任王绍军主持，中国戏曲学院院长尹晓东做总结发言。

在学术研讨会上，专家们共同围绕姚璇秋的表演特色、唱腔特点、艺术传承、艺术成就等方面进行了交流研讨，可谓一次梳理和总结姚璇秋艺术成就的

"南北对话"。参会专家的发言摘录如下:

王馗(中国艺术研究院戏曲研究所所长):评价姚璇秋先生在潮剧以及在中国戏曲表演艺术的成就,再高都不为过,因为潮剧的价值与中国戏曲的价值几乎是等同的。我们探讨潮剧历史时,能看到南戏时期戏曲留在广东的痕迹,潮剧接续南戏的传统,与莆仙戏、梨园戏,以及昆曲一样呈现出共有的艺术规则。在几百年的发展过程中,潮剧亦古亦新、宜雅宜俗、有中有外、有守有创,形成了多元并包、能够为世界所共享的艺术格局。在这个艺术格局中,姚璇秋先生是这个剧种的杰出代表。伴随着20世纪五六十年代潮剧电影在海内外的流播,姚璇秋先生的艺术已经成为中国戏曲表演艺术的典型,是海内外认知中国戏曲的代表。作为为数不多的古典戏曲形态,今天的潮剧实际面临着更重要的一个问题,即如何让古典的范式能够在今天仍然焕发时尚的魅力?从20世纪五六十年代起,姚璇秋先生通过她的艺术创作已经做了很好的探索,她的出

参与"姚璇秋潮剧艺术成就研讨会"的专家学者合影

现和成名实际代表了潮剧古典的范式在现代社会所呈现的魅力。《扫窗会》中以抒情为起点的身段，达到真实与美妙结合的意境，这种潮剧魅力不仅有传统的潮州范式，更呈现了融汇时代观念和崭新思想的潮剧境界。《荔镜记》中不仅有和梨园戏同源共脉的艺术品质，也吸收了大量与时俱进的艺术元素。姚璇秋先生对黄五娘的塑造，让我们看到潮剧既在范式之中，同时又有演员驾驭古老科介所呈现的人的动感与时代韵律。姚璇秋先生的创作经验，在今天依然要保持，如果说潮剧在20世纪50年代，是如何在丰富庞大的潮剧表演艺术体系里面让传统与时代更加融通，我们今天的传承则是要向姚璇秋先生学习，即在现代表演中如何捡回潮剧的传统，特别是通过总结学习姚璇秋先生为代表的潮剧艺术创作，找回属于潮剧的声音、潮剧的味道、潮剧的意境。

王炜（广东省艺术研究所所长）：回望姚璇秋先生70余年从艺史中所创演的人物形象，不仅成为观众们难以忘怀的舞台记忆，也留下了学界青睐的舞台经典。姚璇秋先生在舞台上展现的优雅细腻，凝固了潮剧这个古老剧种的韵味和写意，无论是对创作演出，还是对研究评论，都是一个巨大的宝藏。姚璇秋先生的艺术成就，离不开她本人对潮剧艺术的孜孜不倦和精益求精。在舞台天赋和声音条件得到了许多教戏先生赞赏的情况下，她仍坚持在剧目上投入大量的时间去精进和把握细节。三年《辞郎洲》、两年《江姐》、八个月《扫窗会》，这些大量的时间与姚先生的天赋相结合，才结晶出动人心魄的举手投足，让潮剧的魅力超越语言的局限。这种孜孜不倦和精益求精，是表演艺术之所以动人的必要条件，姚璇秋先生的表演就是最好的注脚，也是现在很多戏曲作品打磨中有待加强的。今日国戏和汕头市签订了办学合作协议，这对潮剧而言是一件大事,既为潮剧带来了新教学模式,也为演员的艺术精进提供了学识和学历的保证。姚先生艺术成就研讨会的召开,是潮剧艺术升华的一个契机,对于潮剧传统艺术的保护传承,以及新时代潮剧的创作演出都具有方向性意义。以姚先生为代表的潮剧艺术家,既传承时代老艺人的潮剧神韵,也随着潮剧先驱者一同开启新的时代,更在此基础上进行了数十载的舞台实践。他们是潮剧最宝贵的财富,对他们的艺术成就的传承与艺术创作的总结研究应该更加全面深入。作为省艺术研究所,我们应借助研讨会的契机,在文旅厅的领导下,在社会各界、各位老师们的支持下,开展好潮剧艺术的理论梳理与研究,组织好潮剧艺术的创作,创作出更多的不愧于新时代的潮剧作品和总结出更多的理论成果。

"姚璇秋潮剧艺术成就研讨会"在中国戏曲学院举行

崔伟（中国剧协秘书长）：姚璇秋先生不仅仅是潮剧的非常优秀的传承者，也是潮剧的创造者和推动者。一个剧种不能停留在前辈比今天好的思维误区，剧种的成就固然是由前辈创造的高峰奠定的，但戏曲本身是一个活态传承的艺术状态，这既有传统的支撑，也有艺术家所付出的才智与时代感。优秀的表演艺术家能在自己的艺术条件上，根据对时代、对艺术的理解，形成自己的艺术风格和经典作品，实现个人对于剧种的艺术价值。姚璇秋先生无疑是这样的一位艺术家，她有着戏曲表演的扎实功底，又把扎实功底和表演手段，通过自己的艺术实践实现了舞台的活现。我们要学习姚璇秋先生，不是从终点学习，而是要从起点来研究和回顾，重温姚璇秋先生之所以从一个优秀的青年演员到一个德艺双馨的潮剧大家的成长史，思考她下了什么功夫、她有什么样的思维、她是怎么走到今天这个高度的。姚璇秋先生的表演既有潮剧古老剧种的古典美，又有着潮汕地方剧种的地域特色，在她的呈现中，你能感觉到潮剧既有作为南方剧种的古旧感，又有潮地人文风情的新鲜感。因此对地方剧种的研究，不能用戏曲的共性代替每一个剧种中的文化特性，应该结合地域环境、语言文化，不然所做的都只是形而上的表面文章，做不到对于剧种真正地理解、保护和研究。对于姚璇秋先生的表演艺术的研究，要从本体的总结、规律的发现和地域文化的结合上进行全方位的研究。

黄剑丰（广东作家）：姚璇秋老师主演的潮剧有《扫窗会》《苏六娘》《陈三五娘》《辞郎洲》《江姐》等，她塑造的一系列不同性格的舞台人物形象，已经成为潮剧舞台的经典人物。姚老师的唱功除了有天赋的好嗓子，还得益于名师的指导，有声腔演唱的正确方法，发音自然，咬字清晰规范。在表演上，姚璇秋老师继承了潮剧青衣行传统的表演艺术形式，又广泛学习，融合兄弟剧种的表演艺术，形成了自己的表演风格。在姚老师塑造的角色当中，融入了很多外来剧种的东西，比如《辞郎洲》中《送郎》一折使用的水袖就是从外江戏《断机教子》吸收来的，《渡海救张达》一折中的身段来自川剧《别洞观景》，陈璧娘的双剑则是学习京剧《霸王别姬》。这些东西虽然是其他剧种的，但是姚老师对于它们进行综合性的吸收和利用，根据剧种特色和人物需要，转化成潮剧的东西，丰富了潮剧的表演。姚璇秋老师巡演大江南北，足迹遍及海外，她跟很多剧种的名家，比如梅兰芳、红线女、严凤英等各剧种代表性人物都有交往，通过她的影响，潮剧被山西晋剧、广东粤剧、浙江越剧、香港粤剧、陕西秦腔、北京京剧等十几个剧种移植。我们研究姚璇秋老师的艺术，除了立足潮汕本土，在全球化的今天，还应该要面向全国、面向世界，她演过的戏对其他剧种的影响、她的交游等也应该专门研究，这样才更加有利于建立我们潮剧的自信。

谭志湘（中国艺术研究院研究员，资深学者）：我的老师是郭汉城先生和张庚先生。今年汉城先生104岁，我把姚先生的照片发给了他看，他很高兴，表示了对姚先生的祝贺，祝姚先生健康愉快。我在戏曲研究院的时候就看过姚先生的戏，也看过姚先生的电影，我的老师张庚先生曾在看《扫窗会》之后评价说："十分细致，情绪的进展刻画极细，感情是那么一层一层、一点一滴地深下去。通过窗户把戏逐步展开，这样的匠心在话剧是少见的。"张庚、郭汉城先生主编的《中国戏曲通史》《中国大百科全书·戏曲卷》里面也用了很大的篇幅谈了姚璇秋的表演。因此虽然姚老师是广东的，但是我觉得我们很亲近。

在广东有两大地方戏，一是粤剧，一是潮剧，我跟红线女先生有过比较深的接触，她也跟我谈过姚老师的表演，给予了很高的评价。粤剧和潮剧一个是南国红豆、一个是南国鲜花，两个剧种都有很大的特点，都是走出了国门，具有世界的影响。今天聘请姚老师为荣誉教授和召开学术研讨会，是一种继承和弘扬，对于戏曲的意义重大。我们需要全面梳理姚先生的艺术成就，做一次深入的挖箱底工作，可以做一些口述，每一个艺术家都有他独特的感受，这一点是非常宝贵的。姚先生身体那么好，我希望姚先生在表演分析上能够投入更多的精力，这些宝贵的经验对中国戏曲表演体系的建立是非常重要的。

康保成（中国戏曲学会副会长，湖北大学特聘教授）：姚老师是在潮剧废除了童伶制之后进入戏剧表演行业的，还得到过梅兰芳大师的言传身教，她的表演艺术打上了鲜明的时代印记。戏剧性与戏曲化，不能割裂更不能对立，这是姚璇秋的潮剧表演艺术给我们的启示。优秀的作品、杰出的演技，能够把戏剧性和戏曲化融为一体，达到艺术的最高境界，姚璇秋的潮剧表演艺术就是很好的例子。在梅兰芳的指导下，姚璇秋发展了潮剧中"姜芽指"这个动作，也重新创造了《扫窗会》的"举帚"动作。一处指法、一个动作，都是根据剧种人物情绪的不同而发展创新而来，这就是"移步不换形"，是戏剧性与戏曲化的完美结合。而在陆金龙老师指导下，姚璇秋于《扫窗会》中所扮演的王金真（青衣）使用了丑行的矮步身段。矮步本来是有滑稽诙谐成分，看起来很好笑，但姚老师表演的女主却很苦。姚璇秋的出色表演，让我们想起黄斈传的"老生跨丑"、杨小楼的"武戏文唱"、梅兰芳创造的"花衫"，还有清末民初对许多优秀演员的赞誉"文武昆乱不挡"。对于优秀演员来说，戏曲行当不是一种限制，而只是表现剧情、塑造人物的手段和基础，戏剧性和戏曲化的关系，由此可见一斑。此外，姚璇秋把潮剧演员与剧中人的关系总结为"七分投入，三分把握"，是一个优秀演员的经验之谈，值得我们记取。"七分投入"，就是演员要揣摩剧中人的处境、心理、性格，正确把握演员行为的合理性、合逻辑性。"三分把握"，指的就是演员清醒地意识到，应该用戏曲表演手段去塑造人物、表现人物，而不能百分之百地把自己当成剧中人。演员的唱念做打、举手投足，都应该围绕剧情和人物进行。仅仅是唱，那是声乐；单纯的做和打，可以归结到杂技或体育。基本功是戏曲演员的基础，基本功不扎实，很难成为好的戏曲演员。但基本功再扎实，不创作人物，也不是一个好演员。

吴乾浩（中国艺术研究院研究员，《中国京剧》原主编）： 姚璇秋比我大四岁，我1963年到中国戏曲研究院，应该说也不晚了，但是我错过了姚璇秋到北京的演出。我在天津南开大学上学的时候，看了她的电影，到现在脑子里还有印象，所以好的艺术是可以长时间流传的。经典剧目能够长期流传下来的原因，要结合剧种情况一起考虑，不能脱离潮剧这个剧种来谈姚璇秋的代表剧目和艺术特色。广东有三大剧种，相对来说潮剧的影响比起粤剧有一定的差距，但潮剧有它的特殊性。第一个，潮剧对南戏、传奇的继承。潮剧的根是扎得很深的，它有古老的传统。姚璇秋的经典剧目是有南戏和传奇影子的，这有助在发挥剧种特色、发挥表演特长。第二个，潮汕文化的地方性非常强。姚璇秋的经典剧目中，很多表现了潮汕的地方题材、地方故事，突出了地域特色。另外，姚璇秋在表演中还将其和音色方面的特长结合起来，虽然我不太懂潮汕话，但是戏曲中的唱、念是有音乐感染力的。作为一个地方剧种来说，潮剧不能离开潮汕来谈，但它的流传区域不仅限在粤东，某种程度上潮剧还是闽粤两省地方文化特长的综合所在。而且潮剧还有一块飞地，这个飞地就是东南亚。潮剧在广东、福建、东南亚的流播，可以说是三足鼎立。潮剧的发展不是要加强普通话，不是要加强通用性，而是要强调地方性，要发挥潮剧的特点，特点发挥了，在中国戏曲当中的地位就确立住了。

董上德（中山大学教授）：在现代潮剧史上，20世纪50年代的头几年是相当关键的。"1953年的姚璇秋"及其演出的《扫窗会》，是对1950年潮汕文联主席林山所做的报告《改造潮剧几个问题》十分正面的回应。如果说，由潮汕文联主持召开的第一次潮剧座谈会是为潮剧的发展定下了基调、摆正了方向，那么，姚老师的成名与《扫窗会》等剧目的成功则说明20世纪50年代的"戏改"取得了令人瞩目的成果。姚璇秋老师处于旧潮剧与新潮剧的"错层"，也处在旧有的"六大团"与新组建的广东潮剧团的"嬗变过程"之中。她入行经历中由童伶制时代的教戏先生所起到的作用不可忽视：杨其国先生是姚老师的启蒙师父，杨先生以《扫窗会》作为"启蒙课程"，在唱功的咬字、行腔、运气上严格训练，为姚老师作为潮剧旦角的唱念技巧打下扎实牢靠的基础。同时，黄蜜、陆金龙两位教戏先生传授青衣的做手和身段，也是功不可没。当然，在广州演出时的两位导演卢吟词和郑一标先生，他们精雕细刻的功夫实在是为姚老师的演出"保驾护航"。总之，《扫窗会》这个剧目选得好，杨先生等教得好，姚老师也学得好，这三个"好"合在一起，是姚老师的"底气"所在。"1953年的姚璇秋"就是靠着这三个"好"获得成功的。在寻找艺人成长史研究的突破口时,"1953年的姚璇秋"是一个很好的案例,可以引发出不少话题,如演员训练的"新旧方法的结合",演员成长起点上的"一出戏主义",演员的沧桑经历与舞台艺术的关系,等等,对于今天的戏曲演员的有效培养都是富有启迪意义的。

张关正(中国戏曲学院表演系原主任、青研班原班主任):姚璇秋先生的艺术在我脑子里现在更多的还是谜,是向往的东西,我想一点点学。国戏和汕头战略合作正逢其时,作为一个老教师参加今天的会,我有一点希望,我们在办学过程中,既要担负起为广东、为我们的祖国东南部的潮汕文化培养高等的戏曲表演人才的责任,也要确保这批学生像种子一样,在新时期能为潮剧的传承发展做出他们应有的贡献。这个前提是我们得先学好潮剧,先认真地研究潮剧、懂得潮剧,知道像姚璇秋先生这样的潮剧代表人物的艺术观念是什么,知道潮剧的艺术特色哪些与北方剧种是有共性的、哪些又是个性的。对剧种的研究,不仅要研究代表人物的表面贡献,更要深入去研究代表人物的成长过程、代表剧目、表演诀窍、艺术特点等方面。今天这个学术研讨会,我认为只是姚璇秋老师潮剧艺术研究的一个"开门炮"——第一炮希望这个班通过四年的培养,在他们毕业的时候,这24个同学不但每个人有论文,有自己的学习代表剧目,最后应该有一个高质量的潮剧艺术研讨会,让年轻一代登上这个讲台来阐述他们对潮剧发展的认识、对潮剧的理解。

林金洲(广东省戏剧家协会专职副主席):通过多年的交往,我觉得姚老师不仅是一位大家,更是和蔼可亲、自信的人,她的艺术成就和人格魅力令人敬佩，我给姚老师的艺术人生概括了三个字：真、善、美。姚老师的一生为人真诚，从不矫揉造作，她真诚地感恩党和国家对于她的培养。2010年，姚老师获得首届文艺终身成就奖，颁奖典礼上动情地与主持人交流，姚老师说"没有共产党，就没有我姚璇秋"，这是姚老师一生最真诚的心声。也正是因为如此，她的艺术生涯中，始终不忘与人民群众在一起、与观众在一起。为了实现艺术上的真，她坚持深入生活，不断从生活中汲取艺术养分，努力将生活和艺术结合在一起，塑造了王金真、苏六娘等一个个深入人心、光彩夺目的艺术形象。善是姚老师最大的美德，在舞台上她演的都是正能量的人物，现实生活当中的她更是十分善良的人。她从未向政府主动伸手，从不利用她的名誉去谋取利益，甘于过平淡的生活，耐得住寂寞。退休的姚老师在家，除了潮剧还是潮剧，她甚至为了方便教徒弟而特意租房子自住，房子里面没有一件像样的家具。谈到美，姚老师在舞台上扮演的人物是声、色、艺三绝，这是一种艺术美，而生活中的姚老师则呈现出心灵美和朴素美。潮剧成就了姚老师，姚老师也弘扬了潮剧，潮剧已融入姚老师的灵魂血液，成为她人生的一部分。

谢柏梁（中国戏曲学院学术委员会副主任、戏文系原主任）：大家都说粤剧是广东的大剧种，这话是对的，但实际上广东本土真正产生得最早的大剧种是潮剧，粤剧是清代才有的，潮剧是明代就有的。20世纪30年代在牛津大学发现了潮剧明本戏文，20世纪五六十年代在广东的揭阳县出土了古老剧本。作为广东最古老的本土潮剧，多年过去没有申报人类非遗，我觉得非常遗憾，希望以后能够得到逐步的补足。潮剧从来不是一个孤立的现象，而是一个面对海外、具备国际化的剧种，姚老师的戏不仅仅是在潮汕有影响，在广东有影响，在泰国、马来西亚、法国也都有影响，可以说是风靡海外，这是潮剧国际化的影响。在此基础上，我们要进行持续的研究，再往前推，民国、清代、明代，在海外潮剧做了哪些演出？姚璇秋老师还比较好地解决了一个戏曲化和电影化的问题。她演出的潮剧电影，让人看了之后过目不忘。诸多影视片段的拍摄，不仅是舞台的构成，而且是一个舞台电影化、电影舞台化的过程，姚老师的电影作品中有程式的东西，也有生活化的表现，有舞台上的东西，还有电影的造型艺术方面的呈现，都值得认真研究。潮剧和姚老师、潮汕地区共同组成了中国潮汕文化的一个整体，这个整体像东南的海洋博大精深。此番合作，东南的浪花和北京的气象结合起来，南海跟黄海、渤海结合起来，潮汕文化跟京城文化结合起来，一并将姚老师的艺术影响贯彻下去。希望我们共同为潮剧人才的培养，为中国戏曲的东南板块做出一点自己微不足道的努力。

贯涌（中国戏曲学院原副院长，著名戏曲理论家、教育家）：我很自豪和荣幸：一是我和璇秋老师同庚；二是在座的只有我在1956—1957年姚璇秋老师进京演出时，坐在台下观看了演出；三是我在编导京剧现代戏《风雪摆渡》时，高度借鉴了《桃花过渡》，如果没有借鉴"那一把传神的伞"，就没法体现"风雪摆渡"的意境了。我从潮剧中汲取了好多京剧所没有的独到之处，如果学习广东的粤剧，多少有点"中餐西做"的感觉，而当我学潮剧的时候，总能感觉到中华家乡味道。我是通过姚璇秋了解了潮剧，而且通过璇秋老师更爱上潮剧的精彩。姚璇秋老师是潮剧的一面大旗，潮剧历史很长，有很多值得尊重的长辈，但在人们的印象中，首先想起来的名字就是姚璇秋。姚老师有深厚的专业基础，演出中有创新理念和时代的结合，切实推动着潮剧的发展。我认为她的贡献有三：第一，潮剧童伶制虽有利于将基本功练扎实，但有局限，最主要的限制是童伶缺乏对人物的深度理解和刻画，而以姚璇秋为代表的新一代演员改变了这一点，他们深化了演员对人物的刻画，展现了潮剧新的历史面貌。第二，潮剧尽管经历文明戏时期，但虚实融合依旧不够，从姚璇秋老师这一代人开始，在新的历史观、艺术观影响下，演员和程式、技巧都有了极大的融合。第三，姚老师在表演中强化了内在的情感，这对我们戏曲表演本体是一种贡献。戏曲表演重形式、重技巧，但如果没有一个情感体验的支撑，打动不了人。姚璇秋老师的表演从始至终都有情感活动。她情真，有灵魂，有生气，而非技巧堆出来的匠气。她情浓，感情充沛酣畅，不是淡淡的。而在表达这情真和情浓上面，她有分寸感，细腻含蓄，能恰如其分地控制情感的表达，不会情感失控。能掌握这么多的表演技巧，然后在创造人物中灵活运用，恰是姚璇秋。

郭启宏（著名剧作家，北京戏剧家协会原主席）：姚璇秋是我们潮州的骄傲。我只说两句话，可能比较夸张。第一，她的成就无可替代，是历史的选择，是历史的必然。第二，从今天来看，姚璇秋是不可复制的，她的艺术成就是空前绝后的。现在优秀潮剧演员的标准是获奖，但就算获奖了，艺术上也达不到姚璇秋的高度。100年之后可能会有新人出来，但是那个时候肯定跟现在也是不一样了。最近看《觉醒年代》，里头有一句话，"新文化要从旧文化诞生"。确实如此，没有这个传统基因是不行的。现在我们都在讲创新，但是有几部戏是创新得好的？很多人对于戏曲的看法，还是停留在以歌舞演故事的层面上，但只是以歌舞演出概括了戏曲，那就贬低了戏曲的地位。好戏不仅仅是故事，在戏曲的剧情上，还要有深刻的内涵。只看舞台上的动作、布置不算会看戏，会看戏一定要从表现的故事当中看，看懂思想和灵魂才能叫看懂戏。戏曲具备中国的传统美学，其表现形式很多是话剧当中没有的，在舞台当中的呈现是完美的。这些东西都很宝贵，潮剧要发展的是这些东西。

姚璇秋（著名潮剧表演艺术家）：非常感谢今天这一场会议专门谈谈潮剧。我从1953年开始进入剧团，继承前辈的老艺术，从艺至今70多年，献身于这个剧种，如果说有什么成就、荣誉应该归于剧种，归于党对潮剧事业的领导。记得毛主席主持的延安文艺座谈会上提出了"文艺为人民群众"以及"百家争鸣、百花齐放"的方针。我入剧团时，已经有新文艺工作者，比如音乐家、演奏家、导演等，他们和潮剧传统结合得很好，所以我们这一代人面临的机会不错。我是在潮剧前辈的培养中一步一步地向前走的。潮剧传统的培养方法很有特点，比如说练基础功，老一辈的做法就是以戏带功，我就是依靠《扫窗会》这个作品打下了唱、做、表的基础。导演在我们演员身上下了很多功夫。基本功、唱功的奠定非常重要，同时戏曲是一种综合艺术，一个戏不是一个人就可以完成的，要有故事和情节。我们的剧本都经过好几稿的不断磨合最终才成形的。舞台上的立体呈现，是依靠一次一次地讨论修改出来的，经过了千锤百炼。我是一个演员，但是经常要参与剧本的修改讨论会，这个修改的过程也是我的成长过程，我得到了很好的学习机会。剧本改好了，我觉得演好这些戏就是我们演员的责任了，不能辜负集体的心血。演好戏就是我的职责所在，今天大家在座谈会上对我的肯定，我很感动。我想，如果没有党的领导，没有这么好的政策，没有那么好的剧本，也就没有我的今天。我这一路而来，见证了1949年后潮剧发展的各个历程，感谢今天的各位专家、各位领导来认真地研究潮剧，这对于我们今后潮剧更好地发展会有很大的帮助。有政府的重视，有各位专家、学者的支持，我们的事业会更加发扬光大，相信以后也会发展得更好。

谢泽生（汕头市政协主席）：刚才每一位专家的发言，虽然时间短，但是对我来说都是一个知识量非常大的讲座，我记了各位专家所讲的重要观点，很受教育，要认真消化。各位专家对姚璇秋老师的肯定、对潮剧的肯定，也让我们倍受鼓舞。通过今天活动，潮剧艺术乃至整个潮汕文化的传承、弘扬，将开启一个新的里程，也会形成示范效应，有助于增强剧种的自信，带动更多的文艺工作者，做有信仰、有情怀、有担当的人，以更大魄力在更高起点上推动潮剧事业，在新征程中创造新辉煌，在新征程中绽放更加迷人的光彩。汕头政协在振兴潮剧这方面做了一些工作，我们通过提案来积极推动潮汕文化的传承，特别是潮剧艺术的弘扬。我们将向市委市政府汇报这次研讨会，研究怎么样把研讨会的重要成果尽快转化，让潮剧、潮汕文化发扬光大。

尹晓东（中国戏曲学院党委副书记、院长）：中国戏曲学院和汕头市人民政府共同完成了三项重要的活动：一是校地签订了战略合作协议；二是聘请姚璇秋先生担任中国戏曲学院的荣誉教授；三是召开了姚璇秋先生的艺术成就研讨会。感谢前来参会的老师们，今天群贤毕至、少长咸集，既有年过花甲的领导，也有年过古稀的专家，更有耄耋之年的姚先生，还有我们的青年学生。大家对姚老师的艺术成就进行研讨，谈出了非常多有价值的意见，同时也提出了对我们教育、教学甚至研究方面有价值的课题，这都会成为我们今后在教育教学方面重要的内容。我也有所期待，期待已经成为中国戏曲学院荣誉教授的姚璇秋教授在今年的秋季潮剧班正式开班以后，能够为潮剧班的学生多传授艺术经验，同时也不仅仅限于潮剧的学生，还将面向广大的其他剧种的学生，希望姚老师一生的艺术积累让国戏众多的师生都能感受和学习。

4. 姚璇秋主演作品年表

剧目	饰演角色	年份	类型
《断机教子》（《三娘教子》）	王春娥	1949年	广东汉剧（外江戏）
《扫窗会》	王金真	1953年	古装折子戏
《玉堂春》	苏三	1953年	古装大戏
《认像》	赵五娘	1954年	古装折子戏
《陈三五娘》	黄五娘（黄碧琚）	1955年	古装大戏
《张羽煮海》	琼莲公主	1955年	古装神话剧
《忠王李秀成》	失佚	约1953—1955年间	古装大戏
《四进士》	失佚	约1953—1955年间	古装大戏
《中秋月》	渔女	约1953—1955年间	现代折子戏
《苏六娘》	苏六娘	1956年	古装大戏
《杨乃武与小白菜》	毕秀姑（小白菜）	约1957—1959年间	古装大戏
《恩仇记》	卜巧珍	约1957—1959年间	古装大戏
《松柏长青》	李梨英	1958年	现代革命戏
《辞郎洲》	陈璧娘	1959年	新编历史剧
《荔镜记》（电影版）	黄五娘（黄碧琚）	1961年	古装电影
《苏六娘》（电影版）	苏六娘	1961年	古装电影

（续表）

剧目	饰演角色	年份	类型
《百花赠剑》	百花公主	1961年	古装大戏
《思凡》	色空	1962年	古装折子戏
《井边会》	李三娘	1962年	古装折子戏
《江姐》	江姐（江雪琴）	1963年	现代革命戏
《万山红》	王凤来	1965年	现代革命戏
《沙家浜》	阿庆嫂	1971年	样板戏
《龙江颂》	江水英	约1971—1973年间	样板戏
《杜鹃山》	柯湘	约1971—1973年间	样板戏
《海港》	方海珍	约1971—1973年间	样板戏
《洪湖赤卫队》	韩英	1975年	样板戏
《续荔镜记》	黄五娘（黄碧琚）	1979年	古装大戏
《春草闯堂》	李半月	1980年	古装大戏
《赵氏孤儿》	庄姬	1981年	古装大戏
《梅亭雪》	苏三	1981年	古装折子戏
《袁崇焕》	叶夫人	1984年	新编历史剧
《穆桂英捧印》	穆桂英	1984年	古装折子戏
《江姐上山》	江姐（江雪琴）	1985年	革命折子戏
《铡美》	秦香莲	1986年	古装折子戏
《京城会》	刘翠屏（刘月娥）	1993年	古装折子戏
《潮汕赋》	领唱	1993年	歌舞剧
《回书》	岳秀英	1997年	古装折子戏
《李唔直捅水鸡》	刘玉枝	待考	古装折子戏

5. 姚璇秋艺术人生年表

1935年（出生）

出生于广东省澄海县（现广东省汕头市澄海区）。

1948年（13岁）

开始读书。

1949—1952年（14~17岁）

随兄长学艺并演唱潮曲。

被聘为澄海县城关镇"义务广播友"，为广播站演唱潮曲节目。由外江戏演员李隐文启蒙，开始学外江戏折子戏《断机教子》，初步开声，打下演唱、身段等基本功底。

1953—1955年（18~20岁）

加入老正顺潮剧团，师从杨其国、陆金龙、黄蜜，学习《扫窗会》，八个月间打下扎实的舞台演艺基础。《扫窗会》参加全省会演，一炮打响，获得省城文化艺术界专家的高度肯定。

首次登台演出潮剧《玉堂春》，饰演苏三。

主演潮剧《陈三五娘》，饰演黄五娘，赴省城公演。后来，梅兰芳先生观看了演出，对潮剧短短几年间培养出姚璇秋这个优秀演员给予了肯定。演出《认像》，饰演赵五娘。

排演《张羽煮海》《韩玉娘》《忠王李秀成》《中秋月》《四进士》等戏。

1956年（21岁）

排演《苏六娘》，出演苏六娘。

1957年（22岁）

5月15日在北京中南海怀仁堂演出《扫窗会》，毛泽东、刘少奇、周恩来等党和国家领导人出席观看，并登台接见姚璇秋等演员。

5月至7月赴京、沪、杭巡回演出，演出剧目为《扫窗会》《陈三五娘》《苏六娘》。

在移植剧目《杨乃武与小白菜》中饰演小白菜。

拍摄潮剧舞台连环画《苏六娘》。

由中国唱片公司灌制《扫窗会》《陈三五娘》《杨乃武与小白菜》等剧目唱片。

1958年（23岁）

4月，毛泽东、朱德、刘少奇等党和国家领导人视察南方，姚璇秋被召至广州做招待演出。

5月，排演现代戏《革命母亲李梨英》，饰演李梨英，8月参加广东省现代戏会演。

赴福建前线慰军演出。

1959年（24岁）

香港新联公司拍摄电影戏曲片《苏六娘》，出演苏六娘。

主演新编历史剧《辞郎洲》，饰演陈璧娘。

10月，赴北京参加新中国成立10周年献礼演出，同时到上海、杭州、南昌等地巡回演出。

1960年（25岁）

6月，受国家委派赴中国香港演出。同月被评为全国劳动模范。8月，参加全国第三次文代会。

10月，受国家委派随团赴柬埔寨访问演出。

排演《百花赠剑》，饰演百花公主。

1961年（26岁）

拍摄《陈三五娘》，同时该剧更名为《荔镜记》。排演《思凡》。

慰问空军演出。

被汕头地委任命为广东潮剧院一团副团长。

1962年（27岁）

排演《井边会》，饰演李三娘。

1963年（28岁）

在现代戏《江姐》中饰演江雪琴。赴海南巡回演出现代戏《江姐》。

1964年（29岁）

7月，参加农村"四清"工作队。

1965年（30岁）

在现代戏《万山红》中饰演王凤梨，参加中南海现代戏会演。赴海南以及其他山区等地巡回演出。

1966—1970年（31~35岁）

"文化大革命"爆发后，被扣上"封、资、修、黑尖子"等罪名进行批斗，遭隔离审查、下放干校，被剥夺登台演出的权利。

1971—1977年（36~42岁）

从干校调回汕头地区潮剧团，被监控并"限制性"使用，从事舞台杂工工作。

排练《沙家浜》（饰阿庆嫂）、《龙江颂》（饰江水英）、杜鹃山（饰柯湘）、《洪湖赤卫队》（饰韩英）、《海港》（饰方海珍）。

出任汕头地区青年潮剧团团长。

出任汕头地区文化局副局长。

复排《江姐》《辞郎洲》等剧目。

赴海南、广州等地演出。

当选为广东省政协第四届委员。

1978年（43岁）

8月，广东潮剧院恢复建制，出任副院长。

复排、传授《陈三五娘》，弟子吴玲儿成长为新中国第二代黄五娘。

9月，当选为中国妇女第四次代表大会代表。

当选为广东省剧协副主席。

赴海南做40天慰问知青演出。

1979年（44岁）

10—11月，赴泰国访问演出。

11—12月，赴新加坡演出。

1980年（45岁）

当选为广东省第五次妇代会代表。

6月，当选为第六届汕头市人大代表。

1981年（46岁）

11月，赴香港访问演出。

11—12月，赴泰国访问演出。

1982年（47岁）

1—2月，赴新加坡演出。

1983年（48岁）

3月，当选为第六届广东省人大代表。

4月，赴上海、杭州、漳州等地做巡回演出，主演《井边会》《梅亭雪》。

6月，获广东省人民政府"立功证书"。

当选为第七届汕头市人大代表。

1984年（49岁）

1—2月，赴泰国访问演出，任艺术指导。

2—3月，赴新加坡演出，任艺术指导。

1985年（50岁）

任中国国际文化交流中心广东分会理事。

4月，出席全国剧协第四次代表大会，当选为全国剧协理事。

5月，再次当选为广东省剧协副主席。

7月，当选为广东省剧协汕头分会名誉会长。

1986年（51岁）

2月，排演短戏《铡美》，饰演秦香莲。

6月，赴香港演出，任艺术指导。

1987年（52岁）

5月，应《欧洲时报》及潮州同乡会邀请，赴法国演出。演出剧目《梅亭》全折、《苏六娘》片断。

赴北京演出，主演《井边会》。

10月，被聘为汕头市艺术专业系列中级评委副主任。

12月，被评聘为国家一级演员。

1988年（53岁）

1月，当选为第七届广东省人大代表。

10—11月，赴泰国演出，任艺术指导。

1989年（54岁）

2—3月，赴新加坡演出，任艺术指导。

5—6月，赴法国访问演出《井边会》。10月，荣获中国首届金唱片奖。

11月，组团赴澳门演出，任演出团团长，演出《辞郎洲·送郎》。

1990年（55岁）

3月，复排《苏六娘》全剧，赴香港演出，任艺术指导。12月，被汕头市政府任命为广东潮剧院副院长。

1991年（56岁）

参加第五届汕头市迎春联欢节演出。5月，再次当选为广东省剧协副主席。赴香港演出，任演出团艺术指导。

被法国潮州同乡会馆授予"荣誉会员"。

1992年（57岁）

8月，被聘为广东潮剧院一团艺术顾问。开始享受国务院特殊津贴待遇。

1993年（58岁）

1月，当选为广东省第八届人大代表。2月，参加汕头国际潮剧节开幕式演出。

3月，赴泰国参加慈善会演，任演出团副团长。4月，赴深圳演出，主演

《春草闯堂》。

1994年（59岁）

5月，担任汕头市潮剧卡拉OK大奖赛评委。

12月，赴新加坡演出，任演出团艺术指导，演出《江姐上山》。

1995年（60岁）

3月，赴澳大利亚悉尼、墨尔本演出，任艺术指导，演出《辞郎洲·辞郎》。

11—12月，到新加坡义演，受到中国驻新加坡大使傅学章及夫人接见。

1996年（61岁）

春节期间参加潮剧明星名曲演唱会，领衔演唱《大海，你来猜》。

7月，任汕头旅游潮剧艺术团名誉团长，赴马来西亚演出。

1997年（62岁）

4月，与汕头戏曲学校学生在影剧院同台传艺示范演出。

9月，参加汕头"首场文化广场"演出。

9—10月，赴台湾演出，任艺术顾问，演出《回书》。

11月，参加汕头家庭文化广场演出，表演《井边会》。

参加第九届国际潮团联谊会献礼大型潮剧节目《潮音·乡情》演出，与16名幼儿园小朋友同台演出。

1998年（63岁）

6月，赴深圳演出，主演《回书》。

7月，赴珠海参加"庆'七一'迎回归"潮剧晚会，演出《回书》。8月，参加汕头人民献爱心义演。

9月，参加汕头市宣传工作者会议文艺晚会演出，演出《辞郎洲》选段。

赴香港参加第四届神州艺术节演出。

赴新加坡演出，任演出团队艺术顾问。

12月，参加汕头市庆祝改革开放20周年文艺演出。

被聘为广东省首届潮剧演艺大赛评委。

1999年（64岁）

1月，赴揭阳演出，主演《回书》《梅亭雪》《江姐上山》。

2月，赴香港演出。

参加双拥演出活动。

参加姚璇秋从艺50周年系列活动。

2000年（65岁）

正式退休，定居广州。

2001年（66岁）

8月28日开始，中央电视台《锦绣梨园》到汕头摄制潮剧专题片。拍摄的内容从多方位反映潮剧的特色及其历史和现状，姚璇秋接受采访。

9月28日，汕头市委宣传部、广东潮剧院在汕头市谢慧如潮剧艺术中心梨香楼联合举办"著名潮剧表演艺术家姚璇秋收徒仪式"，青年演员张怡凰、林碧芳、李莉拜著名潮剧表演艺术家姚璇秋为师。

2003年（68岁）

广东潮剧院青年演员继承传统艺术表演，与李钦裕一起为张怡凰、林初发、李莉等人传承《扫窗会》。

2004年（69岁）

5月21日，为"纪念洪妙先生诞辰百年书画展"开幕式剪彩。

与张长城、管善裕、李志浦、陈英飞、林淳钧、李廷波、周松发、黄瑞英、郑志伟等人被广东潮剧院聘为艺术顾问。

12月8—10日，担任广东省第四届戏剧演艺大赛（潮剧赛区）决赛评委。

2005年（70岁）

3月，应邀前往潮州，参加潮州市纪念古代文化名人的石牌坊恢复仪式，辅导青少年为热心的贵宾演出潮剧节目，姚璇秋本人也登台清唱，受到热情欢呼。

2006年（71岁）

5月，汕头市澄海区海艺潮剧团聘请姚璇秋为顾问兼艺术指导到马来西亚演出，为剧团排练了《井边会》《红鬃烈马》等戏出，为旅居海外的潮籍乡亲演出，姚璇秋本人也应邀多次上台演唱。

参加"2006年国际潮剧文化周"开幕式，与张长城应邀演唱《辞郎洲》选段。

2007年（72岁）

获评"当代岭南文化名人50家"。

2008年（73岁）

被文化部确定为潮剧代表性传承人。

广东省潮剧发展与改革基金会成立，获艺术终身成就奖。

2010年（75岁）

荣获首届广东文艺终身成就奖。

2011年（76岁）

荣获汕头市文艺终身成就奖。

2012年（77岁）

是年年底，开拍潮韵唐诗宋词之《春日》。这也是姚璇秋目前为止拍摄的最新音像作品。

2013年（78岁）

在广东潮剧院主办的"潮剧传承人著名表演艺术家姚璇秋收徒仪式"上，收詹春湘、蔡绚娜为徒。

2014年（79岁）

2月16日，由广东潮剧发展与改革基金会、环球潮人网及环球潮人艺术沙龙·潮剧票友会主办的"潮剧艺谈"首期节目"璇韵秋声——姚璇秋潮剧艺术品鉴会"召开。

是年两会期间，中共中央总书记、国家主席、中央军委主席习近平在参加广东省代表团讨论时提到潮剧，也提到姚璇秋。习近平对代表们说，他喜欢潮剧，并且知道姚璇秋。

6月，姚璇秋收徒，来自马来西亚的潮剧演员吴慧玲与来自汕头潮乐团的余琼莹一起现场拜师。

9月28日，由汕头市委宣传部、市文广新局主办，广东潮剧院承办的"苍劲梅花溢芳香——庆祝姚璇秋从艺65周年演出晚会"隆重举行。

12月6日，由广东省文联、广东省档案馆联合举办的"姚璇秋从艺65周年艺术专场讲座"在广东省档案馆举行。姚璇秋分享从艺65周年的心路历程。当天，广东省档案馆还展示所收藏的一批姚璇秋音像以及画册展品，现场姚璇秋将自己收藏的一套王金真戏服以及书法作品捐给档案馆。

2015年（80岁）

2月12日，由汕头市委宣传部指导，汕头市文广新局、市文联、广东潮剧院主办的姚璇秋书法作品展在汕头市图书馆举行，展出近年创作的书法作品70余幅。

6月11日，在第十个"文化遗产日"到来之际，广东潮剧院举行姚璇秋潮剧艺术音像作品发布仪式，对姚璇秋的潮剧艺术精粹进行了重新整理、编辑，以套装形式结集。

2016年（81岁）

2016年"中华优秀传统艺术传承发展计划"戏曲专项扶持项目"名家传戏——当代戏曲名家收徒传艺"工程入选名单公布，姚璇秋成为潮剧唯一上榜的代表。

6月，由市潮剧研究传承中心、广东潮剧院主办，姚璇秋艺术传习所承办的"名家传戏经典再现——潮剧折子戏《扫窗会》传承汇报演出"专场于8日晚在慧如剧场献演，由姚璇秋亲自传承的15名优秀青年演员用精湛的演出再次诠释了《扫窗会》。

10月，广东省地方剧种展演（潮汕片区）开锣。姚璇秋敲响大锣，拉开展演序幕。

10月，广东省委宣传部部长慎海雄主编、作家黄剑丰执笔的《当代岭南文化艺术名家·姚璇秋》正式由广东人民出版社出版。

被汕头戏曲学校聘为客座教授。

2017年（82岁）

1月，潮韵风雅——姚璇秋、管善裕、方展荣书画作品联展于汕头市机关画院举行。

3月，应邀到红线女旧居与红线女艺术中心参观。

5月，《红军阿姆》开始演出，应邀观看并提修改建议。

国家艺术基金项目之潮剧表演人才高级研修班举行，姚璇秋应邀传承《扫窗会》。

6月，国家文化部原部长、中国非物质文化遗产保护中心主任王文章莅临汕头，会见姚璇秋。

普宁市戏剧家协会成立，应邀出席挂牌仪式。

姚璇秋艺术研究所落成，应邀出席，同时由姚璇秋、陈瑜传承的《梅亭雪》举行会演。

11月，应邀随团到香港访问。

出席澳门在澳门科学馆举办的姚璇秋先生艺术回顾展。

12月，北京梅兰芳研究会到广州拜访姚璇秋，出示一批姚璇秋与梅兰芳交往的相关资料，姚璇秋被列为梅兰芳先生有资料可考的128名学生之一。

2018年（83岁）

1月，出席粤剧表演艺术家欧凯明从艺40周年演出专场。

1月5日，接受新华网《文化名人看广东》专访，讲述从艺历程以及非遗传承。

1月12日，新加坡戏曲学院蔡曙鹏院长、潮州市潮剧团著名编剧李英群来访，畅谈潮剧艺术的传承。

1月29日，出席东莞市凤岗镇潮商新春团拜会，同时发表讲话。

1月31日，做客汕头电台，讲述从艺历程及潮剧非遗传承。

2月8日，广东省戏剧家协会林金洲副主席代表广东省委宣传部、广东省文联慰问姚璇秋老师，为老艺术家送上新春祝福。

2月17日，岭南戏曲频道录制姚璇秋老师贺岁视频，向海内外观众拜年。

2月28日，前往揭阳苏六娘故居参观。电影《苏六娘》中的苏六娘由姚璇秋老师饰演，这也是姚老师的成名角色之一。

3月3日，出席澄海区潮乐研究会第七届理事会就职仪式，同时发表讲话。

4月19日，出席观看张怡凰折子戏专场。

6月6日，星海直播到姚璇秋老师家进行直播。直播内容中有姚老师讲述潮剧艺术特色以及非遗传承。

6月15日，广东省非遗中心拍摄《潮剧国家级非物质文化遗产传承人姚璇秋抢救性记录》。

7月7日，应潮籍著名画家澄子的邀请，做客澄境居，就潮汕文化题材的创作进行交流。

8月10日，到广东潮剧院传承《辞郎洲·送郎》。

8月19日，出席潮剧著名女小生许佳娜在广州红线女艺术中心举行的潮剧专辑发布会，同时发表讲话。

9月22日，出席广东省潮人海外联谊会潮乐社换届就职仪式并发表讲话。

10月12日，出席广东省文联以及中国艺术研究院主办的纪念潮州音乐大师王安明百年诞辰学术系列活动。

10月21日，出席广东省潮人海外联谊会成立30周年年会。

10月25日，与十几年的舞台搭档陈丽华重逢，同时接受《广州日报》采访。

10月29日，出席由广东潮剧院举行的"心灵的乐章——陈登谋先生潮曲作品欣赏会"并于次日参加讨论会。

10月31日，出席观看潮州市潮剧团新编排的现代潮剧《赠梅记》，并于次日参加讨论会。

12月17日，出席观看广东潮剧院60周年纪念晚会。

2019年

8月，广东省非遗中心拍摄《国家级非物质文化遗产传承人姚璇秋老师的抢救性记录》。

11月，观看新加坡潮剧《情断昆吾剑》，并参加由中山大学中国非物质文化中心与新加坡戏曲学院联合举办的座谈会。

2020年

10月，习近平总书记视察广东，提及潮剧与姚璇秋的名字。

回汕头参加广东潮剧院组织的重走习近平总书记视察汕头小公园路线，与全体演员学习习近平总书记讲话精神。

广东潮剧院举行"致敬姚璇秋，潮剧再出发"座谈会。

11月，中国戏曲学院表演系副主任蒋洪广与表演系书记李艳华到广东潮剧院访问姚璇秋，打下了汕头市政府与中国戏曲学院战略合作的基础。

出席广东省文联、广东省剧协、广东省电影家协会联合主办的戏曲电影论坛。

12月，广东省文联成立70周年，姚璇秋从艺超过70年受到表彰。

入选2020中国非遗年度人物。

与林伦伦、林庆熙三人获汕头市"侨文化使者"荣誉称号。

由广东省非遗中心拍摄的姚璇秋抢救性纪录片入选国家级非物质文化遗产代表性传承人记录工作成果展。

2021年

1月1日，中央电视台《2021新年音乐会——扬帆大湾区》播出姚璇秋老师传承潮剧镜头。

1月14日，姚璇秋传承记录成果入选国家级代表性传承人记录工作成果展映。

1月30日，姚璇秋为广东潮剧院新戏《望海潮》题字，所题字迹被制成剧中道具，鼓励潮剧创新发展。

2月26日，入选由文化和旅游部非遗司指导，光明日报社、光明网主办的"2020中国非遗年度人物"荣誉称号，到北京领取奖项并接受《光明日报》采访。

3月2日，荣获全国"三八红旗手"荣誉称号。

3月11日，应汕头电视台邀请到电视台接受采访，录取专访节目，讲述从艺、传承的道路。

3月30日，应邀到岭南戏曲频道参观指导，广东广播电视台台长蔡伏青、岭南戏曲频道总监伍燕向姚璇秋老师汇报了戏曲频道的运营。据悉，岭南戏曲频道一共拥有368部潮剧，每天保证三个小时的潮剧播放时间。姚璇秋老师希望电视台多播经典的戏曲节目，为岭南戏曲的弘扬、传播、发展助力。

4月18日，中国戏曲学院与汕头市政府在北京举行签约，根据协议，中国戏曲学院将为潮剧免费开办首个潮剧本科班，姚璇秋老师应邀在现场见证了签约仪式。潮剧本科班的开办，将为潮剧培养有知识有学历的后备人才。

中国戏曲学院聘请姚璇秋老师为中国戏曲学院荣誉教授。

姚璇秋艺术成就学术研讨会在中国戏曲学院举办，来自广东、京城等地的学者专家齐聚汕头，总结姚璇秋老师艺术历程、艺术贡献，为潮剧未来的发展提供重要的理论基础。

5月10日，《南方人物周刊》"建党百年·楷模风采"专题采访姚璇秋老师，作为新中国成立后，党和国家培养的第一批潮剧代表演员，将姚璇秋从艺历程与新中国成立后潮剧的发展历史结合起来。

5月18日，广东广播电视台岭南戏曲频道主办的"广东文艺界百位名家为传统文化打call"，姚璇秋应邀出席，现场为宣传推广潮剧鼓劲。

5月31日，根据中共中央组织部公示，姚璇秋荣获中国共产党建党100周年全国"优秀共产党员"荣誉称号。

8月12日，中国戏曲学院首个潮剧本科班录取通知书发放，姚璇秋老师为学生们讲话，勉励大家把握好契机，寄希望于学子身上，希望他们为潮剧未来的发展做贡献。

8月15日，全国优秀共产党员姚璇秋老师事迹分享会在广东潮剧院举行，姚老师分享从艺历程，表明只有在新中国、在党的领导下，潮剧才能取得全面的发展。

8月24日，《南方都市报》"岭南非遗地图"专版，用整个版面介绍姚璇秋老师以及潮剧的传承发展。

9月11日，潮金大厦封顶，姚璇秋应邀参加封顶仪式。建成的潮金大厦将建设潮剧专业剧场、潮剧艺术展览馆、潮剧非物质文化遗产保护传承基地、潮剧文化艺术研究交流中心、潮剧培训中心等场馆。

10月9日，由中国戏曲学院、中国汕头市委、汕头市人民政府主办的"潮剧传承与发展"座谈会在汕头市政府举办，共商潮剧事业未来发展大计，姚璇秋老师应邀出席并讲话，希望中国戏曲学院、汕头市政府要继续支持潮剧未来的发展，并表示，只要潮剧有需要，随时都会站出来。

10月10日，中国戏曲学院教学实践基地在汕头挂牌，姚璇秋应邀为基地揭牌。

姚璇秋传习所艺术展厅揭牌，通过实物、视频、音频、文字、图片以及多媒体技术，立体展示姚老师从艺70多年来的辉煌从艺历程以及取得的巨大艺术成就，姚璇秋老师应邀出席了揭牌仪式。

"闪亮的坐标——姚璇秋传承潮剧精品欣赏会"在慧如剧场演出，一共选取了姚璇秋老师演绎、传承、指导的九个剧目。姚璇秋老师应邀参加了晚会的谢幕。

10月13日，"闪亮的坐标——姚璇秋传承潮剧精品欣赏会"在广东艺术剧场演出，姚璇秋老师在此应邀参加了晚会的谢幕。

10月17日，北京市京潮公益基金会设立国戏潮剧学子奖助学专项基金，凡是考上中国戏曲学院的潮籍学子都能得到奖励，姚璇秋老师出席了成立仪式，并被聘为该基金会的名誉会长。

10月18日，中国戏曲学院举行多剧种展演，姚璇秋老师应邀上台参与谢幕。

10月19日，接受中央电视台戏曲频道专访，讲述从艺历程以及传承工作，推动潮剧在中央媒体的传播。

应邀到中国戏曲学院履职，为潮剧本科班学子授课。

10月23日，出席中国戏曲学院"学习贯彻习近平总书记给中国戏曲学院师生重要回信精神一周年座谈会"，与京剧名家们一起畅谈新中国成立后戏曲的改革发展，以及回顾总书记给中国戏曲学院回信一年后中国戏曲尤其潮剧取得的发展成绩，对潮剧的未来发展进行展望。

11月1日，荣获"南粤创新奖"。从艺70多年来融合其他剧种优秀精华，推动潮剧创新发展，提升潮剧知名度，扩大潮剧的传播，得到了广东省委、省政府的表彰。

12月12日，赴京参加第11次全国文代会。